DIVSI-Perspektiven

herausgegeben vom
Deutschen Institut für Vertrauen und Sicherheit
im Internet

Band 2

Dr. Christian Hoffmann/Dr. Anika D. Luch/
Dr. Sönke E. Schulz/Kim Corinna Borchers

Die digitale Dimension der Grundrechte

Das Grundgesetz im digitalen Zeitalter

Mit einem Geleitwort von Roman Herzog

 Nomos

Die Deutsche Nationalbibliothek verzeichnet diese Publikation in
der Deutschen Nationalbibliografie; detaillierte bibliografische
Daten sind im Internet über http://dnb.d-nb.de abrufbar.

ISBN 978-3-8487-2027-9 (Print)
ISBN 978-3-8452-6171-3 (ePDF)

1. Auflage 2015
© Nomos Verlagsgesellschaft, Baden-Baden 2015. Printed in Germany. Alle Rechte, auch
die des Nachdrucks von Auszügen, der fotomechanischen Wiedergabe und der Über-
setzung, vorbehalten. Gedruckt auf alterungsbeständigem Papier.

Vorwort

Ein Blick in die gängigen Kommentare zum Grundgesetz, in Literatur und Rechtsprechung zeigt, dass die Grundrechte zu den am ausführlichsten behandelten Vorschriften der Verfassung gehören. Man könnte meinen, nahezu jede Detailfrage sei behandelt. Angesichts der zunehmenden Bedeutung digitaler Infrastrukturen, des Internets und seiner Anwendungen verwundert es daher, dass die Auswirkungen der technisierten Informationsgesellschaft (so das Bundesverfassungsgericht) auf Wirkungsweise und Schutzbereich der Grundrechte bisher nicht ausführlich analysiert sind. Gleiches gilt für die umgekehrte Sichtweise: die prägende Wirkung der Grundrechte für Sachverhalte des Internets. Die vorliegende Publikation, entstanden in einem Forschungsprojekt am Lorenz-von-Stein-Institut für Verwaltungswissenschaften an der Christian-Albrechts-Universität zu Kiel, gefördert durch das Deutsche Institut für Sicherheit und Vertrauen im Internet, unternimmt den Versuch, diese Lücke zu schließen.

Ziel ist es, die digitale Dimension der Grundrechte grundsätzlich zu konstruieren und anhand der Einzelgrundrechte zu exemplifizieren. Grundrechtlicher Schutz des Handelns im Internet erschöpft sich nicht in der allgemeinen Handlungsfreiheit des Art. 2 Abs. 1 GG. Meinungs- und Informationsfreiheit, aber auch Presse- und Rundfunkfreiheit, die Religions- und Wissenschaftsfreiheit, vielleicht auch das Recht, sich zu versammeln, aus Art. 8 Abs. 1 GG werden zunehmend durch digitale Komponenten zu ergänzen sein. Leitprinzip einer Bestimmung der (digitalen) Schutzbereiche der speziellen Freiheitsrechte muss es sein, einerseits die Wortlautgrenze der Auslegung zu wahren, zugleich aber der vom Bundesverfassungsgericht seit jeher betonten Entwicklungsoffenheit verfassungsrechtlicher Normen zur Wirksamkeit zu verhelfen. Im ersten Band dieser Schriftenreihe wurde dargestellt, dass Zukunftsfähigkeit und Zukunftstauglichkeit durchaus Kriterien sind, die in zulässiger Weise an eine Verfassung angelegt werden können. Da es sich bei einer Verfassung um einen »lebenden Organismus« handelt, ist für die Beurteilung entscheidend, welche Möglichkeiten der Zukunftsgestaltung und damit welche Zukunftsfähigkeit das Grundgesetz selbst besitzt. Denn mit Recht hat *Andreas Voßkuhle* betont: »Verfassungen sind etwas Gegebenes, zugleich aber auch etwas zur Weiterentwicklung Aufgegebenes.« Und dies kann nicht abstrakt, sondern nur mit Hilfe der Verfassungswirklichkeit untersucht werden. Im Kontext der Grundrechte hieße es, eine Wandelbarkeit zu verneinen, und auch die Wandlungsfähigkeit menschlicher Persönlichkeit und einen Teil der Verfassungswirklichkeit zu verleugnen. Gesellschaftliche, soziale und technische Innovationen rechtfertigen einen Wandel der Grundordnung des Zusammenlebens nur bei Übereinstimmung mit übergeordneten Rechtsprinzipien, lang andauernder Akzeptanz in der Bevölkerung und Eingang der gesellschaftlichen Realitäten in das Rechtsbewusstsein einer staatlichen Ordnung.

Die fehlende Betrachtung der Auswirkungen von Internet und Digitalität auf den Grundrechtskatalog ist umso weniger nachvollziehbar, als die Grundrechte, vor allem in ihrer objektiven Schutz- und Gewährleistungsfunktion, den freiheitssichernden Staat für die Bürger erfahrbar machen. Daher werden auch Schutzlücken in diesem Bereich schnell wahrgenommen. Eine Reaktion des Staates – dies zeigt die Debatte um die NSA-Ausspähaffäre und die Enthüllungen *Edward Snowdens* – auf ein erkanntes und allseits beklagtes Schutzdefizit ist bisher nicht ansatzweise auszumachen.

Im ersten Band dieser Schriftenreihe wurde dargelegt, dass der überwiegende Teil der Konstellationen, die im Internet als »Bedrohungsszenario« empfunden werden, das Verhältnis zwischen grundsätzlich gleichgeordneten und -berechtigten Privatrechtssubjekten betrifft. Angesprochen ist also die Schutzpflicht- und Gewährleistungsfunktion der Grundrechte, die Rolle eines »Moderators« des Staates in einem tripolaren Verhältnis. Auch die (mittelbare) Drittwirkung, konstruiert über Einbruchstellen im einfachen Recht, stellt sich in diesem Sinne als eine Form der Realisierung der Schutzpflicht des Staates dar. Viele der genannten Beispiele werden von Rechtsprechung und Literatur aber primär im einfachen Recht verortet. Insofern ist die digitale Dimension der Grundrechte von besonderen Bedeutung, ist das einfache Recht doch in der Regel der Versuch des Staates, zwischen den betroffenen Grundrechtspositionen einen schonenden Ausgleich im Sinne einer praktischen Konkordanz herbeizuführen. Die Einräumung eines grundsätzlichen Vorrangs durch Gesetzgebung oder Rechtsprechung ist im Verhältnis von Grundrechtsträgern und ihrer Rechtspositionen untereinander kritisch zu bewerten – dies zeigt sich bspw. im Rahmen des Datenschutzrechts, wo in der öffentlichen Diskussion zum Teil vernachlässigt wird, dass neben dem Recht auf informationelle Selbstbestimmung auch Unternehmen (selbst »amerikanische Großkonzerne«) Träger von Grundrechten sind.

Eine unüberwindbare Grenze und Leitplanke aller Diskussionen stellt Art. 1 Abs. 1 GG dar, die Unantastbarkeit menschlicher Würde. Deren Beeinträchtigung aktiviert die staatliche Schutzpflicht in jedem Fall, sie besitzt unmittelbare (Dritt-)Wirkung auch in Privatrechtsverhältnissen. Der Fundamentalgarantie ist aber nicht gedient, wenn sie in der gesellschaftlich-politischen Diskussion zur Rechtfertigung verfassungspolitisch erwünschter Ergebnisse instrumentalisiert und das Gewünschte zugleich als unabdingbares verfassungsrechtliches Postulat identifiziert wird. So ist davon auszugehen, dass – auch wenn oft eine Verknüpfung bspw. datenschutzrechtlicher Fragen und der Thematik des »Cybermobbings« mit Art. 1 Abs. 1 GG erfolgt – die meisten der relevanten internetbezogenen Fallgestaltungen die menschliche Würde nicht beeinträchtigen. Eine Differenzierung zwischen allgemeinem Persönlichkeitsrecht (Art. 2 Abs. 1 GG) und damit Abwägungsoffenheit sowie menschlicher Würde (Art. 1 Abs. 1 GG) und somit Absolutheitsanspruch ist in diesem Zusammenhang unausweichlich. Zielführender erscheint es hingegen, bestimmte Aspekte der Grundrechtsausübung im Internet nicht nur in Art. 2 Abs. 1 GG, sondern den speziellen Freiheitsrechten zu verorten. Die spezielle Absicherung und bspw. Ausgestaltung in Form qualifizierter Gesetzesvorbehalte sind nämlich von einer besonderen Bedrohungslage und/oder einer besonderen Eingriffsintensität motiviert; sie können daher den erforderlichen (oft: einfach-gesetzlichen) Ausgleich der Grundrechtspositionen weitaus besser anleiten als die Auffangrechte.

Vor diesem Hintergrund unternimmt die vorliegende Publikation den Versuch, Sachverhalte mit Internet- und Grundrechtsbezug, vor allem solche, die bereits die Rechtsprechung beschäftigt haben, systematisch den Schutzbereichen der Grundrechte zuzuordnen. Hierzu wird zunächst das Konzept der digitalen Dimension der Grundrechte allgemein vorgestellt, bevor eine Detailbetrachtung der Einzelgrundrechte erfolgt. Angesicht der rasanten technischen Entwicklungen und kurzen Innovationszyklen können dabei nur ein aktueller Teilausschnitt beschrieben und Lösungsansätze im Sinne von Diskussionsanregungen aufgezeigt werden. Dieses Vorgehen steht in einem engen Zusammenhang mit weiteren Auswirkungen, die mit der zunehmenden Digitalität auf das Rechts- und Verwaltungssystem verbunden sind. Die Darstellung baut auf Forschungsergebnissen zu einem gewandelten Verständnis staatlicher Daseinsvorsorge (E-Daseinsvorsorge) sowie der Fortentwicklung der Grundrechtsfunktionen auf und wird sich in einer Analyse der Auswirkungen auf die Staatsstrukturprinzipien fortsetzen, sodass dem interessierten Leser die vorangegangen Publikationen

wie die nachfolgenden zur Lektüre empfohlen sind. Die weiter zunehmen-
de Relevanz des Internets zwingt zu einer gesellschaftlichen Diskussion
derartiger Fragestellungen. Daher bleibt den Ergebnissen dieses For-
schungsprojektes Eingang sowohl in wissenschaftliche als auch gesell-
schaftspolitische Debatten, bspw. des Bundestagsausschusses »Digitale
Agenda«, zu wünschen.

Heilbronn, im Oktober 2014   *Roman Herzog*

Inhaltsverzeichnis

Die digitale Dimension der Grundrechte

I. Einführung

Nicht nur im Kontext einer Analyse des Wandels und der Wandelbarkeit grundrechtlicher Wirkungsdimensionen[1] erscheint eine Suchabfrage mit den Schlagworten »digital« und »Internet« in einem der Standardkommentare zum Grundgesetz zielführend[2]. Angesichts der gesellschaftlichen – und wie im Folgenden darzustellen sein wird: auch grundrechtlichen – Bedeutung des Internets verwundert es, wenn das Schlagwort »digital« lediglich acht mal, das Suchwort »Internet« mit 59 Fundstellen erscheint. Hinzu kommt, dass sich die entsprechenden Passagen in den wenigsten Fällen mit der Entfaltung des Individuums im oder mithilfe des Internets bzw. den gesellschaftlichen Chancen einer veränderten Kommunikation befassen, sondern lediglich mit der Online-Durchsuchung (also einem Eingriff!) oder den technischen Aspekten des Internets als Teil der Telekommunikation (im Sinne des Art. 10 GG) bzw. der Telekommunikationsinfrastruktur (im Sinne des Art. 87 f GG).

Insofern wird der Versuch unternommen, Sachverhalte mit Internet- und Grundrechtsbezug, vor allem solche, die bereits die Rechtsprechung beschäftigt haben, systematisch den Schutzbereichen der Grundrechte zuzuordnen. Hierzu wird zunächst das Konzept der digitalen Dimension der Grundrechte allgemein vorgestellt[3], bevor eine Detailbetrachtung der Einzelgrundrechte erfolgt[4]. Dieses Vorgehen steht in einem engen Zusammenhang mit weiteren Auswirkungen der zunehmenden Digitalität auf das Rechts- und Verwaltungssystem[5]. Die nachfolgende Darstellung baut daher auf Forschungsergebnissen zu einem gewandelten Verständnis staatli-

---

1 *Schliesky u. a.*, Schutzpflichten und Drittwirkung im Internet, 2014, S. 13.
2 Maunz/Dürig (Begr.), Grundgesetz – Kommentar, Loseblattsammlung (Stand: 71. Erg.-Lieferung 2014), Suchabfrage am 10.9.2014.
3 Dazu bereits *Luch/Schulz*, MMR 2013, 88 ff.; *dies.*, in: Hill/Schliesky (Hrsg.), Die Neubestimmung der Privatheit, 2014, S. 153 ff.
4 S. auch *Luch/Schulz*, Das Recht auf Internet als Grundlage der Online-Grundrechte, 2013, S. 14 ff.
5 Vgl. insofern auch die Beiträge zu unterschiedlichen Aspekten in: Hill/Schliesky (Fn. 3); dies. (Hrsg.), Die Vermessung des virtuellen Raums, 2012; dies. (Hrsg.),

cher Daseinsvorsorge (1.) sowie der Fortentwicklung der Grundrechts-funktionen angesichts neuer »Bedrohungsszenarien« (2.) auf und wird sich in einer Analyse der Auswirkungen auf die Staatsstrukturprinzipien fort-setzen (3.).

1. E-Daseinsvorsorge

In einem am Lorenz-von-Stein-Institut für Verwaltungswissenschaften an der Christian-Albrechts-Universität zu Kiel durchgeführten Projekt konnte bereits dargelegt werden, wie der Grundversorgungsauftrag des Staates mit der zunehmenden Virtualisierung des Lebens in Einklang gebracht werden kann. Die Auswirkungen der Informationstechnik (IT) auf Wirt-schaft, Gesellschaft, Staat und Verwaltung[6] sowie jede einzelne Person und ihre Persönlichkeit bewirken, dass eine Internetanbindung bzw. be-stimmte Teilaspekte einer Informations- und Kommunikationsinfrastruk-tur mittlerweile als Grundversorgung zu betrachten sind. Im Projekt »E-Daseinsvorsorge« wurden zukunftsfähige, neue Elemente der Grundver-sorgung extrahiert sowie eine darauf bezogene Verantwortungsteilung zwischen Staat, Bürgern und Wirtschaft, die bis zu einem »Recht auf In-ternet«[7] führen kann, analysiert[8].

Innovationen im und durch Recht, 2010; dies. (Hrsg.), Herausforderung e-Govern-ment, 2009.

6 Ausf. *Schulz*, in: Hill/Schliesky, Die Vermessung des virtuellen Raums (Fn. 5), S. 265 (269 ff.).

7 *V. Lewinski*, RW 2011, 70 ff.; dazu auch unter Gliederungspunkt III. 4. b).

8 Zur »E-Daseinsvorsorge« allgemein bzw. zu Einzelaspekten *Luch/Schulz*, in: Hill/ Schliesky (Fn. 5), Herausforderung e-Government, S. 305 ff.; *dies.*, MMR 2009, 19 ff.; *dies.*, VM 2011, 104 ff., *dies.*, in: Schliesky (Hrsg.), Technikgestütztes Iden-titätsmanagement, 2010, S. 1 ff.; *Schulz*, in: Schliesky/Ernst/Schulz (Hrsg.), FS Schmidt-Jortzig, 2011, S. 17 ff.; *ders.*, DuD 2010, 689 ff.; *ders.*, in: Schliesky (Hrsg.), Selbstverwaltung im Staat der Informationsgesellschaft, 2010, S. 13 ff.; *Schliesky/Schulz*, in: Rave/Schlie/Schliesky (Hrsg.), Erdgas, Strom, Breitband – Netzinfrastrukturen in Schleswig-Holstein im Wandel, 2010, S. 13 ff.; *Schliesky/ Schulz/Tallich*, in: Schliesky (Hrsg.), Staatliches Innovationsmanagement, 2010, S. 19 ff.

2. Grundrechtliche Wirkungsdimensionen

Vor dem Hintergrund der öffentlichen Debatte um die umfangreichen Ausspähaktivitäten der NSA sowie weitere Enthüllungen von *Edward Snowden*, die Schutzdefizite im globalen digitalen Raum offenbart haben, wird zum Teil auch auf das Grundgesetz rekurriert und kritisiert, dass es nur defizitären Schutz im Rahmen internationaler Kommunikation und Interaktion gewährleiste. Des Weiteren wird eine Verbindung zu den Bestrebungen hergestellt, das Themenfeld Datenschutz regulatorisch neu und europaweit einheitlich zu erfassen[9]. Diese Verknüpfung ist nur bedingt weiterführend – sind doch unterschiedliche Bedrohungslagen betroffen. Während die Aktivitäten der Nachrichtendienste staatliche Eingriffe (wenn auch nicht durch deutsche Behörden) bspw. in das Fernmeldegeheimnis betreffen, sollen durch die Reform des Datenschutzrechts vor allem die Verhältnisse zwischen privaten Anbietern und den Nutzern neu justiert werden. Anders als in der Vergangenheit sind es also nicht mehr vorrangig Eingriffe staatlicher Stellen in subjektive Grundrechte, die als Bedrohung empfunden werden. Vielmehr entstehen neue Konfliktlinien zwischen Privaten, gerade im Internet. Hinsichtlich dieser Beeinträchtigung der grundrechtlich geschützten Positionen ist die Fokussierung der Grundrechtsdogmatik auf deren klassische Abwehrfunktion wenig zielführend; Schutz- und Gewährleistungsgehalte müssen ebenso aktiviert werden wie die (mittelbare) Drittwirkung der Grundrechte. Dementsprechend wurde in einem Forschungsprojekt analysiert, inwiefern es sachgerecht und realisierbar ist, die grundrechtlichen Wirkungsdimensionen fortzuentwickeln und ob es darüber hinaus weitere Reaktionsmöglichkeiten des Staates gibt, seinem verfassungsrechtlichen Schutzauftrag nachzukommen[10].

Für exemplarisch ausgewählte Konstellationen (Cybermobbing als Bedrohung des allgemeinen Persönlichkeitsrechts[11], Datenschutz und Gefahren für das Recht auf informationelle Selbstbestimmung, technische Veränderungen auf den Zielsystemen durch Apps als Beeinträchtigung des Rechts auf Vertraulichkeit und Integrität informationstechnischer Syste-

---

9   Dazu statt vieler *Hornung*, in: Hill/Schliesky (Fn. 3), S. 123 ff.
10 Die Ergebnisse sind dokumentiert in: *Schliesky u. a.* (Fn. 1); vgl. auch *Hoffmann/Schulz/Borchers*, MMR 2014, 89 ff.
11 Dazu *Schliesky u. a.* (Fn. 1), S. 129 ff.; s. auch *Glaser*, NVwZ 2012, 1432 ff.; *Heckmann*, NJW 2012, 2631 ff.

me[12], Zensur durch soziale Netzwerke und deren Auswirkungen auf die Meinungsfreiheit[13]) wurde hinterfragt, ob sich der durch einen Eingriff eines anderen Privaten Beeinträchtigte gegenüber dem Schädigenden unmittelbar oder mittelbar auf Grundrechte berufen kann, ob eine Schutzpflicht des Staates besteht, derartige Eingriffe Dritter abzuwehren, welche inhaltlichen Maßstäbe dabei gelten und ob die ergriffenen Maßnahmen rechtlich oder – aufgrund der fehlenden Durchsetzbarkeit – faktisch nicht ausreichend sind.

Hinsichtlich der Reaktionsmöglichkeiten des Staates ist ein weiter Ermessensspielraum anzuerkennen. Einerseits erscheint es erwägenswert, die relevanten Wirkungsdimensionen – Schutzfunktion und Drittwirkung – durch eine verstärkte verfassungsrechtliche Konkretisierung oder erstmalige Abbildung im Verfassungstext zu stärken[14]. Andererseits ist zu diskutieren, welche Maßnahmen in Erfüllung des verfassungsrechtlichen Schutzauftrags sachgerecht oder verfassungsrechtlich gefordert sind, um nicht dem Vorwurf eines Verstoßes gegen das Untermaßverbot ausgesetzt zu sein. Angesichts des weiten Gestaltungsspielraums von Gesetzgebung und Verwaltung kommen als solche sowohl rechtliche als auch tatsächliche Maßnahmen in Betracht[15]. Ein Maßnahmenmix aus verschiedenen Bestandteilen dürfte die einzig zielführende Variante sein.

Vor diesem Hintergrund ist auch die nachfolgend beschriebene Fortentwicklung grundrechtlicher *Schutzbereiche* zu sehen. Während der Staat die Einhaltung gesetzlicher Vorgaben und grundrechtliche Positionen in der analogen Welt auch in Privatrechtsverhältnissen oder im (theoretischen) Fall rein nationaler Internetsachverhalte sichern konnte, erweist sich dieser Gestaltungs- und Durchsetzungsanspruch im globalen Internet als wenig realistisch. Digitale Dimension der Grundrechte und Infrastrukturverantwortung des Staates (im Sinne einer E-Daseinsvorsorge) sind also aus diesem Grund um eine Fortentwicklung der Grundrechtsfunktionen zu ergänzen, um eine Effektivierung rechtlicher Ordnung im Internet zu erreichen.

---

12 Dazu *Schliesky u. a.* (Fn. 1), S. 139 ff.; s. auch *Hackenberg*, in: Hoeren/Sieber (Hrsg.), Handbuch Multimedia-Recht, Loseblattsammlung (Stand: 38. Erg.Lieferung 2014), Teil 16.7. Big Data, Rn. 35 f. m. w. N.
13 Dazu *Schliesky u. a.* (Fn. 1), S. 141 ff.; s. auch *Masing*, NJW 2012, 2305 ff.
14 *Schliesky u. a.* (Fn. 1), S. 149.
15 *Schliesky u. a.* (Fn. 1), S. 159.

3. Internettauglichkeit des Grundgesetzes im Übrigen

Die Betrachtungen zur E-Daseinsvorsorge, zu den grundrechtlichen Wirkungsdimensionen im digitalen Raum und zur digitalen Dimension der Grundrechte zeigen, dass die Digitalisierung nicht nur Auswirkungen auf die Grundrechte hat, sondern darüber hinaus reicht. Besonders deutlich wird dies an den Staatsstrukturprinzipien: Ein Einfluss auf das Demokratieprinzip ist mit den Überlegungen zur Online-Beteiligung, zu Online-Wahlen[16] und zum Open Government[17] erkennbar. Der grundgesetzliche Rechtsstaat ist eng verknüpft mit Aspekten von E-Justice, Haftungsfragen in vernetzten Verwaltungsstrukturen oder der effektiven Rechtsdurchsetzung im Internet; Bundesstaat und kommunale Selbstverwaltungsgarantie aus Art. 28 Abs. 2 GG mit allen Rechtsfragen IT-gestützter Zusammenarbeit. Sozialstaatsprinzip und Gleichwertigkeit der Lebensverhältnisse werden von IT und Internet ebenfalls herausgefordert; zugleich bieten diese aber auch eine Chance zur Bewältigung des demografischen Wandels. Diese Aspekte bleiben nachfolgend angesichts ihres Umfangs ausgeblendet – sie sollen in eigenständigen Forschungsprojekten konzeptionell bearbeitet werden.

II. Das Konzept der digitalen Dimension der Grundrechte

Bevor im Folgenden auf die Einzelgrundrechte eingegangen werden kann, gilt es sich die allgemeine Bedeutung der digitalen Dimension der Grundrechte zu vergegenwärtigen (1.). Der Begriff soll nicht lediglich auf aktive Handlungsweisen beschränkt bleiben[18], auch wenn die allgemeine Online-Handlungsfreiheit angesichts des Umstandes, dass die speziellen Freiheitsrechte vor Aufkommen des Internets formuliert wurden[19], besondere Bedeutung besitzt. Gleichwohl lässt sich den meisten speziellen Grundrechten durch Auslegung eine digitale Dimension entnehmen (2.). Gleiches

---

16 Dazu *Luch/Schulz* (Fn. 4), S. 33 ff.; vgl. auch *Luch/Schulz/Tischer*, BayVBl 2015, i. E.

17 *Graudenz u. a.*, Vom Open Government zur Digitalen Agora, ISPRAT Whitepaper, 2011; s. auch *Janda*, in: Schliesky/Schulz (Hrsg.), Transparenz, Partizipation, Kollaboration – Web 2.0 für die öffentliche Verwaltung, 2012, S. 11 ff.

18 Anders noch *Luch/Schulz* (Fn. 4), S. 14.

19 Zur historischen Zielsetzung der Grundrechte ausf. *Schliesky u. a.* (Fn. 1), S. 21 ff.

gilt für den komplementären (Infrastruktur-)Schutz, der ebenfalls über eine analoge wie eine digitale Komponente verfügt (3.). Angesichts der vorangegangen Auseinandersetzung mit den grundrechtlichen Wirkungs-dimensionen[20] soll abschließend auf die Funktionen digitaler Grundrechte eingegangen werden (4.).

1. Einordnung in die Grundrechtsdogmatik

Die digitale Dimension der Grundrechte stellt keine eigenständige Grund-rechtsfunktion dar, wie es bspw. die Abwehrfunktion, die Schutzpflicht-bzw. Gewährleistungsdimension, originäre Leistungsansprüche sowie die Drittwirkung sind[21]. Es handelt sich um eine zusammenfassende Beschrei-bung eines Teilbereichs des jeweiligen Schutzgehalts, der sich durch den besonderen Bezug zur Informationstechnik bzw. zum Internet auszeichnet. Am ehesten vergleichbar ist die Verfahrensfunktion der Grundrechte[22], da es sich dabei ebenfalls um einen sachlich abgrenzbaren Ausschnitt des Ge-währleistungsgehalts der meisten Grundrechte handelt[23]. Eine gewisse Pa-rallelität besteht schließlich zum Menschenwürdegehalt der Grundrech-te[24], der weniger thematisch als qualitativ eine Teilmenge grundrechtlicher Schutzbereiche beschreibt, ohne diese aus dem speziellen Grundrechtsge-halt herauszunehmen und ausschließlich Art. 1 Abs. 1 GG zuzuordnen.

Die Etablierung einer eigenen Kategorie ist nicht dem Vorwurf ausge-setzt, man habe dies in der Vergangenheit für vergleichbare Entwicklun-gen versäumt. Mit dem Internet steht *erstmals* eine Technologie bzw. ge-sellschaftliche Errungenschaft bereit, die in der Lage ist, nahezu das ge-samte menschliche – und damit auch grundrechtlich erfasste – Verhalten abzubilden. Die digitale Dimension der Grundrechte mag derzeit noch eine untergeordnete Rolle spielen (wobei selbst diese Annahme bereits fraglich erscheint), es ist aber denkbar und realistisch, dass sich dieses

---

20 *Schliesky u. a.* (Fn. 1); *Hoffmann/Schulz/Borchers*, MMR 2014, 89 ff.
21 Überblick bei *Schliesky u. a.* (Fn. 1), S. 42 ff.
22 *Schliesky u. a.* (Fn. 1), S. 55 ff. m. w. N.
23 Nicht vergleichbar ist hingegen die räumlich-gegenständliche Dimension (dazu *Ernst*, in: FS Schmidt-Jortzig [Fn. 8], S. 79 ff), da diese primär einen Teilaspekt der objektiven Grundrechtsfunktion (*Schulz* [Fn. 6], S. 265 [277 ff.]) bzw. die ge-währleistende Rolle des Staates adressiert, während sich die digitale Dimension gerade auch in Form von Abwehrrechten aktualisiert.
24 Ausf. *Schulz*, Änderungsfeste Grundrechte, 2008, S. 71 ff.

Verhältnis schon in den kommenden Jahren umkehren wird. Das Internet dient Staat, Wirtschaft und Gesellschaft systemübergreifend als Handlungsplattform[25], es erscheint als Prototyp einer Einrichtung, die eine Vielzahl unterschiedlicher Nutzungen ermöglicht. Angesichts der Entwicklungen z. B. zum Smart Life[26], zum Internet der Dinge[27] und des mobilen Internets werden die Nutzungsmöglichkeiten in den nächsten Jahren weiter ansteigen. Ging man vor einiger Zeit noch davon aus, dass selbstfahrende – zwangsläufig mit dem Internet verbundene – Fahrzeuge im Jahr 2020 Serienreife erreichen[28], gibt es mittlerweile Anzeichen dafür, dass dies weitaus früher der Fall sein könnte[29]. Rasantes Wachstum und kurze Innovationszyklen prägen IT und Internet. Um 50 Millionen Nutzer zu erreichen, benötigte das Radio 38, das Fernsehen immerhin 13 Jahre, das Internet hat diese Schwelle bereits nach vier Jahren überschritten[30]. Beim Internet dürfte es sich daher um *die* entscheidende Infrastruktur der nächsten Jahrzehnte handeln[31], damit verbunden ist dann auch ein Bedeutungszuwachs der digitalen Dimension der Grundrechte, der es rechtfertigt, zur Systematisierung der grundrechtlichen Schutzbereiche eine eigene Kategorie zu benennen.

2. Allgemeine und besondere Online-Handlungsfreiheiten

Unbestritten ist, dass der Zugang zum Netz von Art. 2 Abs. 1 GG geschützt wird[32] und die allgemeine Handlungsfreiheit aufgrund ihres offenen Schutzbereichs digitale Aktivitäten abdeckt. Die Bedeutung der speziellen Freiheitsverbürgungen für die digitale Entfaltung des Einzelnen wird jedoch kaum näher analysiert[33]. Anzuerkennen ist aber, dass der überwiegende Teil der speziellen Freiheitsverbürgungen ebenfalls eine digitale Di-

---

25 *Schulz* (Fn. 6), S. 265 (274 ff.).
26 Aus juristischer Perspektive *Heckmann*, K&R 2011, 1 ff.
27 Zu Regulierungsstrategien am Beispiel von »eCall« *Scherer*, MMR 2014, 353 f.
28 *Kaczorowski*, Die smarte Stadt, 2014, S. 139 f.
29 http://smartestadt.wordpress.com/2014/08/18/selbstfahrende-fahrzeuge-fruher-als-gedacht/.
30 Vgl. http://www.un.org/cyberschoolbus/briefing/technology/tech.pdf.
31 *Schulz/Tischer*, ZG 2013, 339 (344 ff.).
32 *V. Lewinski*, RW 2011, 70 (77 f.).
33 Zutreffend stellt *v. Lewinski*, RW 2011, 70 (84), fest, dass sich »fast allen Grundrechten Schutzgehalte in Bezug auf Internetsachverhalte entnehmen« lassen.

mension beinhaltet, also Verhaltensweisen unabhängig davon schützt, ob diese analog oder digital ausgeübt werden. Es handelt sich jeweils um einen Teilausschnitt des grundrechtlichen Schutzbereichs, wobei die Handlungsfreiheit ganz allgemein, ob in der realen Wirklichkeit oder in der Virtualität des Netzes, nur *aktive* Handlungsweisen schützt. Insofern kann von Online-Handlungsfreihei*ten* in der Mehrzahl gesprochen werden, da sich der grundrechtlich vermittelte Schutz des Verhaltens im Netz nicht in Art. 2 Abs. 1 GG erschöpft. Der Grundrechtskatalog lässt sich nicht in reine Online-Grundrechte und ausschließlich »analoge Freiheitsrechte« einteilen, wobei Ausnahmen denkbar sind[34].

Angesichts der Vielfältigkeit der Querbezüge zwischen den speziellen Grundrechten und den Entwicklungen der Informations- und Kommunikationstechnik, einschließlich des Internets, können die nachfolgenden Ausführungen nur einen Teilaspekt abbilden. Sie sollen anhand von Beispielen die Bedeutung der digitalen Grundrechtsdimension untermauern und eine Diskussion anregen. Hinzu kommen die (bisher kaum abschließend bewertbaren) soziologischen Konsequenzen der Internetkommunikation für das menschliche Miteinander[35], die ihrerseits wiederum (als Teil der Verfassungswirklichkeit) Rückwirkungen auf das Verständnis der grundrechtlichen Schutzgehalte und ihrer Schutzrichtungen haben dürften. Wenn die gesellschaftliche Realität nicht alleiniger Maßstab bleibt, sondern ein gesellschaftlicher Wandel nur bei Übereinstimmung mit übergeordneten Rechtsprinzipien, andauernder Akzeptanz in der Bevölkerung und Eingang der gesellschaftlichen Realitäten in das Rechtsbewusstsein zu einer Fortentwicklung führt[36], ist diese Entwicklungsoffenheit nicht dem Vorwurf der Konturenlosigkeit ausgesetzt. Die Wandelbarkeit zu verneinen, hieße vielmehr die Wandlungsfähigkeit menschlicher Persönlichkeit, der technisierten Informationsgesellschaft[37] und mithin einen Teil der Verfassungswirklichkeit zu verleugnen.

---

34 Selbst bei der körperlichen Unversehrtheit (vgl. *Steenhoff*, NVwZ 2013, 1190 [1195]), der Freizügigkeit und der Versammlungsfreiheit (vgl. *Luch/Schulz*, MMR 2013, 88 [90]) lassen sich Bezüge zum Internet aufzeigen.
35 S. bereits die Nachweise in Fn. 8.
36 *Schulz* (Fn. 24), S. 76.
37 So BVerfGE 125, 175 (224); von *Bull*, Netzpolitik: Freiheit und Rechtsschutz im Internet, 2013, S. 16, als »Informationstechnikgesellschaft« bezeichnet.

3. Komplementärer (Infrastruktur-)Schutz

Der Schutz der *aktiven* Entfaltung im Netz wäre jedoch lückenhaft, wenn nicht die dadurch generierten Daten und die aus der Entfaltung resultierende Online-Persönlichkeit ihrerseits *(passiv)* abgesichert wären. Gleiches gilt für die Infrastrukturen und technischen Systeme, auf denen sich die Online-Entfaltung vollzieht, die nämlich anders als »analoge« Verhaltensweisen zwingend auf solche angewiesen ist. Wird der grundrechtliche Schutz nicht auch auf diese und auf das Vorfeld von Eingriffen im Sinne einer Gefährdung ausgedehnt, könnte es zu Schutzlücken kommen, die zulasten von Online-Handlungsfreiheit und digitalem Persönlichkeitsrecht gehen. Insofern kommt dem ergänzenden Systemschutz, sei es hinsichtlich der Telekommunikation aus Art. 10 Abs. 1 GG, sei es hinsichtlich informationstechnischer Systeme aus Art. 2 Abs. 1 GG (»IT-Grundrecht«), ergänzende Schutzwirkung für die Online-Handlungsfreiheiten zu (wie in der analogen Welt Art. 13 GG mit der Wohnung eine Infrastruktur zugunsten einer Rückzugsmöglichkeit für privates Verhalten sichert[38]). Ohne derartige komplementäre Schutzpositionen wäre die digitale Dimension der aktiven Freiheitsgrundrechte nicht ausreichend geschützt; sie können ebenfalls als digitale Ausprägungen der jeweiligen Grundrechte angesehen werden. Eine den Freiheitsrechten dienende Funktion in diesem Sinne hat auch das Recht auf Gewährleistung des menschenwürdigen Existenzminimums, welches insofern ebenfalls – in der Funktion, digitale Freiheitsausübung zu ermöglichen[39] – über eine digitale Dimension verfügt.

4. Funktionen der Online-Grundrechte

Die Schutzrichtungen der Online-Grundrechte entsprechen – da es sich um die digitale Dimension der speziellen und der Auffanggrundrechte handelt – der herkömmlichen Grundrechtsanwendung. Dies bedeutet, dass die Eigenschaft als liberales freiheitliches Abwehrrecht im Mittelpunkt steht.

---

38 Zur »dienenden« Funktion des Art. 13 Abs. 1 GG *Papier*, in: Maunz/Dürig (Fn. 2), Art. 13 Rn. 1, 10..

39 Ausf. zum Ansatz, den Gewährleistungsgehalt des Grundrechts auf Gewährleistung des menschenwürdigen Existenzminimus über die für die übrige Grundrechtsausübung erforderliche materielle Basis zu definieren, *Schulz*, in: FS Schmidt-Jortzig (Fn. 8), S. 17 (31 ff.).

Die Freiheit des Einzelnen soll demnach in erster Linie vor staatlichen Eingriffen bewahrt werden, indem jeder staatliche Eingriff verfassungsrechtlich einem Rechtfertigungserfordernis unterworfen wird.

Hinsichtlich der denkbaren staatlichen Eingriffe in die Online-Grundrechte muss zwischen der technischen Zugangsebene und inhaltsbezogenen Maßnahmen differenziert werden. Die Abwehrfunktion schützt ebenso vor inhaltsbezogenen Maßnahmen des Staates, also vor dem Zugriff auf bestimmte Handlungsweisen *im* Netz, wie vor Beeinträchtigungen des Zugangs *zum* Netz, der in den Gewährleistungsgehalt des Art. 2 Abs. 1 GG fällt, aber inhaltsneutral ist. Weiterhin erscheint es denkbar, anbieter- und nutzerbezogene Eingriffe auseinanderzuhalten, wobei auf der Anbieterseite die internetspezifischen Maßnahmen häufiger vorkommen dürften als auf der Nutzerseite, bei der in der Regel modalitätsneutrale Handlungsvorgaben existieren. Damit ist ein weiteres Differenzierungskriterium angesprochen: Als »internetspezifisch« sind staatliche Maßnahmen zu klassifizieren, die gerade (und ausschließlich) für Betätigungen im Internet Geltung beanspruchen, z. B. auf Anbieterseite die Verpflichtung zur Kennzeichnung von Homepages[40], zur Einführung von Altersverifikationssystemen[41] oder die Sperrung von Homepages[42]. »Modalitätsneutral« sind hingegen z. B. die Verbote, pornografische oder nationalsozialistische Inhalte zu verbreiten – diese beziehen sich sowohl auf klassische Verbreitungsformen als auch auf die Online-Verbreitung[43].

Staatliche Gewährleistungspflichten im Sinne der objektiven Bedeutung der Grundrechte sind bezogen auf Inhalte nur schwer vorstellbar, sie betreffen eher – ausgehend vom Recht auf Internet – den zunächst inhaltsneutralen technischen Zugang. Demgegenüber zwingt die staatliche Schutzpflicht, bspw. aus dem allgemeinen Persönlichkeitsrecht oder dem Recht auf informationelle Selbstbestimmung, den Staat dazu, den Bedrohungen dieser Rechtspositionen durch andere private – insbesondere

---

40 Bspw. in Form der Impressumspflichten nach dem TMG; dazu *Schulte*, CR 2004, 55 ff.; *Klute*, MMR 2003, 107 f.
41 Dazu *Engels/Jürgens*, NJW 2008, 1887 f.; *Liesching*, MMR 2008, 802 ff.
42 Bspw. nach dem Gesetz zur Erschwerung des Zugangs zu kinderpronografischen Inhalten in Kommunikationsnetzen (Zugangserschwerungsgesetz – ZugErschwG) vom 17.2.2010 (BGBl I, S. 78); vgl. dazu *Gercke*, RdJB 2010, 436 ff.; *Koreng*, Jura 2010, 931 ff.; *Kahl*, SächsVBl 2010, 180 ff.; *Schnabel*, JZ 2009, 996 ff.; *Frey/Rudolph*, CR 2009, 644 ff.; dazu unten Gliederungspunkt III. 16. d).
43 So erfasst das »Zugänglichmachen« im Sinne des § 184 StGB auch die Bereitstellung auf einem Server in Computernetzen wie dem Internet, BGHSt 47, 55.

marktstarke – Akteure entgegenzutreten bzw. adäquate Schutzmaßnahmen, sei es präventiver, reglementierender oder strafrechtlicher Art, zu ergreifen[44]. Schließlich ist der leistungsrechtliche Gehalt der Grundrechte vorrangig auf den technischen Zugang und nicht auf bestimmte Inhalte bezogen; soweit auch die zur sozio-kulturellen Teilhabe erforderlichen Mittel von einem Leistungsanspruch abgedeckt werden, ist dieser Anspruch modalitätsneutral.

III. Die digitale Dimension der einzelnen Grundrechte

Ausgehend von diesen Grundannahmen soll im Folgenden der Versuch unternommen werden, die digitale Dimension der Grundrechte des Grundgesetzes zu umschreiben. Angesichts der schnellen Innovationszyklen und der Vielfältigkeit der Lebenssachverhalte kann es sich dabei nur um einen Ausschnitt handeln, wie es auch ausgeschlossen sein dürfte, den Schutzbereich der allgemeinen Handlungsfreiheit nur annähernd erschöpfend zu umschreiben. Die nachfolgende Analyse verdeutlicht jedoch, dass sich Grundrechtsschutz in der Digitalität keineswegs im Gewährleistungsgehalt des Art. 2 Abs. 1 GG erschöpft. Typische Fallgestaltungen und Beeinträchtigungen, ob nun durch staatliche oder private Stellen, werden in Form von Beispielen gesondert herausgestellt. Naturgemäß können einige Grundrechte kürzer abgehandelt werden, da sie an einer analogen Begebenheit anknüpfen und der Spielraum, den der Wortlaut der Norm für eine erweiternde Auslegung belässt, geringer ist als bei offenen Tatbeständen. Zudem bleiben diejenigen Grundrechte ausgeblendet, die aufgrund ihrer engen Beziehung zu einem Staatsstrukturprinzip Gegenstand zukünftiger Forschungen sein werden – bspw. Art. 19 Abs. 4 GG im Kontext des Rechtsstaatsprinzips, Art. 21 und Art. 38 GG im Rahmen des demokratischen Prinzips[45].

---

44 Zu denkbaren Schutzdefiziten und Handlungsoptionen *Schliesky u. a.* (Fn. 1), S. 149 ff.
45 Zu Art. 21 GG *Luch/Schulz*, MMR 2013, 88 (92); zur Online-Wahl *Luch/Schulz/ Tischer*, BayVBl 2015, i. E.

1. Menschenwürde (Art. 1 Abs. 1 GG)

Auf den ersten Blick ist nicht erkennbar, dass die Garantie menschlicher Würde in ihrer Abwehrdimension zu digitalen Sachverhalten berührt wird, vermittelt diese doch vorrangig Schutz vor den »Fallgruppen aus der Schreckenskammer von Unrechtsstaaten«[46], also vor den unbestritten und klassisch mit der Menschenwürdegarantie unvereinbaren staatlichen Maßnahmen wie »Folter, Sklaverei, Leibeigenschaft, Menschenhandel, Deportationen, Stigmatisierungen und Vertreibungen«[47] bzw. der »Diffamierung, Diskriminierung, Erniedrigung, Brandmarkung, Verfolgung, Ächtung und grausamen Bestrafung«[48]. Eine solche Begrenzung ist aber nicht mit der Intention des Art. 1 Abs. 1 GG, der umfassenden Wahrung der Integrität und Identität des grundsätzlichen Achtungsanspruches des Menschen, vereinbar. Vielmehr muss ein über derartige Extrembeispiele hinausgehender, dennoch restriktiver Auslegungsmaßstab gefunden werden[49]. Nach dieser mittleren Interpretationslinie gewährt Art. 1 Abs. 1 GG Schutz vor Tabuverletzungen und *schweren* Beeinträchtigungen *elementarer* Persönlichkeitskomponenten[50].

Konstellationen mit Internetbezug dürften vorrangig die (unmittelbare) Drittwirkung und die Schutzpflicht des Staates aus Art. 1 Abs. 1 GG betreffen[51], bspw. im Kontext der menschenunwürdigen Zurschaustellung von Personen[52]. Viele der Fallgruppen, die auch in der analogen Welt diskutiert wurden und werden – Zwergenweitwurf[53], Plastination von Leichen[54], »Big Brother«[55] und vor allem Peepshows[56] –, dürften sich auch im Internet finden lassen. Es sind einerseits Fälle denkbar, in denen es lediglich um eine Vertiefung der Beeinträchtigung durch einen größeren Verbreitungsgrad geht (bspw. das *YouTube*-Video des Zwergenweitwurfs

---

46 *Evers*, in: Dolzer (Hrsg.), Bonner Kommentar zum Grundgesetz, Loseblattsammlung (Stand: 167. Erg.-Lieferung Mai 2014), Art. 79 Abs. 3 Rn. 167.
47 *Dreier*, in: ders. (Hrsg.), GG, Bd. 1, 3. Aufl. 2013, Art. 1 I Rn. 139.
48 So BayVerfGH, BayVBl 1982, 47 (50).
49 So *Zippelius*, in: Bonner Kommentar (Fn. 46), Art. 1 Abs. 1 u. 2 Rn. 116.
50 *Höfling*, in: Sachs (Hrsg.), GG Kommentar, 6. Aufl. 2011, Art. 1 Rn. 17.
51 Zu beidem bereits ausf. *Schliesky u. a.* (Fn. 1), S. 61 ff.
52 Dazu *Di Fabio*, in: Maunz/Dürig (Fn. 2), Art. 2 Rn. 135 ff.
53 Dazu *Dreier* (Fn. 47), Art. 1 I Rn. 152.
54 Dazu *Thiele*, NVwZ 2000, 405 ff.
55 Dazu *Hinrichs*, NJW 2000, 2173 ff.
56 Dazu *Dreier* (Fn. 47), Art. 1 I Rn. 149.

oder der »Körperwelten«-Ausstellung), sodass das ursprüngliche Verhalten Gegenstand einer rechtlichen Erfassung bleiben würde. Andererseits kann es sich um eigenständige digitale Erscheinungsformen handeln; soweit ersichtlich sind aber (angesichts veränderter Moralvorstellungen?) gegenüber den zahlreichen pornografischen Webcamshows die gegenüber der klassischen Peepshow geäußerten Bedenken nicht erhoben worden[57]. Eine weitere Fallgruppe, die ein Äquivalent in der analogen Welt findet, sind gewaltverherrlichende Computerspiele[58], wobei allerdings zu berücksichtigen ist, dass es an der physischen Komponente fehlt, die den Tötungsvorgang im Rahmen von Laserdrome-[59] oder Paintball-Spielen[60] realitätsnäher erscheinen lässt.

Daneben sind Menschenwürdegehalte[61] zahlreicher digitaler Grundrechte denkbar, die ebenfalls in den Schutzbereich des Art. 1 Abs. 1 GG fallen. Besonders relevant dürfte die Funktion der Garantie menschlicher Würde sein, die Intimsphäre des Einzelnen absolut gegenüber staatlichen wie privaten Beeinträchtigungen abzusichern (b.) sowie die Erstellung umfassender Persönlichkeitsprofile zu unterbinden (c.)[62]. Bei beiden Aspekten handelt es sich um den Menschwürdegehalt des Rechts auf informationelle Selbstbestimmung bzw. von dessen Einzelausprägungen (Recht am eigenen Wort und Bild)[63]. Aber auch die (aktive) allgemeine Handlungsfreiheit enthält »intime Elemente«, die sich sowohl analog als auch digital ausdrücken können (a.).

---

57 Insofern dürfte die Aussage von *Gnielinski* aus dem Jahr 2000 weiterhin ihre Berechtigung haben: »Im Bereich sog. Online-Sexdienstleistungen (z. B. bei Livebeobachtungen durch Nutzung einer Webcam) kann ein Rechtsgeschäft auf Grund § 138 Abs. 1 BGB sittenwidrig und damit nichtig sein, Rspr. liegt diesbezüglich allerdings noch nicht vor«; vgl. MMR 2000, 602 (606).

58 Die auch unter § 131 StGB fallen; dazu *Ostendorf,* in: Kindhäuser/Neumann/ Paeffgen (Hrsg.), StGB, 4. Aufl. 2013, § 131 Rn. 6; dazu auch *Höynck/Pfeiffer,* ZRP 2007, 91 ff.

59 Dazu *Scheidler*, Jura 2009, 575 ff.; *Dreier* (Fn. 47), Art. 1 I Rn. 35.

60 Vgl. VGH Mannheim, GewArch 2004, 327 ff.

61 Zur Rechtsfigur des Menschenwürdegehalts der Grundrechte *Dreier* (Fn. 47), Art. 1 I Rn. 162; *Herdegen*, in: Maunz/Dürig (Fn. 2), Art. 1 I Rn. 26.

62 Wohingegen nicht jede heimliche Maßnahme (des Staates) per se menschenwürdewidrig ist, vgl. BVerfGE 109, 279 (311 ff.).

63 Zu dieser Einordnung der beiden Rechte *Schulz* (Fn. 24), S. 472 ff.

a) Schutz höchstpersönlicher, digitaler Handlungsweisen

Konstitutiven Schutz über Art. 2 Abs. 1 GG erfahren – auch in der Digitalität – diejenigen Aktivitäten, die nicht einem speziellen Freiheitsrecht zugeordnet werden können. Maßgebliches Abgrenzungskriterium zum allgemeinen Persönlichkeitsrecht, dem der Schutz der Intimsphäre typischerweise zugeordnet wird[64], ist, ob es sich um *aktive* Handlungsweisen handelt[65]. Auch das Auffanggrundrecht kann insofern Aktivitäten erfassen, die über erhebliche Persönlichkeitsrelevanz verfügen – so bspw. das gesamte Themenfeld des »Cybersex«, die Kontakt- und Partnersuche, die außerfamiliäre Kontaktpflege zu Freunden sowie die meisten Online-Spiele[66]. Allerdings begründet nicht jeder Persönlichkeitsbezug auch eine Zuordnung zum absolut geschützten Bereich des Art. 1 Abs. 1 GG. Auch die digitale Dimension des Auffanggrundrechts sichert (wie seine analoge Entsprechung) überwiegend Verhaltensweisen, die nicht notwendiger Bestandteil einer menschenwürdigen Ordnung sind. Eine Staatsordnung ohne grundrechtlichen Schutz des Reitens im Walde, des Führens von Kraftfahrzeugen im öffentlichen Straßenverkehr, des Taubenfütterns, des Spielens von »World of Warcraft«, der Möglichkeit, bei *Facebook* Fotos oder Statusmeldungen einzustellen, oder anderer banaler Tätigkeiten[67] spricht dem in Art. 1 Abs. 1 GG niedergelegten Grundsatz in keiner Weise die Geltung ab.

Angesichts der Weite des Schutzbereichs muss also eine Beschränkung auf Verhaltensweisen erfolgen, die eine essentiale Bedeutung für die Persönlichkeit und die Würde des Einzelnen haben[68]. Obwohl die ebenfalls in Art. 1 Abs. 1 GG wurzelnde Individualität zur Folge hat, dass die Persönlichkeitsrelevanz einzelner Verhaltensweisen vom Selbstverständnis des

---

64 Statt Vieler *Di Fabio* (Fn. 52), Art. 2 Rn. 147 f.

65 Dazu auch *Dreier* (Fn. 47), Art. 2 I Rn. 27.

66 Soweit das Spielen nicht – was zum Teil feststellbar ist – »beruflich« erfolgt; dann wäre Art. 12 GG einschlägig.

67 Vgl. *Dreier* (Fn. 47), Art. 2 I Rn. 27. Ob es sich bei der »Gestaltung des äußeren Erscheinungsbildes« um eine vergleichbare Banalität handelt, ist jedoch fraglich.

68 Insoweit weist die Bestimmung des Menschenwürdegehaltes Parallelen zu den Gegenauffassungen zum weiten Schutzbereichsverständnis der allgemeinen Handlungsfreiheit auf (so auch *Dolderer*, Objektive Grundrechtsgehalte, 2000, S. 104); dies gilt insbesondere für die sog. Persönlichkeitskerntheorie. Zum Zusammenhang zwischen erhöhtem Schutzniveau des allgemeinen Persönlichkeitsrechts und Persönlichkeitskerntheorie auch *Di Fabio* (Fn. 52), Art. 2, Rn. 130.

Grundrechtsträgers und der subjektiven Bedeutung abhängt[69], lassen sich einige Lebensbereiche extrahieren, denen eine persönlichkeitsprägende Funktion typischerweise zukommt und die auch in der Digitalität des Internets feststellbar sind. Lediglich dieser »letzte Bereich unantastbarer menschlicher Freiheit«[70] stellt den Menschenwürdegehalt der allgemeinen Handlungsfreiheit dar, zumal die Negierung zwingend den in Art. 1 Abs. 1 GG niedergelegten Grundsatz berührt[71].

Absoluten Schutz genießen daher – in der analogen wie in der digitalen Welt – höchstpersönliche, intime Handlungsweisen[72], wobei die Vielfältigkeit des Schutzbereiches einer abschließenden Umschreibung der von Art. 1 Abs. 1 GG erfassten Gehalte entgegensteht[73]. Allerdings lassen sich trotz der zahlreichen Überschneidungen – gerade im höchstpersönlichen Bereich – zum allgemeinen Persönlichkeitsrecht, auch *aktive* absolut geschützte Verhaltensweisen aufzeigen. Hierzu zählen die (digitale) vertrauliche Kommunikation[74] und die (digitale) sexuelle Selbstbestimmung[75]. Staatliche Verbote eines bestimmten Sexualverhaltens[76], der Verwendung

---

69 Vgl. *Alexy*, Theorie der Grundrechte, 1986, S. 325 mit Fn. 67; *Morlok*, Selbstverständnis als Rechtskriterium, 1993, S. 288 mit Fn. 31; *Hufen*, in: Badura/Dreier (Hrsg.), FS 50 Jahre BVerfG, Bd. 2, 2001, S. 105 (123).

70 Entwickelt insbesondere zum allgemeinen Persönlichkeitsrecht, beansprucht er jedoch auch Geltung im Rahmen der allgemeinen Handlungsfreiheit, vgl. BVerfGE 29, 260 (267). 50, 290 (366); 65, 196 (210); *Di Fabio* (Fn. 52), Art. 2, Rn. 7: »das allgemeine Freiheitsrecht [...], das [...] in seinem Kernbereich an der vorrechtlichen Qualität und am rechtlichen Vorrang des Art. 1 Abs. 1 GG teilhat«.

71 Bei denjenigen Verhaltensweisen, denen diese Bedeutung nicht allgemein zuerkannt werden kann, sondern die eine essentielle Bedeutung nur für Einzelne erlangen, stellt die Negierung grundrechtlichen Schutzes die Menschenwürdegarantie nicht generell in Frage, zumal hinreichende Betätigungsfelder verbleiben.

72 Ausf. zur Definition des Intimen bzw. Höchstpersönlichen im Rahmen des allgemeinen Persönlichkeitsrechts *Schulz* (Fn. 24), S. 462 ff.

73 Negativbeispiele lassen sich bei *Di Fabio* (Fn. 52), Art. 2 Rn. 50 (»Rauchen gehört nicht zum unantastbaren Kernbereich persönlicher Entfaltung«) und Rn. 51 (»Er [der Umgang mit Drogen] gehört [...] nicht zum Kernbereich privater Lebensgestaltung«), finden.

74 Soweit diese nicht bereits durch die speziellen Freiheitsrechte und deren digitale Dimension, insbesondere von Art. 4, Art. 5 Abs. 1 und Art. 6 Abs. 1 GG, abgedeckt werden; vgl. zu diesem Aspekt auch *Di Fabio* (Fn. 52), Art. 2 Rn. 156, der ihn allerdings dem allgemeinen Persönlichkeitsrecht zuschlägt.

75 Die jedoch oft dem allgemeinen Persönlichkeitsrecht zugeordnet wird; vgl. *Jarass*, NJW 1989, 857 (859).

76 Die Vorschriften der §§ 174 ff. StGB erfassen diesen höchstpersönlichen intimen Bereich zwar und dringen in den Würdegehalt des Art. 2 Abs. 1 GG vor, jedoch

von Verhütungsmitteln, einer Geschlechtsumwandlung[77] oder die Zulässigkeit nicht ehelicher Lebensgemeinschaften sind nämlich nicht nur an der allgemeinen Handlungsfreiheit sondern – aufgrund der Persönlichkeitsrelevanz – auch an ihrem Menschenwürdegehalt zu messen[78].

b) Absoluter Schutz der digitalen Intimsphäre

Inhaltlich können ebenfalls nicht alle Daten absoluten Schutz genießen (weshalb man das Recht auf informationelle Selbstbestimmung in Art. 2 Abs. 1 GG und nicht in Art. 2 Abs. 1 i. V. m. Art. 1 Abs. 1 GG verorten sollte[79]). Die aus dem Umgang mit personenbezogenen Daten resultieren-

---

lassen sich die Verbote durch entgegenstehende Würdepositionen der Opfer – ebenfalls die sexuelle Selbstbestimmung – im Wege einer praktischen Konkordanz, die jedoch aufgrund des weit stärkeren Eingriffs auf Seiten des Opfers zu einer kompletten Verdrängung der Position des Täters führt, rechtfertigen. Gleiches dürfte im Internet für die Einführung einer Strafbarkeit des sog. »Cyber-Groomings« gelten; vgl. dazu *Ziemann/Ziethen*, ZRP 2012, 168 ff.; *Gercke*, ZUM 2012, 625 (627).

77 Ein Verbot der Geschlechtsumwandlung würde gegen den Menschenwürdegehalt des Art. 2 Abs. 1 GG verstoßen, zumal es sich gegen eine *aktive* höchstpersönliche Handlungsweise richtet. Ein Anspruch gegen den Staat, diese Entscheidung zu respektieren und ein Leben im neuen Geschlecht mit allen daraus resultierenden Folgen zu ermöglichen, betrifft hingegen die *passive* Seite und muss dem allgemeinen Persönlichkeitsrecht zugerechnet werden.

78 Vgl. *Brugger*, Persönlichkeitsentfaltung als Grundwert der amerikanischen Verfassung, 1994, S. 6 ff., 41 ff.; *Dreier* (Fn. 47), Art. 2 I Rn. 39.

79 Die Verbindung zu Art. 1 Abs. 1 GG sollte jedoch den Fällen vorbehalten bleiben, in denen der Menschenwürdegehalt des allgemeinen Persönlichkeitsrechts betroffen oder zumindest Prüfungsmaßstab ist; vgl. dazu *Schulz* (Fn. 24), S. 124 ff.
Die Kombination der Einzelgrundrechte mit Art. 1 Abs. 1 GG birgt die Gefahr, dass die Heranziehung dieses Prüfungsmaßstabes Einfallstor für unterschiedlichste Ansichten wird. Einerseits kann sie, indem vorrangig auf Art. 1 Abs. 1 GG abgestellt wird, als Argument für einen besonders ausgeprägten Grundrechtsschutz herangezogen werden. Andererseits trägt sie auch die Gefahr in sich, den gesamten Grundrechtstatbestand einschließlich eines möglicherweise enthaltenen Menschenwürdegehaltes über die Schrankensystematik des jeweiligen Grundrechts zu begrenzen; vgl. *Brugger*, Menschenwürde, Menschenrechte, Grundrechte, 1997, S. 25; vgl. insbesondere auch die Kritik an BVerfGE 104, 337 (345 f.), bspw. bei *Volkmann*, DVBl 2002, 332 (333); *Kästner*, JZ 2002, 491 (492 f.); *Spranger*, NJW 2002, 2074 (2075 f.); *Faller*, KJ 2002, 227 (231 ff.); *Wittreck*, Der Staat 42 (2003), 519 (522 f., 531 f.); *Hain/Unruh*, DÖV 2003, 147 (149 ff.); wenig kritisch gegenüber Grundrechtskombinationen als Prüfungsmaßstab *Di Fabio* (Fn. 52), Art. 2

den Beeinträchtigungen des Auftretens im Kommunikationsprozess schlagen erst in eine mit Art. 1 Abs. 1 GG nicht zu vereinbarende Konstellation um, wenn die Kenntnisnahme, Speicherung oder Weitergabe solche Daten erfasst, die geeignet sind, den Grundrechtsträger seinem Gegenüber auszuliefern. Diese Gefahr besteht bei höchstpersönlichen, intimen Daten, also denjenigen, die man typischerweise nicht mit einer größeren Anzahl von Menschen teilt. Die Erhebung von sexuellen Vorlieben, bestimmten körperlichen Merkmalen, Gesundheitsdaten, Gefühls-, Gewissens- und religiösen Einstellungen ist unter diesem Gesichtspunkt absolut unzulässig. Allein aus dem Umstand, dass derartige Daten nicht analog gespeichert, verbreitet oder übermittelt werden, sondern »im Internet«, bspw. in einem sozialen Netzwerk gegenüber einer vertrauten Person geäußert[80] oder in einer »Cloud« gespeichert werden[81], verändert nicht automatisch die Qualität der Daten in Richtung Privat- oder Sozialsphäre.

Auch die Erhebung von unbewussten körperlichen Äußerungsformen – bspw. durch Genanalysen, Lügendetektoren oder grafologische Gutachten –, um aus diesen Rückschlüsse auf solche einem absoluten Erhebungsverbot unterliegende Daten zu gewinnen, verstößt gegen Art. 1 Abs. 1 GG[82]. Derartige Technologien sind in der Online-Welt ebenfalls denkbar, wenn bspw. im Rahmen eines *Skype*-Telefonats oder Camchats entsprechende Daten erhoben und analysiert würden. Ob bspw. auch die weitverbreitete Verfolgung der Mausbewegung und Blickrichtung durch die Betreiber von Internetseiten[83] (primär um das Angebot gezielter gestalten zu können) bereits die Schwelle zur Unzulässigkeit überschreitet – mit der Folge, dass der Staat in Realisierung seiner Schutzpflicht entsprechende

---

Rn. 36. Ausf. *Meinke*, In Verbindung mit – Die Verbindung von Grundrechten miteinander und mit anderen Bestimmungen des Grundgesetzes in der Rechtsprechung des Bundesverfassungsgerichts, 2006, insbesondere S. 238 ff.
Zur Verortung des allgemeinen Persönlichkeitsrechts in Art. 2 Abs. 1 GG *Britz*, Freie Entfaltung durch Selbstdarstellung, 2007; *Luch*, Das Medienpersönlichkeitsrecht, 2008, S. 85 f.

80 Zum erhöhten Schutz solcher Daten im Rahmen von Online-Streifen noch Gliederungspunkt III. 2. b).
81 Ausf. zum grundrechtlichen Schutz von Daten- und Dokumentensafes *Hoffmann*, Die Gewährleistung der Vertraulichkeit und Integrität elektronischer Daten- und Dokumentensafes, 2012.
82 Schulz (Fn. 24), S. 473.
83 http://www.spiegel.de/netzwelt/web/facebook-will-die-cursor-bewegungen-seiner-nutzer-auswerten-a-930970.html.

Abwehrmaßnahmen ergreifen müsste –, bedarf einer gesonderten Prüfung. Gleiches gilt für Technologien, die darauf abzielen, im öffentlichen Raum anhand abweichender Verhaltensmuster Gefahren zu erkennen[84].

Auch das Recht am eigenen Bild sowie gesprochenen und geschriebenen Wort kann durch IT und Internet neuen Bedrohungen ausgesetzt sein. Der Schutz der Menschenwürde ist bspw. beim Recht am eigenen Bild auf ein Verbot der optischen Erhebung höchstpersönlicher Daten – sei es heimlich oder offen – gerichtet. So wäre die Anfertigung von Nacktfotos anstelle von Porträtaufnahmen[85] für eine polizeiliche Kartei, um die Identifizierung von Straftätern anhand bestimmter körperlicher Merkmale zu ermöglichen, ein Verstoß gegen den Menschenwürdegehalt des Rechts am eigenen Bild. Der über Art. 79 Abs. 3 GG dem Zugriff des Verfassungsgesetzgebers entzogene Gehalt kann als Recht am eigenen höchstpersönlichen Bild umschrieben werden[86]. Demgegenüber ist es zu weitgehend, das Recht am eigenen Bild insoweit vom Menschenwürdeschutz erfasst anzusehen, »als niemand dulden muss, mit seinem Bild allein für fremde private Zwecke eingesetzt zu werden«[87]. Das Recht am eigenen Bild dürfte aufgrund neuer Technologien zusätzliche Relevanz bekommen, insbesondere da einerseits die heimliche Anfertigung von Aufnahmen erleichtert wird[88]

---

84 Dazu unten Gliederungspunkt III. 3. a) bb).

85 Das Beispiel der Anfertigung vom Lichtbildern von Straftätern als Eingriff in den Schutzbereich des Rechts am eigenen Bild findet sich auch bei *Di Fabio* (Fn. 52), Art. 2 Rn. 194; vgl. auch BGH, NJW 1991, 2651; OLG Schleswig, JZ 1979, 816 ff.; *Kramer*, NJW 1992, 2732 ff.; *Kloepfer/Breitkreutz*, DVBl 1998, 1149 (1152 f.).

86 Einen Menschenwürdegehalt des Rechts am eigenen Bild erkennt auch *Starck*, in: v. Mangoldt/Klein/Starck (Hrsg.), GG, Bd. 1, 6. Aufl. 2010, Art. 1 Rn. 121, an, ohne diesen zu spezifizieren: »Das bloße Photographieren von Personen, die darin vorher nicht eingewilligt haben, tastet deren Menschenwürde nicht an, wenn nicht besondere Umstände hinzukommen [...]«. Als ein solcher besonderer Umstand kommt insbesondere ein Eingriff in den Intimbereich in Betracht.

87 So *Starck* (Fn. 86), Art. 1 Rn. 121, mit Verweis auf BGHZ 26, 349 (354 ff.). In einem solchen Fall erscheint eine Rechtfertigung aufgrund entgegenstehender Interessen zwar schwer vorstellbar, dies rechtfertigt jedoch nicht die Annahme dieser Teilbereich genieße den absoluten Schutz des Art. 1 Abs. 1 GG. Den Nachweis, dass jede privatnützige Verwertung durch einen anderen den Grundrechtsträger zwingend zum Objekt degradiert, bleibt *Starck* schuldig.

88 Soweit Videos angefertigt werden, ist zugleich auch das Recht am gesprochenen Wort betroffen.

(durch hochauflösende Satellitenbilder[89], mit Kameras ausgestattete Drohnen zu erschwinglichen Preisen[90], Überwachungskameras im Miniaturformat, die Möglichkeit, Kamera und Mikrofon eines Computers aus der Ferne zu aktivieren, Datenbrillen wie *Google Glass*[91]), andererseits Software zur Verfügung steht, die neben einer Zuordnung zu einer Identität auch zahlreiche andere Analyseoptionen bieten kann[92]. Zudem wird die Zusammenführung mit andere Datensätzen zunehmend erleichtert[93].

Zu berücksichtigen ist aber, dass ein Verzicht des Betroffenen auf die Schutzwirkung im Rahmen des Art. 1 Abs. 1 GG gleichwohl möglich bleibt, soweit die Gewährleistungsgehalte Ausdruck der Persönlichkeit des Einzelnen und seiner Selbstbestimmung sind[94] – bspw. der Schutz der Intimsphäre oder privater vertraulicher Kommunikation. Nur wo dieser Aspekt in den Hintergrund tritt – bspw. hinsichtlich des Folter- und Todesstrafenverbots –, muss ein Verzicht endgültig ausgeschlossen bleiben. Da der Verzicht immer eine Willensäußerung des betroffenen Bürgers beinhaltet, ist unter dieser Prämisse davon auszugehen, dass sich der verzichtsfeindliche Bereich nicht vollumfänglich mit denjenigen Maßnahmen deckt, deren einseitige Vornahme staatlichen Stellen wegen des Eingriffs in die Menschenwürde untersagt ist. Im Rahmen der beschriebenen Dienste und Technologien ist also vor allem zu prüfen, ob der Staat den Bürger vor sich selbst schützen und bestimmte Aspekte des Umgangs mit personenbezogenen Daten für verzichtsfeindlich erklären oder Anforderungen an einen grundsätzlich zulässigen Verzicht normieren muss. »Ein Würde-Schutz gegen das freiwillige Handeln von Personen selbst wird sich nur selten [!] begründen lassen.«[95]

---

89 Zu *Google Street View*, *Google Earth*, *Google Maps* und ähnlichen Diensten unter Gliederungspunkt III. 3. d) aa) und bb).
90 Zur datenschutzrechtlichen Beurteilung *Solmecke/Nowak*, MMR 2014, 431 (432 f.).
91 Dazu *Solmecke/Kocatepe*, ZD 2014, 22 ff.
92 Zur Gesichtserkennung unten Gliederungspunkt III. 3. d) bb).
93 Zur unzulässigen Profilbildung sogleich unter Gliederungspunkt III. 1. c).
94 *Dreier* (Fn. 47), Vorb. Rn. 133.
95 *Dreier* (Fn. 47), Vorb. Rn. 133.

c) Verbot der Erstellung von Persönlichkeitsprofilen

Der Menschenwürdegehalt des Rechts auf informationelle Selbstbestimmung errichtet zudem eine absolute Grenze hinsichtlich des zulässigen Umfangs der Datenerhebung[96]. Bereits früh wurde dieser Aspekt als möglicher Eingriff in die Menschenwürdegarantie aufgegriffen, die eine »vollständige Katalogisierung und Erfassung des Menschen«[97] verbiete. Genau dieser Punkt, an dem eine vollständige Erfassung erfolgt, beschreibt die vom Menschenwürdegehalt des Rechts auf informationelle Selbstbestimmung errichtete Grenze. In dem Augenblick, in dem aus einer Sammlung von belanglosen Daten ein allumfassendes Persönlichkeitsprofil erstellt werden kann, wird der Einzelne zum Objekt des (staatlichen) Handelns[98]. Die Gefahr des Zugriffs auf die Persönlichkeit aufgrund der Kenntnis von bestimmten personenbezogenen Daten ohne Willen des Grundrechtsträgers und der mit dieser einhergehenden negativen Auswirkung einer gehemmten Selbstdarstellung ist dann nicht Folge eines einzelnen höchstpersönlichen Datums, sondern Resultat der durch die Zusammenfassung einer Vielzahl von Daten entstehenden eigenständigen Aussage über den Menschen. Wenn schon vor einigen Jahrzehnten die Gefahr der Totalerfassung angesichts der damaligen technischen Überwachungsmöglichkeiten[99] nicht als bloße Utopie[100], sondern die von *Orwell* in 1984[101] entworfene

---

96 Obwohl der Gefahr der Erstellung von Persönlichkeitsprofilen nicht nur durch das Recht auf informationelle Selbstbestimmung, sondern auch die meisten speziellen Grundrechte begegnet werden kann, erscheint Art. 2 Abs. 1 GG der richtige verfassungsrechtliche Prüfungspunkt, zumal sich gerade erst aus der Zusammenführung der unterschiedlichsten – verschiedene Grundrechte berührenden – Maßnahmen ein Persönlichkeitsbild erstellen lässt, sodass die speziellen Rechte nur unvollständigen Schutz bieten können.

97 Aufgegriffen insbesondere in BVerfGE 27, 1 (6): mit der Menschenwürde unvereinbar sei, »wenn der Staat das Recht für sich in Anspruch nehmen könnte, den Menschen zwangsweise in seiner ganzen Persönlichkeit zu registrieren und zu katalogisieren«.

98 Ähnlich *Di Fabio* (Fn. 52), Art. 2 Rn. 173: »Der Einzelne, der regelmäßig gar nicht weiß, was wo über ihn gesammelt wird, wo er elektronische Spuren hinterlässt, kann bei systematischer Datensammlung zu einem Objekt staatlicher Stellen […] werden.«.

99 Vgl. *Benda*, in: Leibholz u. a. (Hrsg.), FS Geiger, 1974, S. 23 (25).

100 Diese Gefahr bereits im Titel seiner Kritik an Art. 10 Abs. 2 Satz 2 GG aufgreifend *Dürig*, ZRP 1968, 11: »Ein Orwellsches Experiment«.

101 Vgl. dazu auch *Hufen*, JZ 1984, 1072 (1072 f.).

Vision als realistische Gefährdung für den Freiheitsraum und die Persönlichkeitsentwicklung und -entfaltung gesehen wurde, gilt dies heute umso mehr[102], wobei jedoch auch eine gewandelte gesellschaftliche Sichtweise der Bedeutung des Datenschutzes zu berücksichtigen ist. Die Gefahr der Totalerfassung mit der Folge, dass der Einzelne zum »Datenobjekt«[103] degradiert wird, ist weiterhin aktuell und das Recht auf informationelle Selbstbestimmung kann dieser Gefahr sachgerecht begegnen und in Form des Menschenwürdegehalts, der eine Persönlichkeitsprofilerstellung delegitimiert, eine letzte nicht zu überschreitende Grenze aufzeigen. Wann von einem derartigen menschenwürdeverletzenden Persönlichkeitsprofil gesprochen werden kann, lässt sich nur bedingt abstrakt umschreiben[104]. Insbesondere bei Maßnahmen, die vergleichbare Ziele verfolgen – bspw. sind sowohl die Kfz-Kennzeichenerfassung, die GPS-Ortung, der Einsatz von Schleierfahndung, RFID-Technologien als auch ausgedehnte Videoüberwachungen geeignet, Aufschluss über Aufenthaltsorte zu liefern und letztendlich die Erstellung eines Bewegungsprofils zu ermöglichen –, müssen die wechselseitigen Beziehungen berücksichtigt werden[105]. Gleiches gilt im Verhältnis zu Privaten für die Zusammenführung von Daten aus unterschiedlichen Internetdiensten. Der Erstellung von Persönlichkeitsprofilen kann durch Selbstschutzmaßnahmen einerseits (z. B. Smart Privacy Ma-

---

102 So bereits der Blick in die Zukunft von *Hall*, ZRP 1970, 145 (147): »Das Problem der Freiheitsreservate des Individuums in hochtechnisierten modernen Massengesellschaften wird sich künftig schärfer stellen als bisher.«.

103 *Benda* (Fn. 99), S. 23 (27).

104 *Benda* (Fn. 99), S. 23 (36 f.), umschreibt diesen Punkt als denjenigen, in dem ein »Röntgenbild« der Bürger zu entstehen droht.

105 Ein Problem dieser Schutzrichtung des Art. 2 Abs. 1 GG ist seine prozessuale Durchsetzung sowie die verfassungsrechtliche Konsequenz der Überschreitung der Grenze des Art. 1 Abs. 1 GG. Bei der Beurteilung der Zulässigkeit einer Einzelmaßnahme müssen also vom Gericht alle vergleichbaren Maßnahmen mit berücksichtigt werden. Wird im Ergebnis die Unvereinbarkeit der Gesamterhebung mit Art. 1 Abs. 1 GG festgestellt, ist die Frage zu klären, welche Maßnahme nichtig ist. Man wird wohl annehmen können, dass sich das Verdikt der Verfassungswidrigkeit nur auf die neueste, den unzulässigen Punkt überschreitende Maßnahme bezieht. Gegenüber Privaten ist zudem zu berücksichtigen, dass jeder Akteur nur für seine eigenen Handlungen verantwortlich gemacht werden kann – und nicht für die mit dem Internet und seiner Nutzung ganz allgemein einhergehenden Gefahr der Totalüberwachung. Vgl. zur »kumulativen Belastung« bzw. dem »additiven Grundrechtseingriff« *Gusy*, StV 1998, 526 (527); *Lücke*, DVBl. 2001, 1469 (1470, 1474); *Steinmetz*, NStZ 2001, 344ff.; *Kirchhof*, NJW 2006, 732 ff.; vgl. auch BVerfGE 112, 304 ff.; BGHSt 46, 266 ff.

nagement[106]) und eine Kombination von Erhebungs- und Verknüpfungs-
verboten andererseits vorgebeugt werden. Zu berücksichtigen ist dabei,
dass die eingesetzten Technologien die zur Verfügung stehende Datenmenge, -vielfalt und -geschwindigkeit erhöhen und neuartige Analyse-
möglichkeiten bieten (Big Data). Eine Überbetonung des Zweckbindungs-
grundsatzes birgt aber auch die Gefahr, innovationshemmend zu wirken,
da eine Einwilligung nur für bereits existierende Funktionen und Dienste
erteilt werden kann; die Entwicklung neuer Angebote, z. B. durch das Zu-
sammenführen über verschiedene Anbieter hinweg, wird erschwert.

2. Allgemeine Handlungsfreiheit (Art. 2 Abs. 1 GG)

Wie bereits angedeutet, stellt Art. 2 Abs. 1 GG auch in der digitalen Welt
das inhaltsoffene Auffanggrundrecht dar, das alle aktiven Handlungsweisen, unabhängig von Qualität oder Persönlichkeitsbezug, sichert (a.).
Gleichwohl schützt es digitale Handlungsweisen, die erhebliche Persönlichkeitsrelevanz, bis hin zum Menschenwürdebezug[107], aufweisen können. Dies gilt es im Rahmen einer Online-Streife zu beachten, die als Eingriff an der allgemeinen digitalen Handlungsfreiheit zu messen ist (b.).

a) Digitales Auffanggrundrecht

Wie ganz allgemein eine Staatsordnung, die nur *spezielle* Verhaltensweisen schützt, nicht menschenwürdekonform ist, gilt dies auch für die digitale Dimension der Grundrechtsentfaltung. Es gehört zum unantastbaren,
auf Art. 1 Abs. 1 GG rückführbaren Bereich des Art. 2 Abs. 1 GG, dass
dem Einzelnen eine möglichst umfassende Freiheit gewährleistet wird; er
sich also grundsätzlich in jedem beliebigen Verhalten selbst verwirklichen
kann. Aus einem so verstandenen Menschenwürdegehalt resultiert nicht
der absolute Schutz des gesamten Schutzbereichs des Art. 2 Abs. 1 GG, jedoch muss ein hinreichend großes Betätigungsfeld – auch in der Digitalität
des Internets – verbleiben, welches frei von staatlichen Eingriffen und
Sanktionen ist[108]. Ansonsten kann Persönlichkeitsentfaltung nicht im für

---

106 Dazu unten Gliederungspunkt III. 3. a) bb).
107 S. oben Gliederungspunkt III. 1. a).
108 Schulz (Fn. 24), S. 448.

die Gewährleistung der Menschenwürde erforderlichen Maß gelingen. Dem Einzelnen muss bei der – mitunter diskutierten[109] – Herausnahme aus dem Schutzbereich, der Sanktionierung oder des Verbots einzelner Verhaltensweisen eine möglichst große Ausweichmöglichkeit erhalten bleiben. Gleiches gilt auch für die positive Schutzgewähr, die dem Einzelnen nicht nur die Mittel für spezielle, typischerweise persönlichkeitsrelevante Aktivitäten, sondern auch für einen eng umgrenzten »Auffangbereich« zur Verfügung stellen muss. Jede menschenwürdige Ordnung bedarf also einer allgemeinen (rechtlichen wie tatsächlichen) Freiheitsgarantie[110].

Nur so wird es dem Einzelnen ermöglicht, den praktischen Selbstentwurf nach seinem Willen[111] zu gestalten. Es ist Aufgabe des Art. 2 Abs. 1 GG, jenes thematisch nicht vorweg durch andere als den Grundrechtsträger im Schutzbereich bestimmbare Grundrecht zu bilden. Um seiner Würde willen soll er selbst und nicht der Staat entscheiden können, welches Verhalten für seine Persönlichkeitsentwicklung relevant, irrelevant, wichtig oder unwichtig ist. Diese Auswahl kann – wenn der in Art. 1 Abs. 1 GG niedergelegte Grundsatz absolut gelten soll – nur effektiv gesichert werden, wenn dem Einzelnen grundsätzlich jedes Verhalten nicht nur gestattet und ermöglicht wird, sondern er dieses – weil grundrechtlich abgesichert – auch gegenüber dem Staat durchsetzen kann. Ein diesbezüglicher Unterschied, der eine rechtliche Differenzierung zwischen herkömmlichen Verhaltensweisen und der Persönlichkeitsentfaltung im Netz begründen könnte, ist nicht erkennbar. Unabhängig von der staatlichen Möglichkeit, diese – für den Einzelnen persönlichkeitsprägenden – Tätigkeiten auf der Einschränkungsebene anders zu bewerten, nähme eine Rechtsordnung, die einzelnen Verhaltensweisen »a limine als zu banal« den grundrechtlichen

---

109 Bspw. wird entgegen der h. M. (statt Vieler *Jarass*, in: ders./Pieroth, GG, 13. Aufl. 2014, Art. 12 Rn. 9 m. w. N.) zum Teil vertreten, dass sozial- und gemeinschaftschädliches Verhalten nicht den Schutzbereich der Berufsfreiheit eröffnet; vgl. *Mann*, in: Sachs (Fn. 50), Art. 12 Rn. 53; *Dietlein*, in: Stern (Hrsg.), Das Staatsrecht der Bundesrepublik Deutschland, Bd. IV/1, 2006, Rn. 1791.

110 Ähnlich *Di Fabio* (Fn. 52), Art. 2 Rn. 15: »Diese Reservefunktion ist im Grunde auch unentbehrlich, nimmt man das Recht auf Selbstentwurf des Einzelnen ernst.«.

111 *Di Fabio* (Fn. 52), Art. 2 Rn. 13.

Schutz abspräche, den Menschen nicht ernst, sie wäre »präzeptoral«[112] und stünde zu Art. 1 Abs. 1 GG im Widerspruch.

Einerseits wird also von Art. 2 Abs. 1 GG das inhaltsneutrale Zugangsrecht (»das Recht, sich einzuwählen«) geschützt, andererseits sind aber auch alle aktiven Handlungsweisen im Netz, denen der Bezug zu einem speziellen Freiheitsrecht fehlt, vom Schutzbereich erfasst. Art. 2 Abs. 1 GG will eine umfassende Persönlichkeitsentfaltung grundrechtlich garantieren. Welche Entfaltungswege, ob medial, kommunikativ oder noch anders geartet, genutzt werden, bleibt unerheblich. Vielmehr ist jede Form der aktiven Entfaltung vom Schutzbereich der allgemeinen Handlungsfreiheit umfasst. Die digitale Handlungsfreiheit ist ein nicht wegzudenkender Bestandteil der aus Art. 2 Abs. 1 GG erwachsenden Grundrechtsgarantie. Das Internet wird zur Pflege zwischenmenschlicher Beziehungen eingesetzt, ebenso bildet es Teilbereiche des gesellschaftlichen, kulturellen und politischen Lebens ab. Das Internet, der Zugang zu diesem bzw. das Agieren innerhalb desselben bestimmen das Leben des Durchschnittsbürgers in der gegenwärtigen Gesellschaft insofern, als es die infrastrukturellen Voraussetzungen einer zeitgemäßen, dem Stand der Zivilisation entsprechenden Persönlichkeitsentfaltung sicherstellt.

b) Beispiel: Online-Streife

Eine die allgemeine Online-Handlungsfreiheit, je nach erhobenen Inhalten oder Gesprächen auch die speziellen Freiheitsrechte, betreffende Maßnahme ist die sog. Online-Streife[113]. Das Internet wird seitens staatlicher Stellen zunehmend als Informationsmedium benutzt. Dies gilt nicht nur für offen zugängliche Websites, sondern auch die sozialen Netzwerke, zumal diese einen enormen Datenbestand aus allgemeinen und personenbezogenen Daten, Fotos, Statusmeldungen, Beziehungsinformationen und Vielem mehr bereit halten. In der Regel wird auf den öffentlichen Charakter der Informationen verwiesen, der einer Erhebung auch durch staatliche Stellen nicht entgegenstehen könne (vgl. insoweit auch § 28 Abs. 1 Satz 1 Nr. 3 BDSG).

---

112 *Di Fabio*, in: Maunz/Dürig (Fn. 30), Art. 2 Rn. 14, mit dem Beispiel des Taubenfütterns.
113 Dazu auch *Schulz/Hoffmann*, CR 2010, 131 ff.

Während sich der Großteil der Behörden auf die Erfassung allgemein zugänglicher Websites und nicht personenbezogener Daten konzentrieren dürfte, sind es gerade die Sicherheitsbehörden, die auch auf zugangsgesicherte Dienste und Angebote, auf Daten mit Personenbezug zurückgreifen und eine Überwachung der Handlungen im Internet bezwecken. Hinsichtlich der Zugriffs- und Erhebungsmodalitäten erscheinen unterschiedliche Varianten denkbar[114]: die Nutzung eigener »offizieller« Accounts, solcher, die keinen Rückschluss auf die hoheitliche Eigenschaft zulassen, sowie die Nutzung »fremder« Zugangsdaten. Das Handeln der Sicherheitsbehörden zielt jeweils darauf ab, Aktivitäten im Netz zu erfassen und ggf. staatliche Maßnahmen zu ergreifen. Dies gilt beim Zugriff auf Datensätze sozialer Netze, die auch über Internet-Suchmaschinen von Externen (also Nichtmitgliedern) eingesehen werden können, insbesondere aber bei denjenigen Datensätzen und Kommunikationsaktivitäten, die den Mitgliedern eines sozialen Netzwerkes vorbehalten sind, auch wenn zwischen den Mitgliedern keine »Freundschaftsbeziehung«[115] besteht. Diese – wie auch die nur für »Freunde« sichtbaren Informationen – lassen in Form von Fotos, Statusmeldungen und Ähnlichem nicht nur Rückschlüsse auf das Online-Verhalten, sondern auch auf das Verhalten außerhalb des Internets zu[116].

Zum Teil wird bereits der Eingriffscharakter von Maßnahmen, die eine Erhebung von personenbezogenen Daten bzw. eine Registrierung von Verhaltensweisen im Internet bezwecken, im Hinblick auf den Erhebungsakt verneint, wenn offene Quellen betroffen sind[117]. Ein Gefährdungstatbestand, der als Eingriff in die informationelle Selbstbestimmung zu behandeln ist, sei erst gegeben, wenn die gewonnenen Informationen systematisch zusammengetragen und ausgewertet werden[118]. Entweder wird mit einer eingeschränkten Schutzwirkung der Grundrechte bei Bagatelleingriffen[119], einer (mutmaßlichen) Einwilligung der Betroffenen oder

---

114 Nicht näher eingegangen werden soll auf die Möglichkeit der Ermittlungsbehörden, unmittelbar auf Datenbestände der Anbieter zuzugreifen, sei es durch eine förmliche Beschlagnahme oder ein informales Auskunftsersuchen.
115 Zum Freundesbegriff in sozialen Netzen *Heckmann*, K&R 2010, 1 ff.
116 Ausf. auch *Hoffmann/Luch/Schulz*, in: Schliesky/Schulz (Fn. 17), S. 209 ff.
117 *Gusy*, DVBl 1991, 1288.
118 BVerfGE 120, 274 (345); *Bär*, MMR 2008, 325 (326 f.); *Böckenförde*, JZ 2008, 925 (935 f.); *Hornung*, CR 2008, 299 (305); *Sachs/Krings*, JuS 2008, 481 (482).
119 Kritisch auch *Sachs*, in: Stern (Hrsg.), Das Staatsrecht der Bundesrepublik Deutschland, Bd. III/2, 1994, S. 157 f., 205 ff.; anders wohl *Eckhoff*, Der Grundrechtseingriff, 1992, S. 255 ff.

einer fehlenden Schutzwürdigkeit argumentiert – jeweils pauschal und ohne die unterschiedlichen Zugriffsmodalitäten und Zugriffsobjekte einer Erhebung von Internetaktivitäten zu berücksichtigen. Das Abstellen auf ein »gesteigertes Gefährdungspotenzial bestimmter Maßnahmetypen« oder die »besondere Sensibilität bestimmter Informationen«[120] ermöglicht keine sachgerechte Abgrenzung.

Wenn das BVerfG hingegen von einer technischen Öffnung der Webserver und der fehlenden Schutzwürdigkeit des Vertrauens (in die fehlende Kenntnisnahme durch staatliche Stellen) spricht, beschreibt es eine Einwilligungslösung[121]. Durch die Eröffnung des freien Zugangs erkläre sich der Betreiber mit dem Zugriff auf die Daten durch beliebige Dritte einverstanden[122]. Bereits das pauschale Unterstellen dieser (mutmaßlichen) Einwilligung kann jedoch nicht überzeugen. Dies gilt insbesondere bei Angeboten, die eine vorherige Registrierung erfordern. Durch diese Individualisierung zeigt der Webseitenbetreiber gerade, dass er nicht jeden Zugriff zulassen will. Die Einwilligung ist eine reine Fiktion, zudem muss sie für jeden Grundrechtsberechtigten gesondert festgestellt werden. Das seitens des Betreibers erklärte Einverständnis kann Grundrechtseingriffe bei Dritten nicht legitimieren[123]. Der Umstand allein, dass der Personenkreis, dem eine Nachricht, bspw. die sog. Statusmitteilungen bei *Facebook*, übermittelt wird, nicht überschaubar ist, heißt keinesfalls, dass man mit einer Kenntnisnahme durch staatliche Stellen in ihrer dienstlichen Eigenschaft einverstanden ist.

In eine vergleichbare Richtung weist auch die Argumentation mit der fehlenden Schutzwürdigkeit des Vertrauens. Die Enttäuschung schutzwürdigen Vertrauens durchstaatliche Stellen sei als Eingriff zu werten. Dies setze in der Regel wiederum eine grundsätzliche Identifizierbarkeit der Kommunikationspartner voraus:»Die Kommunikationsdienste des Inter-

---

120 So *Bäcker*, in: Rensen/Brink (Hrsg.), Linien der Rechtsprechung des Bundesverfassungsgerichts, 2009, S. 106 (122).
121 Vgl. etwa *Bär*, MMR 1998, 463 (464); ausf. zur Einwilligungslösung *Schulz/Hoffmann*, CR 2010, 131 ff.; *dies.*, DuD 2012, 7 ff.
122 Dagegen ist bereits zu Recht angemerkt worden, dass die technischen Möglichkeiten einer Privatperson schon generell keinen Maßstab für die Zulässigkeit staatlicher Ermittlungsmaßnahmen darstellen können, die aufgrund von Art. 1 Abs. 3 GG die verfassungsrechtlichen Rahmenbedingungen einhalten müssen, vgl. *Böckenförde*, Die Ermittlung im Netz, 2003, S. 170 f.
123 Vielmehr ist die »eigene« Einwilligung des Nutzers maßgeblich – auch wenn diese ggf. durch die Zustimmung zu den Betreiber-AGBs erfolgt.

net ermöglichen in weitem Umfang den Aufbau von Kommunikationsbeziehungen, in deren Rahmen das Vertrauen eines Kommunikationsteilnehmers in die Identität und Wahrhaftigkeit seiner Kommunikationspartner
nicht schutzwürdig ist, da hierfür keinerlei Überprüfungsmechanismen be-
reitstehen. Dies gilt selbst dann, wenn bestimmte Personen – etwa im Rahmen eines Diskussionsforums – über einen längeren Zeitraum an der
Kommunikation teilnehmen und sich auf diese Weise eine Art elektronische Gemeinschaft gebildet hat. Auch im Rahmen einer solchen Kommunikationsbeziehung ist jedem Teilnehmer bewusst, dass er die Identität
seiner Partner nicht kennt oder deren Angaben über sich jedenfalls nicht
überprüfen kann. Sein Vertrauen darauf, dass er nicht mit einer staatlichen
Stelle kommuniziert, ist in der Folge nicht schutzwürdig«[124]. Aus der fehlenden Verifizierbarkeit der Identitäten der Kommunikationspartner wird
irrtümlich darauf geschlossen, dass es für den Betroffenen grundsätzlich
irrelevant sei, wer sich dahinter verbirgt. Insofern wird letztlich wiederum
auf eine (mutmaßliche) Einwilligung abgestellt. Diese Sichtweise ist jedoch zu pauschal und vernachlässigt die Besonderheiten der unterschiedlichen Kommunikationsformen im Internet und in sozialen Netzwerken. Die
Besonderheit, dass es im Internet oftmals keiner »aktiven« Täuschung
durch die Behörden bedarf, kann den Grundrechtsschutz nicht beeinträchtigen. Vielmehr ist die Situation mit dem Einsatz verdeckter Ermittler vergleichbar[125], bei denen zwar ggf. umfangreichere täuschende Maßnahmen
und Legenden notwendig sind, während im Internet schon ein Benutzername, der keine Hinweise auf die Polizeizugehörigkeit enthält, als »Legende« ausreichend sein mag. Hinzu kommt, dass diese Rechtsprechung die
gewandelte »Lebenswirklichkeit« im Netz vernachlässigt – einerseits existieren durchaus digitale Identifikationsmittel und -dienste, andererseits haben digitale Beziehungen mittlerweile auch einen »realen« Hintergrund,
sodass auch jenseits technischer Überprüfbarkeit die Identität des Gegen-
übers bekannt und relevant ist.

Auf Grundlage dieser allgemeinen Einschätzung zum Eingriffscharakter staatlicher Maßnahmen zur Überwachung im Netz lassen sich die

---

124 BVerfG, NJW 2008, 822 (835).
125 Dieser Vergleich findet sich auch bei BVerfGE 120, 274 (345); *Eifert*, NVwZ
2008, 521 (522); *Valerius*, Ermittlungen der Strafverfolgungsbehörden in den
Kommunikationsdiensten des Internet, 2004, S. 125 f.; *Warntjen*, in: Roggan
(Hrsg.), Online-Durchsuchung, 2008, S. 57 (65).

denkbaren Erhebungsmodalitäten im Internet bzw. in sozialen Netzwerken wie folgt bewerten:

– Ziel frei zugänglicher Homepages wie auch der frei verfügbaren Inhalte eines sozialen Netzwerks ist gerade das häufige Aufrufen, sodass der Betroffene nicht darauf vertrauen kann, dass keine staatlichen Stellen von diesem Angebot Gebrauch machen – es liegt also eine Einwilligung in den gleichwohl gegebenen Grundrechtseingriff vor. Einfachgesetzlich findet sich dieser Grundgedanke in § 28 Abs. 1 Satz 1 Nr. 3 BDSG. Erst wenn eine Behörde die gewonnenen Informationen systematisch zusammenträgt und auswertet, kann sich ein Gefährdungstatbestand ergeben, der einer gesonderten Legitimation bedarf[126].

– Nach dem BVerfG soll ein Eingriff ausscheiden, wenn sich die auf der Website angezeigten Inhalte an »einen nicht weiter abgegrenzten Personenkreis richten«[127]. Hinsichtlich der sozialen Netzwerke geht es also um den Datensatz, der Mitgliedern zur Verfügung steht, unabhängig davon, ob eine Freundschaftsbeziehung besteht oder nicht. Aufgrund der Existenz von Funktions- und Unternehmensaccounts, die ihrerseits von Mitarbeitern gepflegt werden müssen, dürfte mittlerweile bekannt sein, dass soziale Netzwerke wie *Facebook* nicht ausschließlich privat genutzt werden. Insofern ist die Erhebung dieser Informationen ebenfalls aufgrund der Einwilligung nicht als Grundrechtseingriff zu bewerten.

– Ein Eingriff liegt nach dem BVerfG ebenfalls nicht vor, wenn eine staatliche Stelle sich unter einer Legende in eine Kommunikationsbeziehung begibt, wohl aber, wenn sie dabei schutzwürdiges Vertrauen in die Identität und die Motivation seines Kommunikationspartners ausnutzt, um persönliche Daten zu erheben, die sie ansonsten nicht erhalten würde[128]. Angesichts der Regelungen der Anbieter, die bspw. im Fall von *Facebook* eine Anmeldung nur mit realen Daten zulassen, kann bei Aliasnamen von Beamten nicht von einer fehlenden Täuschung und einer Einwilligung ausgegangen werden. Aber auch wenn

---

126 BVerfGE 120, 274 (345); *Bär*, MMR 2008, 325 (326 f.); *Böckenförde*, JZ 2008, 925 (935 f.); *Hornung*, CR 2008, 299 (305); *Sachs/Krings*, JuS 2008, 481 (482).
127 BVerfGE 120, 274 (344 f.); so auch *Bär*, MMR 1998, 463 (464); *ders.*, Handbuch zur EDV-Beweissicherung im Strafverfahren, 2007, S. 309; zu den verschiedenen Anmeldemöglichkeiten in Chaträumen ausf. *Böckenförde* (Fn. 122), S. 241 ff.
128 BVerfG, NJW 2008, 822 (835).

ein Beamter seine echte Identität verwendet, allerdings den Eindruck vermittelt, er nutze das soziale Netzwerk als Privatperson, kann dies nicht anders bewertet werden. Von Grundrechtsausübung kann nur gesprochen werden, wenn die Einwilligung ohne Zwang und Täuschung bei der Willensbildung und -betätigung abgegeben wird[129]. Daher wird man eine Täuschung annehmen müssen, wenn sich die Sicherheitsbehörden bewusst für einen Privat- oder Legendenaccount entscheiden. Der Nutzer eines sozialen Netzwerks darf – trotz fehlender Überprüfbarkeit und insofern den verdeckten Ermittlern vergleichbar – darauf vertrauen, dass sein Kommunikationspartner »privat« und nicht im Auftrag einer Sicherheitsbehörde handelt. Er macht sich zwar in der Regel keine Gedanken über diesen Umstand, es ist aber anerkannt, dass für einen Irrtum ein sachgedankliches Mitbewusstsein in der Weise genügen kann, dass der Getäuschte aufgrund der ihm bewussten Sachlage davon ausgeht, es sei »alles in Ordnung«.

– Diese Bewertung gilt erst recht bei der Nutzung fremder Accounts. Der Betroffene denkt, er kommuniziere mit seiner »Online-Bekanntschaft«, zu der er ggf. schon zuvor regen Kontakt hatte. Die polizeiliche Maßnahme zielt gerade darauf ab, dieses personengebundene Vertrauen »zu erschleichen«; die Polizei kann so auf Daten zugreifen, die der Betroffene gerade nicht in einem öffentlich zugänglichen Chat oder gegenüber einem nicht abgrenzbaren Personenkreis geäußert hätte.

Die vorstehenden Ausführungen zeigen, dass sich keinesfalls alle in sozialen Netzwerken verbreiteten Daten oder dort nachvollziehbaren Online-Handlungsweisen an einen nicht abgegrenzten Personenkreis richten und damit prinzipiell öffentlich zugänglich sind. Ihre Erhebung kann somit einen Grundrechtseingriff darstellen; auch § 28 Abs. 1 Satz 1 Nr. 3 BDSG schließt einen solchen nicht aus. Vielmehr ist jede Erhebungssituation isoliert zu bewerten – insbesondere auch im Hinblick auf die neben Art. 2 Abs. 1 GG betroffenen weiteren Online-Grundrechte. Die in der analogen Welt besonders geschützte Kommunikation, z. B. in der Familie (Art. 6 GG), über religiöse Inhalte (Art. 4 GG) oder zum Zwecke der Meinungsbildung (Art. 5 GG), genießt auch bei ihrer Verlagerung in die Virtualität besonderen Schutz.

Dennoch wird man die Internet-Streife, auch wenn diese mit dem Zugang zu geschlossenen Kommunikationssystemen in sozialen Netzen ver-

---

129 *Geiger*, NVwZ 1989, 35 (37).

bunden ist, rechtfertigen können. Lehnt die herrschende Meinung nämlich einen Eingriff wegen der fehlenden Intensität oder einer (mutmaßlichen) Einwilligung ab, können die gleichen Argumente in der Regel zur Rechtfertigung angeführt werden. Mangels spezieller Rechtsgrundlagen ist derzeit in der Regel ein Rückgriff auf die polizeilichen Generalklauseln der §§ 161, 163 StPO (für die Strafverfolgung) oder der §§ 174, 176 LVwG SH (für präventive Handlungen) angezeigt[130]. Da die Internet-Aufklärung lediglich eine geringe Eingriffsintensität aufweist, ist dies aus rechtsstaatlichen Gründen auch unbedenklich. Allerdings besteht dort das Erfordernis spezieller Rechtsgrundlagen, wo Grundrechte mit besonderer Schutzintensität betroffen sind. Zudem muss eine Erhebung von Daten, die dem Kernbereich privater Lebensgestaltung zugeordnet werden können, unterbleiben – auch wenn der Grundrechtsschutz lediglich von Art. 2 Abs. 1 GG vermittelt wird. Insoweit dürfte es sich anbieten, eine neue Standardmaßnahme im Polizei- und Ordnungsrecht sowie für die Strafverfolgung zu normieren, die eine allgemeine Ermächtigung, aber auch einschränkende Voraussetzungen für spezielle Konstellationen bereithält. An dieser Stelle mögen wiederum Vergleiche mit der »analogen« Welt helfen: So ist es kaum erklärlich, dass die Beobachtung in einer (öffentlich zugänglichen) Kirche als Eingriff in Art. 4 GG zu qualifizieren sein wird, während dies bei religiösen Foren im Netz anders sein soll. Die »Online-Beichte« ist, da auf den Menschenwürdegehalt des Art. 4 Abs. 1 GG rückführbar, ebenso erhebungsfest wie das reale Gespräch mit einem Seelsorger. Die Beobachtung, selbst die Teilnahme staatlicher Stellen an einem öffentlichen politischen Forum im Internet soll nach h. M. keinen Grundrechtseingriff darstellen, während sich die Polizei gem. § 12 VersG (des Bundes) auf (ebenfalls öffentlichen) Versammlungen zu erkennen zu geben und beim Veranstalter anzumelden hat.

---

130 Soweit nicht spezielle Regelungen ausdrücklich die Erhebung allgemein zugänglicher Daten gestatten (bspw. §§ 6 Nr. 2 HmbDVPolG, 13 Abs. 1 Nr. 2 HSOG, 26 Abs. 1 Nr. 2 POG RP); s. auch *Petri*, in: Lisken/Denninger (Hrsg.), Handbuch des Polizeirechts, 5. Aufl. 2012, H Rn. 118 ff. Fehlt es aber an der allgemeinen Zugänglichkeit der Daten, bedarf es auch hier weiterer Rechtsgrundlagen.

3. Allgemeines Persönlichkeitsrecht (Art. 2 Abs. 1 GG)

Wenn es in Art. 2 Abs. 1 GG heißt: »jeder hat das Recht auf die freie Entfaltung seiner Persönlichkeit«, dann umfasst die weite Formulierung des Jedermann-Freiheitsrechts unterschiedliche Schutzrichtungen: Es sind zwei Komponenten zu unterscheiden – neben der »freien Entfaltung«, die für den Aktivitätsschutz der Person und damit für die allgemeine Handlungsfreiheit steht, bildet der Begriff der »Persönlichkeit« den Passivschutz ab[131]. Ein Konkurrenzverhältnis zwischen Persönlichkeitsrecht und allgemeiner Handlungsfreiheit ist nicht denkbar. Sie stehen vielmehr in einem Ausschließlichkeitsverhältnis zueinander[132]. Neben einem allgemeinen Persönlichkeitsrecht, das ebenfalls eine digitale Komponente aufweist (a.), haben sich in Rechtsprechung und Literatur zahlreiche besondere Persönlichkeitsrechte, oft als Einzelausprägungen betitelt, herausgebildet. Diese benannten Teilgehalte weisen grundsätzlich ebenfalls eine digitale Schutzdimension auf. Aufgrund ihrer besonderen Relevanz in digitalen Sachverhalten werden das Recht auf informationelle Selbstbestimmung (b.), auf (Gewährleistung der) Vertraulichkeit und Integrität informationstechnischer Systeme (c.), am eigenen Bild (d.) und Wort (e.) sowie auf Achtung und Schutz der Ehre näher betrachtet (f.).

a) Schutz der digitalen Persönlichkeit

Es kann in der heutigen Zeit nicht mehr bestritten werden, dass Internetanwendungen vielfach und vielfältig eingesetzt werden, um persönliche oder berufliche Kontakte zu pflegen, zu recherchieren oder sich an (öffentlichen) Diskussionen und Gesprächen zu beteiligen. So wird Vieles, was zuvor einzig im direkten persönlichen, postalischen oder Tele(-fon)- Kontakt erfolgte, in den digitalen Raum verlegt. Das soziale Wesen des Menschen bestimmt sich in seiner Interaktion in der Gemeinschaft; Charakter und Persönlichkeit schärfen sich nunmehr in mehr oder minder großen Anteilen auch in der Online-Welt. Der Einzelne wird nicht mehr nur in der realen Welt, sondern vom einen oder anderen Gegenüber (z. B. Freunde in Übersee) sogar nahezu ausschließlich in der digitalen Umwelt erlebt und

---

131 *Luch* (Fn. 79), S. 86 f.
132 Dazu Näheres *Luch* (Fn. 79), S. 203 ff.

wahrgenommen. Diese Online-Identität bedarf ebenso wie die »Offline-Persönlichkeit« einer grundrechtlichen Absicherung.

aa) Schutzbereich des digitalen Persönlichkeitsrechts

Das allgemeine Persönlichkeitsrecht übernimmt auch in der digitalen Welt den Schutz der Online-Identität im Sinne eines Passivschutzes. Der Einzelne entfaltet durch seine Aktivität im Internet seine Persönlichkeit; auch im Digitalen sind Persönlichkeitsentfaltung (aktiv) und Persönlichkeit (passiv) untrennbar miteinander verknüpft. Insbesondere *soziale* Netzwerke machen in der Bandbreite ihrer Funktionen deutlich, dass persönlichkeitsrelevante Handlungen vorgenommen werden. Vielerorts finden Meinungsbekundungen oder Diskussionen statt; Informationen werden ausgetauscht oder kundgetan. Die persönliche Selbstdarstellung in Form von Berichten oder Bildern eigener Erlebnisse wird ermöglicht. Das berufliche Wirken ist über das Werbemedium Internet, den direkten Kundenkontakt oder die Online-Recherchetools sichergestellt. Nachzeichnende Bewegungsprofile durch Ortsangaben gewähren Einblick in das private oder öffentliche Tun des Einzelnen und erlauben eine andere Art der Selbstdarstellung und -verwirklichung als in der unmittelbaren Kommunikation. Zum einen werden weltweite Distanzen ebenso leicht überwunden wie der Gang in die Nachbarschaft; zum anderen kann mühe- und kostenlos per Mausklick ein unüberschaubarer Verbreitungsgrad erzielt werden. Diese Offenbarung, auch an eine unüberschaubare Internet-Community, ist nicht automatisch gleichbedeutend mit einem antizipierten Einverständnis in die staatliche oder anderweitige Kenntnisnahme. Vielmehr ist auch der – unvernünftige – Umgang mit persönlichen Daten grundrechtlicher Freiheitsgebrauch, dessen Inanspruchnahme zu respektieren ist[133].

Anzuerkennen ist, dass dieses Verhalten identitätsstiftend oder -prägend sein kann. Manche Kontakte, ob zu Kunden oder privaten Bekannten, werden ausschließlich über das Netz via Internettelefonie, Chats oder Foren gepflegt. Profile, die im Auftrag potenzieller Arbeitgeber über Bewerber erstellt werden, können als Online-Persönlichkeitsprofile bezeichnet werden[134]. Die Existenz einer – auch rechtlichen – Kategorie, einer Online-

---

133 *Schulz*, DuD 2009, 601 (604).
134 Zur Zulässigkeit *Spindler/Nink*, in: Spindler/Schuster (Hrsg.), Recht der elektronischen Medien, 2. Aufl. 2011, § 28 BDSG Rn. 7 a m. w. N.; zur Frage, ob für

Persönlichkeit und somit auch eines Online-Persönlichkeitsrechts kann daher nicht (mehr) bestritten werden, wobei auf eine Besonderheit hingewiesen werden soll: Während sich im herkömmlichen Verständnis Persönlichkeit und Persönlichkeitsentfaltung gegenseitig bedingen, ohne dass definitiv gesagt werden könnte, welches Element der Ausgangspunkt dieses Abhängigkeitsverhältnisses ist[135], stellt sich dies bei der digitalen Persönlichkeit bzw. Identität anders dar. Eine Online-Persönlichkeit ist nicht naturgemäß vorhanden, sondern bedarf im ersten Schritt stets konkreter aktiver (digitaler) Handlungsweisen im Sinne der Persönlichkeits*entfaltung*.

Die Online-Identität ist zudem stets untrennbar mit der »Offline-Persönlichkeit« des Einzelnen verknüpft. Auch aufgrund der (vermeintlichen) Anonymität des Internets durch Übertreibungen oder Unwahrheiten erschaffene Profile bzw. Identitäten sind nur als Teil der Persönlichkeit der dahinter stehenden realen Person Gegenstand des Schutzbereichs des allgemeinen Persönlichkeitsrechts[136]. Letztlich verhält es sich im (Schutz-) Bereich des allgemeinen Persönlichkeitsrechts nicht anders als hinsichtlich der Gewährleistungsgehalte der anderen Grundrechte. Auch hier besteht eine Online-Dimension, die sich in jeder Einzelausprägung oder jedem denkbaren Teilgehalt[137] des allgemeinen Persönlichkeitsrechts – ob hinsichtlich des Rechts am eigenen Wort, des Rechts auf Schutz der persönlichen Ehre oder auch des Rechts auf Resozialisierung – realisiert.

bb) Beispiel: Profilschutz durch »Smart Privacy Management«

Viele durch das Internet eröffnete Nutzungsmöglichkeiten – von sozialen Netzwerken über smarte Applikationen bis hin zu Online-Shops – setzen

---

staatliche Stellen die Direkterhebung von Daten beim Betroffenen (§ 4 Abs. 2 Satz 1 BDSG) bereits das »Googeln« bspw. durch Arbeits- oder Jugendämter verbietet, vgl. *Schulz*, in: Hornung/Müller-Terpitz (Hrsg.), Rechthandbuch Social Media, 2014, 10. Kap. Rn. 97.

135 Ausgehend vom Menschenbild des Grundgesetzes und Art. 1 Abs. 1 GG wird man den Ausgangspunkt im rechtlichen Sinn wohl bei der Persönlichkeit sehen müssen.

136 Erst im Rahmen der Verhältnismäßigkeit eines Eingriffs ist auf den Umstand der Unwahrheit für die Bewertung der Schutzbedürftigkeit abzustellen; für die Frage der Schutzbereichseröffnung spielt dies hingegen keine Rolle.

137 Zu den Kategorien der Einzelausprägungen sowie der benannten und unbenannten Teilgehalte s. *Luch* (Fn. 79), S. 96 ff.

die Erhebung und Verarbeitung von Profildaten der Nutzer voraus. Da die Erstellung solcher Nutzerprofile von den Betroffenen gewollt **ist**[138], ist dies für sich genommen nicht kritisch, eine Gefährdung des allgemeinen Persönlichkeitsrechts ist aber in der rapide abnehmenden Datenherrschaft über das eigene Profil und damit einhergehend in der fragwürdigen Wirksamkeit entsprechender Einwilligungserklärungen der Betroffenen zu erkennen. Dem Profilschutz kommt daher im Internetzeitalter besondere Bedeutung zu[139]. So ist bereits von der »Plug-and-Play-Falle« der Informationstechnikgesellschaft die Rede[140]: Die Nutzung informationstechnischer Systeme erfolgt auf eine Weise, die die Datenherrschaft[141] der Betroffenen zugunsten von Nützlichkeitserwägungen absorbiert[142]. Die spielerisch-einfache Gestaltung von IT-Umgebungen *(plug and play)* verhindert eine kritische Reflexion der Betroffenen über die Folgen ihrer IT-Nutzung[143].

Den Gefahren für den Persönlichkeitsschutz soll durch technische Vorkehrungen entgegengewirkt werden, die einen wesentlichen Baustein für einen zeitgemäßen Profilschutz liefern könnten[144]. Der Profilschutz soll bereits bei der Programmierung und Gestaltung der jeweiligen IT-Systeme »eingebaut« werden. Rechtskonforme Technikgestaltung gewährleiste so einen zeit- und technikgemäßen Privatsphärenschutz *(Privacy by Design)*[145].

Ansätze in diese Richtung werden in § 9 BDSG sowie im Gesetz über das Bundesamt für Sicherheit in der Informationstechnik, vor allem aber im Entwurf für eine EU-Datenschutzgrundverordnung[146] berücksichtigt. Art. 23 des Entwurfs betrifft »Datenschutz durch Technik und datenschutzfreundliche Voreinstellungen«. Demnach sind technische und organisatorische Maßnahmen und Verfahren durchzuführen, »durch die sicher-

---

138 S. auch *Bull*, NVwZ 2011, 257 (262).
139 Zur absoluten Grenze aus Art. 1 Abs. 1 GG bereits oben Gliederungspunkt III. 1.
140 Zum Ganzen *Heckmann*, NJW 2012, 2631 (2633).
141 Dazu sogleich unter Gliederungspunkt III. 3. a) cc).
142 *Heckmann*, vorgänge 184 (2008), 20.
143 *Heckmann*, NJW 2012, 2631 (2633).
144 Vgl. nur *Hansen*, in: Roßnagel (Hrsg.), Handbuch Datenschutzrecht, 2003, Kap. 3.3.
145 Hierzu *Spindler*, NJW-Beil. 2012, 98.
146 Vorschlag für eine Verordnung des Europäischen Parlaments und des Rates zum Schutz natürlicher Personen bei der Verarbeitung personenbezogener Daten und zum freien Datenverkehr (Datenschutz-Grundverordnung) vom 25.1.2012, KOM (2012) 11 endg.; dazu statt Vieler *Hornung* (Fn. 9); *ders.*, ZD 2012, 99 ff.

gestellt wird, dass die Verarbeitung den Anforderungen dieser Verordnung genügt und die Rechte der betroffenen Person gewahrt werden«; ebenfalls müssen technische Verfahren eingesetzt werden, um den Grundsätzen der Datensparsamkeit und Zweckbindung Rechnung zu tragen.

Dieser Ansatz geht kaum über das hinaus, was bereits auf Grundlage des geltenden Rechts zu gewährleisten ist. Zum Teil wird gefordert, ein europäischer Schutzstandard solle darüber hinaus sicherstellen, dass die den komplexen informationstechnischen Datenverarbeitungsvorgängen zugrunde liegenden technischen Prozesse offenzulegen sind[147]. Die Verantwortlichen sollten gezwungen sein, die Auswirkungen von Prozessen transparent zu machen *(Privacy by Transparency)*. Als weiterer Ansatz wird *Privacy by Assistance* diskutiert: Der Bürger bzw. Nutzer soll bei der alltäglichen Bedienung komplexer Systeme nicht allein gelassen, sondern durch eine Modellierung der Software, ihrer Funktionen und Menüführung unterstützt werden. Zudem sollen nicht bloße Grobeinstellungen, sondern auch interessengerechte und situationsabhängige Feinjustierungen für jeden Nutzer möglich sein *(Privacy by Adjustment)*. Abschließend sollen die genannten Ansätze durch *Privacy by Trust* ergänzt werden, womit wirksame vertrauensbildende Maßnahmen gemeint sind, die dem Nutzer einen Teil seiner Datenherrschaft zurückgeben. All diese Anforderungen an die technisch-organisatorischen Systemgestaltungen zusammengenommen könnten dann als *Smart Privacy Management* des modernen Datenschutzrechts bezeichnet werden[148].

Die genannten Ansätze vermitteln Datenschutz »im besten Sinne« und sind aus der isolierten Perspektive des einzelnen datensparsamen Nutzers unterstützenswert, sie sind aber auch auf das in Deutschland traditionell gewachsene Bild absoluter Schutzwürdigkeit personenbezogener Daten zurückzuführen. Auch in diesem Kontext ist nach einer gesellschaftlichen Diskussion und einem geordneten demokratischen Verfahren zunächst die Zielsetzung der Maßnahmen festzulegen. Zwar mag aus Sicht der Datenschutzbeauftragten der Grundsatz der Datensparsamkeit auch für die Einzelperson das zu verwirklichende Ideal sein, sodass Zielsetzung wäre, dass möglichst viele Nutzer nur wenige Daten veröffentlichen. Allerdings ist auch der – unvernünftige – Umgang mit persönlichen Daten grundrechtli-

---

147 S. auch Gliederungspunkt III. 3. c) cc).
148 *Heckmann*, NJW 2012, 2631 (2634). Ausf. zum »Smart Privacy Management« *Heckmann*, K & R 2011, 1.

cher Freiheitsgebrauch, dessen Inanspruchnahme zu respektieren ist[149]. Insofern wäre es ebenfalls denkbar, neutral über die Risiken aufzuklären und den Nutzern entsprechende Tools bereitzustellen bzw. die entsprechenden Funktionen der sozialen Netzwerke zu erklären. Die oft geforderte Grundeinstellung *Privacy by default* ist von einer bestimmten Grundhaltung geprägt – Vertreter einer »Post Privacy«[150] mögen ein anderes Ergebnis für zielführend halten. Der Staat sollte sich also auf die Vermittlung – auch technischer – Kompetenzen beschränken. Man sollte z. B. lernen, wie eine E-Mail-Verschlüsselung oder Smart Privacy Tools funktionieren – ob und wann der Einzelne diese einsetzt, bleibt ihm überlassen. Bildungsangebote zur Steigerung der Medienkompetenz[151] stehen ebenso im Mittelpunkt wie Aufklärung und Information im Vorfeld. Der Umgang mit dem Netz, Apps und sozialen Netzwerken muss ebenso zur Selbstverständlichkeit werden wie Fragen der selbstbestimmten Preisgabe von Daten und mögliche Selbstschutzmaßnahmen.

cc) Beispiel: Konzepte zur Datensouveränität, Datenhoheit und
     Monetarisierung personenbezogener Daten

Wie sich die Datenherrschaft des einzelnen Nutzers rechtlich realisieren lässt, ist fraglich. Einen ersten Schritt in diese Richtung ging der EuGH mit der Schaffung eines »Rechts auf Vergessenwerden«[152]. Ob in diesem Zusammenhang mit *Sascha Lobo* von einer »untauglichen Brückentechnologie« gesprochen werden kann[153], mag dahinstehen. Die Diskussion zeigt jedoch, dass sich Rechtsetzung, Rechtsanwendung und Rechtsprechung derzeit in einer Übergangsphase befinden, an deren Ende wahrscheinlich noch kaum konkretisierbare Konzepte einer individuellen Datensouveräni-

---

149 *Schulz*, DuD 2009, 601 (604).
150 Näher dazu etwa *Bosesky/Brüning*, in: Hill/Schliesky (Fn. 3), S. 79 (86 ff.); *Klar*, DÖV 2013, 103 (106 f.).
151 Dazu bereits *Schliesky u. a.* (Fn. 1), S. 171 ff.
152 EuGH, Urt. v. 13.5.2014 – C 131/12.
153 Vgl. http://www.spiegel.de/netzwelt/netzpolitik/recht-auf-vergessen-sasha-lobo-zum-google-urteil-kolumne-a-984681.html.

tät[154], von Datenhoheit[155] oder einer Monetarisierung von personenbezogenen Daten durch den Betroffenen[156] stehen werden.

Hinter dem Begriff »Datensouveränität« verbirgt sich der Wunsch nach Privatautonomie im Bereich der personenbezogenen Daten. Bereits nach geltender Rechtslage sieht § 4 a BDSG eine freiwillige Einwilligung vor, welche man auch als Datensouveränität bezeichnen könnte. Jedoch erfolgt die Einwilligung bisher nach dem »Alles-oder-nichts«-Prinzip und in tatsächlicher Hinsicht ist die Freiwilligkeit aufgrund sozialer oder wirtschaftlicher Abhängigkeiten oft fraglich[157]. Um das Freiwilligkeitsprinzip in Bezug auf Preisgabe und Verwendung von personenbezogenen Daten zu stärken, bedarf es einzelfallbasierter Nutzungsregelungen, welche es dem Betroffenen ermöglichen, ein eigenes Regelungsregime mit den gewünschten Rechtsfolgen zu entwerfen. Darüber hinaus wäre ein allgemeines Koppelungsverbot denkbar, damit niemand faktisch dazu gezwungen wird, einer Datennutzung zuzustimmen, welche für den Vertragsschluss gar nicht erforderlich ist[158].

Der Begriff der »Datenhoheit« umschreibt die Gewalt über Informationen und setzt inhaltlich die Sicherstellung der jederzeitigen Verfügbarkeit von Daten, die Verfügungsbefugnis des Datenbetroffenen, die vertrauliche Behandlung der Daten im jeweils genutzten System und die Integrität des genutzten Systems voraus[159]. Sofern ein Herrschaftsrecht über personenbezogene Daten abgelehnt wird, kann auch keine Datenhoheit existieren, da nur eine umfassende Verfügungsbefugnis verbunden mit einem Unterweisungsrecht gegenüber Dritten die Datenhoheit im Sinne einer unabhängigen Gewalt gewährleistet[160].

Eine erste Tendenz in Richtung Monetarisierung wäre die Anerkennung eines Synallagmas bei der Hingabe personenbezogener Daten im Rahmen der Nutzung von (vermeintlich kostenlosen) sozialen Netzwerken. Die bisherige Betrachtungsweise als kostenlose Dienstleistung wird der Lebenswirklichkeit nicht gerecht, in der sich die Datennutzung als Preis für die

---

154 *Seidel*, ZG 2014, 153 ff.; so auch *Sascha Lobo* (Fn. 153).
155 *Bosesky/Hoffmann/Schulz*, DuD 2013, 95 (96 f.).
156 Dazu bereits 1997 *Noam,* abrufbar unter http://www.citi.columbia.edu/elinoam/ articles/priv_self.htm; *Unseld,* Die Kommerzialisierung personenbezogener Daten, 2010, S. 103 ff., insbes. S. 115, 121.
157 *Seidel*, ZG 2014, 153 (155 f.).
158 *Seidel*, ZG 2014, 153 (156, 159 f.).
159 *Bosesky/Schulz/Hoffmann*, DuD 2013, 95 (97).
160 *Bosesky u. a.*, Datenhoheit in der Cloud, 2013, S. 10.

IT-Leistung darstellt. Das Nutzungsverhältnis ist juristisch als synallagma-
tisches Austauschverhältnis zu begreifen, in dem die Daten als kommerzi-
elles Gut die Gegenleistung darstellen[161]. Für eine solche Sichtweise
spricht auch der Umstand, dass personenbezogenen Daten, insbesondere
in sozialen Netzwerken, ein erheblicher monetärer Wert zugeordnet wird:
So beträgt der Umsatz pro Nutzer bei *Facebook* pro Jahr ca. 4-5 US-Dollar. Branchenintern wird der Wert eines registrierten Online-Kunden mit
50 bis 100 US-Dollar beziffert. Der Wert eines *Facebook*-Fans liegt für
das Unternehmen bei 136 US-Dollar[162].

Trotz der sich ändernden (oder besser: bereits geänderten) Lebenswirklichkeit wird nach wie vor aber die Unübertragbarkeit personenbezogener
Daten propagiert[163]: Es dominiert der auf dem Boden des Verbotsprinzips
fußende Ansatz des Paternalismus, also der Ansatz, dass das Datenschutzrecht (und die Datenschutzbehörden) den Einzelnen – überspitzt gesagt –
vor sich selbst schützt (und schützen muss)[164]. Eine gehörige Portion
Skepsis gegenüber individuellen Lösungen wird schon im Gutachten zur
Modernisierung des Datenschutzrechts aus dem Jahr 2002 vorgebracht[165],
in dem es heißt, dass »die informationelle Selbstbestimmung nicht als
Herrschaftsrecht über die personenbezogenen Daten verstanden [werden]
und [nicht] als eigentumsähnliche Ausschluss- und Verfügungsmacht ausgestaltet werden [darf].«[166] Auf gleicher Linie liegen auch die mitunter geäußerten Vorbehalte gegenüber der selbstbestimmten, datenschutzrechtlichen Einwilligung[167].

Obwohl das Recht auf informationelle Selbstbestimmung in seiner ursprünglichen Konzeption nicht als Recht im Sinne einer absoluten, unein-

---

161 *Bräutigam*, MMR 2012, 635 (640 f.); zum »Dateneigentum« ausf. auch *Hoeren*,
    MMR 2013, 486 ff.
162 http://www.bitkom.org/files/documents/Vortrag_Schaar_Forum_KMP_2012.pdf.
163 *Bräutigam*, MMR 2012, 635 (637).
164 Hierzu führt *Bräutigam*, MMR 2012, 635 (637, Fn. 22), zutreffend aus: »Mehr
    Erfolg dürfte hingegen eine schon in der Kindheit beginnende Sensibilisierung
    im Thema Datenschutz und Medienkompetenz versprechen, wie sie etwa die ge-
    plante Stiftung Datenschutz als eines ihrer Geschäftsfelder erreichen soll [...] Bei
    der Aufklärung muss dabei weniger auf (juristische) Texte, sondern vielmehr auf
    spielerische Mittel des Mediums selbst gesetzt werden.«.
165 *Bräutigam*, MMR 2012, 635 (637).
166 *Roßnagel/Pfitzmann/Garstka*, Modernisierung des Datenschutzrechts, 2001,
    S. 37.
167 *Simitis*, DuD 2000, 714 (721).

schränkbaren Herrschaft über Daten verstanden wurde und keine Zuordnung der Information allein zum Betroffenen bewirken sollte[168], haben sowohl der BGH[169] als auch das BVerfG[170] inzwischen vermögenswerte Bestandteile des Persönlichkeitsrechts anerkannt. Mittlerweile scheint sich die Schaffung eines eigentumsähnlichen Rechts am eigenen Datum, d. h. eine dingliche Zuweisungsposition verbunden mit Ausschließlichkeitsrechten in Analogie zu § 903 BGB, anzubieten bzw. aufgrund der veränderten Umstände geradezu aufzudrängen[171]. In § 303 a StGB zeigt sich das Bedürfnis, Daten einer bestimmten Person zuzuordnen und nur dem Berechtigten zu gestatten, in beliebiger Weise mit den Daten zu verfahren und andere von jeder Einwirkung auszuschließen[172]. Ob eine Möglichkeit des Einzelnen, das ihm zustehende Recht, über die Verwendung seiner personenbezogenen Daten zu entscheiden, mit absoluter Wirkung auf einen Dritten zu übertragen, mit dem Recht auf informationelle Selbstbestimmung vereinbar wäre, erscheint fragwürdig. Das Persönlichkeitsrecht als solches gilt als nicht übertragbar, nicht vererblich und nicht der Zwangsvollstreckung unterliegend. Niemand kann sich seines Rechts auf informationelle Selbstbestimmung als Fallgruppe des allgemeinen Persönlichkeitsrechts dauerhaft durch Übertragung entledigen. Allerdings muss zwischen der Persönlichkeit als besonders schützenswertem Gut und einzelnen Persönlichkeitsgütern in Form von materialisierten personenbezogenen Daten zwingend differenziert werden[173]. Ob das allgemeine Persönlichkeitsrecht in Zukunft eher menschenrechtlich oder vermögensrechtlich ausgestaltet wird, bleibt abzuwarten.

dd) Beispiel: Suchergebnisse als komprimierte Darstellung der Online-Persönlichkeit

Macht man sich auf die Suche nach der eigenen Online-Persönlichkeit, hilft neben dem *Facebook*-Profil (das meistens schon einen relativ umfas-

---

168 BVerfGE 65, 1 (43 f.).
169 BGH NJW 2000, 2195 (2195, 2198).
170 BVerfG, WRP 2006, 1361 (1364).
171 *Hoeren*, MMR 2013, 486 (489).
172 *Hoeren*, MMR 2013, 486 (489).
173 *Specht*, Konsequenzen der Ökonomisierung informationeller Selbstbestimmung: Die zivilrechtliche Erfassung des Datenhandels, 2012, S. 78 f.

senden Einblick liefert) auch das »Egosurfing« oder »Self-Googling«, bei dem man sich mithilfe von Suchmaschinen die im Netz verfügbaren Informationen zur eigenen Person komprimiert und nach Relevanz sortiert anzeigen lässt. Insofern kommt den Suchmaschinen eine besondere Bedeutung zu – sie kreieren eine Online-Persönlichkeit nicht, sie (bzw. die zugrunde liegenden Algorithmen[174]) bieten aber eine komprimierte und jedermann zugängliche Darstellung derselben. Dies betont der EuGH zutreffend in der sog. *Google*-Entscheidung: »Die Tätigkeit der Suchmaschinen hat maßgeblichen Anteil an der weltweiten Verbreitung personenbezogener Daten, da sie diese jedem Internetnutzer zugänglich macht, der eine Suche anhand des Namens der betreffenden Person durchführt, und zwar auch denjenigen, die die Internetseite, auf der diese Daten veröffentlicht sind, sonst nicht gefunden hätten.«[175]. »Zudem kann die Organisation und Aggregation der im Internet veröffentlichten Informationen, die von den Suchmaschinen mit dem Ziel durchgeführt wird, ihren Nutzern den Zugang zu diesen Informationen zu erleichtern, bei einer anhand des Namens einer natürlichen Person durchgeführten Suche dazu führen, dass die Nutzer der Suchmaschinen mit der Ergebnisliste einen strukturierten Überblick über die zu der betreffenden Person im Internet zu findenden Informationen erhalten«[176], »die potenziell zahlreiche Aspekte von deren Privatleben betreffen und ohne die betreffende Suchmaschine nicht oder nur sehr schwer hätten miteinander verknüpft werden können, und somit ein mehr oder weniger detailliertes Profil der Person zu erstellen. Zudem wird die Wirkung des Eingriffs [...] noch durch die bedeutende Rolle des Internets und der Suchmaschinen in der modernen Gesellschaft gesteigert, die den in einer Ergebnisliste enthaltenen Informationen Ubiquität verleihen.«[177] Aus dieser Funktion der Suchmaschinen resultieren unter Umständen besondere Verantwortlichkeiten[178], die in Form eines Rechts auf Vergessen(werden) die Rechtsprechung erreicht haben. Die Bedeutung für die – nach außen erkennbar werdende – (Online-)Persönlichkeit wird u. U. zu einer Verfestigung der Rechtspositionen der Betroffenen in diesem

---

174 Zutreffend weist *Sascha Lobo* (Fn. 153) darauf hin, dass es auch ohne rechtlich begründete Eingriffe keine »natürliche Ordnung der Suchergebnisse« gebe.
175 EuGH, Urt. v. 13.5.2014 – C-131/12, Rn. 36.
176 EuGH, Urt. v. 13.5.2014 – C-131/12, Rn. 37.
177 EuGH, Urt. v. 13.5.2014 – C-131/12, Rn. 80.
178 Dazu sogleich unter Gliederungspunkt III. 3. a) dd) (1) und (2).

Kontext, sei es in Form eines benannten Teilgehalts oder einer Einzelausprägung des allgemeinen Persönlichkeitsrechts, führen.

(1) Recht auf Vergessen(werden)

In einer viel beachteten Entscheidung hat der EuGH mit Urteil vom 13.5.2014 die Internetsuchmaschine *Google* verpflichtet, auf Verlangen des Betroffenen bestimmte Ergebnisse aus dem Suchindex zu entfernen[179]. Die Bewertung des Urteils ist durchaus ambivalent – von einer überfälligen Durchsetzung des Datenschutzrechts gegenüber mächtigen Diensteanbietern ist ebenso die Rede wie von einer Bedrohung der Meinungsvielfalt und Informationsfreiheit im Internet[180].

Der Entscheidung des EuGH lag ein Sachverhalt zugrunde, wie er aufgrund der enormen Daten- und Informationsbestände im Internet mittlerweile alltäglich sein dürfte. Dies zeigt die Anzahl der »Löschersuchen«, die an *Google* gerichtet wurden[181]. Bei Eingabe des Namens des Betroffenen in die Suchmaschine erschien auf erster Position eine 16 Jahre alte, rechtmäßige amtliche Bekanntgabe über die Zwangsversteigerung eines Hauses wegen nicht gezahlter Sozialversicherungsbeiträge, die in der Online-Ausgabe einer spanischen Zeitung erschienen war. Nach einer Beschwerde bei der spanischen Datenschutzbehörde gegen *Google Inc.*, *Google Spain* und die Tageszeitung ordnete diese gegenüber *Google* (als Gesamtkonzern) die Entfernung des Links aus dem Suchindex an. Die Klage *Googles* gegen die Anordnung wurde ausgesetzt; die Audiencia Nacional leitete ein Vorabentscheidungsverfahren nach Art. 267 AEUV beim EuGH ein. Dabei ging es zum einen um die Anwendbarkeit europäisches Datenschutzrechts, zum anderen um die Verantwortlichkeit von *Google* für die bei der Suche angezeigten Inhalte; ferner um Existenz und Umfang eines möglichen »Rechts auf Vergessenwerden«.

Das Urteil des EuGH steht im zeitlichen und inhaltlichen Kontext der beabsichtigten umfangreichen Änderung des europäischen Datenschutz-

---

179 EuGH, Urt. v. 13.5.2014 – C-131/12.

180 Vgl. aus der Publikumspresse einerseits *Zimmer-Amrhein*, FAZ vom 15.5.2014, http://www.faz.net/aktuell/feuilleton/regeln-im-netz-das-internet-als-hollaendisches-wohnzimmer-12941260.html; andererseits *Schmitt*, Die Zeit vom 14. Mai 2014, http://www.zeit.de/2014/21/google-suche-internet-recht-auf-vergessen.

181 Vgl. *Gropp*, FAZ vom 16.5.2014, http://www.faz.net/-gqi-7pf4 w.

rechts, in deren Rahmen von der Kommission ein Strategiepapier[182], der Entwurf einer Datenschutz-Grundverordnung[183] und einer Richtlinie für die Bereiche Strafverfolgung und Gefahrenabwehr[184] vorgelegt wurden. Der Entwurf der Datenschutz-Grundverordnung enthält ein »Recht auf Vergessenwerden«[185], ähnlich wie es nun vom EuGH auf Grundlage des geltenden Rechts kreiert wurde. Die Entscheidung des EuGH überrascht umso mehr, als sie – entgegen der üblichen Spruchpraxis – nicht dem Schlussantrag des Generalanwalts[186] entspricht.

Zunächst musste der EuGH entscheiden, ob der sachliche Anwendungsbereich der Datenschutzrichtlinie eröffnet ist. Problematisch ist insofern, ob *Google* tatsächlich, wie es Art. 2 lit. b der Richtlinie (RL) 95/46/EG fordert, personenbezogene Daten verarbeitet. Denn bei der Tätigkeit der Webcrawler geht es zunächst darum, *sämtliche* anfallenden Daten, unabhängig von Personenbezug oder -beziehbarkeit, zu sammeln. Gleichwohl sieht der EuGH darin, dass *Google* das Internet automatisch, kontinuierlich und systematisch auf die dort veröffentlichten Informationen durchforstet, eine Erhebung personenbezogener Daten[187]. Es komme nicht darauf an, ob der Suchmaschinenbetreiber dieselben Vorgänge bei anderen Arten von Informationen ausführe und ob er zwischen diesen Informationen und personenbezogenen Daten unterscheide[188]. Zudem erfüllten das Auslesen mit Indexierprogrammen, das Speichern und Organisieren, Aufbewahren auf Servern und ggf. die Weitergabe in Form von Ergebnislisten das Tatbestandsmerkmal der Datenverarbeitung[189]. Eine Einschränkung dahingehend, dass zusätzlich eine Veränderung der Daten stattfinden müs-

---

182 »Der Schutz der Privatsphäre in einer vernetzen Welt«, KOM (2012) 9 endg.; allgemein zur Reform *Eckhardt*, CR 2012, 195 ff.; *Härting*, BB 2012, 459 ff.
183 Vgl. bereits Fn. 146.
184 Richtlinie zum Schutz natürlicher Personen bei der Verarbeitung personenbezogener Daten durch die zuständigen Behörden zum Zwecke der Verhütung, Aufdeckung, Untersuchung oder Verfolgung von Straftaten oder der Strafvollstreckung sowie zum freien Datenverkehr, KOM (2012) 10 endg.; speziell zu diesem Rechtsetzungsentwurf *Bäcker/Hornung*, ZD 2012, 147 ff.
185 Speziell zu diesem Aspekt des Reformvorschlags *Jandt/Kieselmann/Wacker*, DuD 2013, 235 ff.
186 GA *Jääskinen*, Schlussanträge v. 25.6.2013 in der Rs. C-131/12 (Google), BeckRS 2014, 80934.
187 EuGH, Urt. v. 13.5.2014 – C-131/12, Rn. 28.
188 EuGH, Urt. v. 13.5.2014 – C-131/12, Rn. 28 f.
189 EuGH, Urt. v. 13.5.2014 – C-131/12, Rn. 28.

se oder diese nicht schon durch eine Webseite veröffentlicht worden sein durften, könne dem Wortlaut nicht entnommen werden[190].

Während der Generalanwalt noch argumentiert hatte, dass die bloß statistische Wahrscheinlichkeit des Erfassens von personenbezogenen Daten auf den »gecrawlten« Seiten nicht ausreichend sei, um eine datenschutzrechtliche Verantwortlichkeit von Suchmaschinenbetreibern anzunehmen, geht der EuGH davon aus, dass *Google* über Zweck und Mittel der Verarbeitung personenbezogener Daten i. S. d. Art. 2 lit. d RL 95/46/EG entscheidet. Maßgeblich sei, dass das gesammelte Material nach den Relevanzkriterien *Googles* aufgenommen und bei Suchanfragen wiedergegeben werde[191]. Dabei könne zum einen kein (positives) Wissen des Suchmaschinenbetreibers eingefordert werden, da dies einer vom Zweck der Richtlinie gebotenen weiten Auslegung des »Verantwortlichen« zuwider liefe[192]. Zum anderen ließe ein qualitativer Unterschied in der Verarbeitung die Verantwortlichkeit des Suchmaschinenbetreibers entstehen: Dieser »Mehrwert« liege darin, dass durch die Zusammenstellung verschiedenster personenbezogener und nicht-personenbezogener Daten auf einer einzigen Webseite ein umfassendes Profil erstellt werden könne, das dem Nutzer ein über die – auf verschiedenen Webseiten – veröffentlichten Einzelinformationen hinausgehendes Bild des Gesuchten eröffne[193].

Im Verfahren wurde ferner hinterfragt, ob es für Art. 4 Abs. 1 lit. a RL 95/46/EG ausreiche, dass *Google Inc.*, nicht aber *Google Spain* diese Datenverarbeitung durchführe. Erforderlich ist nämlich grundsätzlich das Handeln in einem Mitgliedstaat der Europäischen Union. Im vorliegenden Fall sei dies gegeben, da die geschäftlichen Tätigkeiten von Mutter- und Tochtergesellschaft (mit Sitz in der EU) so eng miteinander verwoben seien, dass sie deren gegenseitige Existenz bedingen: *Google Spain* finanziere einerseits durch die Werbeplatzierungen (im Rahmen von Adwords) die Dienstleistung von *Google Inc.*, andererseits ließe sich diese Werbung ohne die Tätigkeit von *Google Inc.* nicht realisieren. Diese Argumentation wird dadurch gestützt, dass Art. 4 Abs. 1 lit. a RL 95/46/EG nur die Verarbeitung der personenbezogenen Daten »im Rahmen der Tätigkeit« der Niederlassung voraussetzt, eine eigene Verarbeitung demnach nicht erforderlich ist. Insoweit ist mit Blick auf Erwägungsgrund 19 der Richtlinie,

---

190 EuGH, Urt. v. 13.5.2014 – C-131/12, Rn. 31.
191 EuGH, Urt. v. 13.5.2014 – C-131/12, Rn. 37.
192 EuGH, Urt. v. 13.5.2014 – C-131/12, Rn. 34.
193 EuGH, Urt. v. 13.5.2014 – C-131/12, Rn. 38.

der für das Vorliegen einer Niederlassung die effektive und tatsächliche Ausübung einer Tätigkeit mittels einer festen Einrichtung in dem betreffenden Mitgliedstaat voraussetzt, eine Abkehr von der bisherigen Auslegung festzustellen[194]. Bisher wurde eine erhebliche Einflussnahme auf die relevanten Datenverarbeitungsvorgänge des verantwortlichen Unternehmens verlangt[195].

Aufgrund dieser datenschutzrechtlichen Verantwortlichkeiten bedarf es eines Erlaubnistatbestandes zugunsten von *Google* gegenüber Personen, deren Daten von der Verarbeitung betroffen sind; da dies zumindest potenziell jedermann ist, scheidet eine Einwilligungslösung von vornherein aus. Nach Art. 7 lit. f. RL 95/46/EG ist die Verarbeitung personenbezogener Daten aber auch zulässig, wenn sie zur Verwirklichung des berechtigten Interesses des für die Verarbeitung Verantwortlichen (unternehmerische und wirtschaftliche Betätigungsfreiheit der Suchmaschinenbetreiber) oder desjenigen Dritten, dem die Daten übermittelt werden (Informationsfreiheit der Internetnutzer), erforderlich ist, sofern nicht das Interesse oder die Grundrechte und Grundfreiheiten der betroffenen Person, insbesondere ihr Recht auf Schutz der Privatsphäre (Art. 7 Grundrechte-Charta), überwiegen. Fällt die somit erforderliche Interessenabwägung zugunsten des Betroffenen aus, kommt ihm aus Art. 12 lit. b RL 95/46/EG ein Löschanspruch zu, der – da die relevante Datenverarbeitung die Aufbereitung als Suchergebnis ist – sich in einem Anspruch auf Nichtanzeige in den Suchergebnissen realisiert.

Hinsichtlich des Anspruchs auf Nichtanzeige verweist der EuGH darauf, dass ein solcher nicht nur bestehe, wenn die Verarbeitung personenbezogener Daten – von Anfang an – nicht der Datenschutzrichtlinie entspräche, sondern es auch möglich sei, dass eine ursprünglich rechtmäßige Verarbeitung sachlich richtiger Daten erst im Lauf der Zeit mit Blick auf die Anforderungen des Art. 6 Abs. 1 lit. c-e RL 95/46/EG unrechtmäßig werden könne[196], wenn die Daten für die Zwecke, für die sie erhoben und verarbeitet worden sind, nicht mehr erforderlich seien[197]. Die Verarbeitung personenbezogener Daten müsse insoweit während der gesamten Dauer ihrer Ausführung nach Art. 7 RL 95/46/EG zulässig sein, anderen-

---

194 *Nolte*, NJW 2014, 2238 (2239).
195 OVG Schleswig, NJW 2014, 2238 (2239 f.).
196 *Sörup*, MMR 2014, 464 (464).
197 EuGH, Urt. v. 13.5.2014 – C-131/12, Rn. 92, 93.

falls bestehe ein Löschanspruch[198]. Dieser Aspekt zeigt, ebenso wie die vom EuGH vorgenommene Differenzierung von Ursprungs- und neuerlicher Datenverarbeitung, Parallelen zur BGH-Rechtsprechung zur Verdachtsberichterstattung und zu Online-Archiven[199]. Eine Ergebnisliste ist auf Aktualität angelegt, sodass – selbst bei einer Übertragbarkeit der in der Entscheidung »Online-Archiv I« aufgestellten Grundsätze[200] – die Verarbeitung zum Zeitpunkt der Suchanfrage zulässig sein muss. Eine Suchmaschine ist eher mit einer Online-Enzyklopädie (mit dem Unterschied, dass der einzige Inhalt die Sammlung von personenbezogenen Links ist) wie *Wikipedia*[201] als mit einem Archiv vergleichbar.

Die Differenzierung von ggf. rechtmäßiger Ausgangsveröffentlichung (zu ergänzen wäre: und weiterhin rechtmäßiger Bereitstellung zum Abruf) und ggf. gleichwohl rechtswidriger Aufnahme in einen Suchindex erklärt sich aus dem Umstand, dass vom EuGH zutreffend im Webcrawling und in der Aufbereitung der Daten und der Bereitstellung an Internetnutzer eigenständige Datenverarbeitungsvorgänge gesehen werden. Deren Rechtmäßigkeitsvoraussetzungen sind unabhängig von (zulässigen wie unzulässigen) Datenverarbeitungen anderer Verantwortlicher zu ermitteln. Dies gilt auch für die erforderliche Abwägung, für die es unbeachtlich bleibt, dass die Informationen auf der Ursprungsseite weiterhin im Internet aufgefunden werden können.

Dieser Aspekt leitet über zu dem vom EuGH angesprochenen Abwägungserfordernis und deren Maßstäben. Anders als der Generalanwalt, der weder den Interessen von Betreibern und Internetnutzern auf der einen noch den Interessen des Betroffenen auf der anderen Seite einen generellen Vorrang eingeräumt hat, sprechen die Ausführungen des EuGH für einen Vorrang des Daten- und Persönlichkeitsschutzes: »Zwar überwiegen die […] geschützten Rechte der betroffenen Person im Allgemeinen ggü. dem Interesse der Internetnutzer; der Ausgleich kann in besonders gelagerten Fällen aber von der Art der betreffenden Information, von deren Sensibilität für das Privatleben der betroffenen Person und vom Interesse der Öffentlichkeit am Zugang zu der Information abhängen, das u. a. je nach der Rolle, die die Person im öffentlichen Leben spielt, variieren

---

198   EuGH, Urt. v. 13.5.2014 – C-131/12, Rn. 95.
199   Dazu unten Gliederungspunkt III. 3. f) cc).
200   BGH, NJW 2010, 2432 ff.; Überblick zur Rechtsprechung des BGH bei *Ruttig*, AfP 2013, 372 (373 ff.).
201   Dazu OLG Stuttgart, NJW-RR 2014, 423 ff.

kann«; an anderer Stelle heißt es: »Da die betroffene Person in Anbetracht ihrer Grundrechte aus den Art. 7 und 8 GRCh verlangen kann, dass die betreffende Information der breiten Öffentlichkeit nicht mehr durch Einbeziehung in eine derartige Ergebnisliste zur Verfügung gestellt wird, überwiegen diese Rechte grundsätzlich nicht nur gegenüber dem wirtschaftlichen Interesse des Suchmaschinenbetreibers, sondern auch gegenüber dem Interesse der breiten Öffentlichkeit am Zugang zu der Information bei einer anhand des Namens der betroffenen Person durchgeführten Suche.«[202]

Es ist aber nicht sachgerecht und nicht Intention grundrechtlichen Datenschutzes, allein weil die Grundrechte auf Achtung des Privatlebens und das Recht auf Schutz der personenbezogenen Daten berührt sind (also der Schutzbereich eröffnet ist), zugleich einen Anspruch auf Nichtanzeige (bzw. Löschung) zu gewähren. Es läge so in der Hand des Betroffenen, nahezu jeden Umgang mit Daten, die einen Personenbezug aufweisen, zu untersagen, soweit keine Einwilligung erteilt würde. Ausnahmefälle dürften sich – dies deutet der EuGH an – auf das Verhältnis der Presse zu (vermeintlich) Prominenten beschränken. Das Internet besteht zu einem Gutteil aber aus Daten und Informationen von »Normalbürgern«. Es erscheint daher zielführend, sich Sinn und Zweck des Datenschutzes zu vergegenwärtigen, der kein absolutes Recht gibt[203], sondern eine Ausprägung des Persönlichkeitsschutzes ist (vgl. insofern § 1 Abs. 1 BDSG). Das allgemeine Persönlichkeitsrecht des Einzelnen tritt in einer auf Gemeinschaft angelegten Gesellschaft (ein Menschenbild von dem bspw. das Grundgesetz ausgeht) in ein Spannungsverhältnis mit unterschiedlichen Freiheitspositionen Anderer. Das Persönlichkeitsrecht steht nicht als abwägungsfreie absolute Rechtsposition im Raum, die keinen Einschränkungen zugänglich wäre. Nicht jede Datenverarbeitung ist zugleich eine Verletzung des Persönlichkeitsrechts, diese muss vielmehr positiv (zusätzlich zum Vorgang des Verarbeitens) im Rahmen einer Abwägung festgestellt werden.

Neben der Sensibilität der Daten und der Figur der (relativen und absoluten) Person der Zeitgeschichte[204], die im EuGH-Urteil anklingt, lassen

---

202 EuGH, Urt. v. 13.5.2014 – C-131/12, Rn. 97, 99.
203 Diese Annahme wird gestützt durch die herrschende, aber unzutreffende Ableitung des Rechts auf informationelle Selbstbestimmung aus Art. 2 Abs. 1 i. V. m. Art. 1 Abs. 1 GG; zur Gegenansicht *Britz* (Fn. 79); *Luch* (Fn. 79), S. 85 f.
204 Überblick zu dieser Rechtsfigur und zur Rechtsprechung, vor allem des EGMR, bei *Haug*, AfP 2013, 485 f.; *Dahle/Stegmann*, AfP 2013, 480 ff.

sich zahlreiche weitere Abwägungsfaktoren benennen. Der vom EuGH aufgestellte Kriterienkatalog dürfte für die meisten Fälle unterkomplex sein, ergänzen lassen sich u. a. folgende Aspekte:

– Für Meinungsäußerungen existiert mit den Grenzen der Schmähkritik und Verleumdung eine Grenze, unabhängig davon, ob mit der Meinungsäußerung personenbezogene Daten verbunden sind oder nicht. Es stellt sich daher die Frage, ob die ausdifferenzierte Interessenabwägung außerhalb der Schmähkritik nicht durch einen »datenschutzrechtlichen Ansatz« untergraben werden könnte, indem der Betroffene schlicht gegen die Datenverarbeitung, nicht aber die (bspw. ehrverletzende) Äußerung vorgeht.

– Aus dem allgemeinen Persönlichkeitsrecht folgt nach der Lebach-Entscheidung des BVerfG ein Recht auf Resozialisierung, nämlich ein Schutz vor sozialer Isolation. Jeder Täter müsse die Chance erhalten, sich nach Verbüßung seiner Strafe wieder in die Gesellschaft einzuordnen[205]. Dem Öffentlichkeitsinteresse an einer Berichterstattung (hier: Auffindbarkeit über eine Suchmaschine) sind somit zeitliche Schranken gesetzt, um eine unmittelbar bevorstehende Wiedereingliederung des resozialisierungsfähigen Straftäters zu ermöglichen.

– Die Ubiquität der Suchergebnisse und der Umstand, dass Informationen aus verschiedensten Quellen und Lebensbereichen aggregiert werden – sodass ein Abbild der Online-Persönlichkeit entsteht – sprechen für eine hohe Eingriffsintensität. Allerdings führt die Herausnahme von Einzelergebnissen nicht unbedingt zu der vom Betroffenen erwünschten Klar- bzw. Richtigstellung.

– In umgekehrter Herangehensweise zum EuGH ließe sich aus der Rechtmäßigkeit der Ursprungsveröffentlichung eigentlich auch auf die Rechtmäßigkeit des Hinweises auf diese Veröffentlichung ableiten, soweit entgegenstehende Anhaltspunkte fehlen. Auch hinsichtlich der Veröffentlichung selbst ist das »Rechtswidrigwerden« der Ausnahmefall und nur nach einem entsprechenden Hinweis zu berücksichtigen; eine Verpflichtung zu dauerhafter proaktiver Überprüfung würde die Pflichten bspw. von Pressearchiven überdehnen. Gleiches gilt für Suchmaschinenbetreiber.

– Negativ geht der EuGH zutreffend davon aus, dass der Anspruch auf Nichtanzeige nicht von der Geltendmachung eines Schadens durch das

---

205 BVerfGE 35, 202 (235 ff.); 98, 169 (200).

Aufführen in der Ergebnisliste abhinge[206], umgekehrt ist ein (drohender) materieller oder immaterieller (Ruf-)Schaden aber durchaus ein abwägungsrelevanter Gesichtspunkt.

– Ausgeblendet bleibt im Urteil die gesamtgesellschaftliche Funktion von Archiven und darauf bezogenen Suchmechanismen. So wie eine unerschlossene Sammlung von historischen Akten keinerlei Mehrwert bietet, wäre das Internet ohne Suchmaschinen nicht nutzbar. Nicht nur die dauerhafte Speicherung vergangener Geschehnisse ist für die Informationsfreiheit essenziell, sondern auch die Auffindbarkeit.

– Schließlich sind auch Faktoren wie die vergangene Zeitspanne[207], veränderte persönliche Lebensumstände des Betroffenen (bspw. nach einer Geschlechtsumwandlung), im Falle von Prominenten ein Rückzug aus der Öffentlichkeit oder auch der Umstand, dass die relevanten Daten vom Betroffenen selbst ins Netz gestellt wurden, zu berücksichtigen.

Daher bedarf es (rechtspolitisch) eines Abgleichs dieser grundrechtlich zugrunde zu legenden Abwägungskriterien in (bi- bzw. tripolaren) Verhältnissen mit der einfachgesetzlichen Ausgestaltung durch Datenschutzrichtlinie und BDSG. Mit diesen kommt der Staat (bzw. die EU) seiner Schutzpflicht für das Persönlichkeitsrecht (und das Recht auf informationelle Selbstbestimmung) nach, hat dabei aber einen schonenden Ausgleich (im Sinne der praktischen Konkordanz) mit den Interessen der Anbieter und der interessierten Öffentlichkeit herzustellen. Insofern sollte vor allem bei der Reform des EU-Datenschutzrechts eine Überbetonung des Persönlichkeitsschutzes vermieden werden. Sowohl BDSG als auch Datenschutzrichtlinie leiden daran, dass weitgehende Einschränkungen der Vertragsfreiheit, die sich im »normalen« Verbraucherschutzrecht so nicht finden lassen (wo erst einmal alles erlaubt ist, es sei denn es ist verboten), das Verhältnis zwischen Nutzer und Anbieter prägen (grundsätzlich ist alles verboten, es sei denn es ist positiv gestattet). Es kommt durch die gewählte rechtliche Konstruktion zu einem Gleichlauf der Anforderungen, die für den privaten wie den staatlichen Umgang mit den Daten Dritter gelten, ob-

---

206 EuGH, Urt. v. 13.5.2014 – C-131/12, Rn. 96.
207 Selbst dabei verbieten sich pauschale Bewertungen; so spricht eine lange Zeitspanne zwar für ein »Verblassen« des Öffentlichkeitsinteresses, umgekehrt können aber auch nur kurz zurückliegende Begebenheiten mehr Persönlichkeitsrelevanz haben als historisches »Archivwissen«.

wohl die Ausgangssituation für Staat und Unternehmen vollkommen unterschiedlich ist. Private dürfen grundsätzlich auch mit fremden Daten umgehen, weil sich dies im Rahmen ihres grundrechtlich geschützten Handlungsspielraums bewegt. Insoweit stellen Regelungen zum Umgang mit fremden Daten eine Grundrechtseinschränkung dar, die rechtfertigungsbedürftig ist. Der Staat hingegen darf grundsätzlich keine Daten von Bürgern sammeln, verarbeiten und weitergeben, soweit keine hinreichende Ermächtigungsgrundlage vorliegt. Interessanterweise enthält das BDSG nicht nur eben diese Ermächtigung, sondern zugleich eine Einschränkung für den Umgang mit fremden Daten für Private. Die Datenschutzgesetze unterwerfen den Umgang mit fremden Daten durch den Staat und durch Unternehmen letztlich denselben Voraussetzungen, sodass insoweit ein Gleichlauf hergestellt wird, obwohl sich die rechtlichen Ausgangssituationen diametral gegenüberstehen. Für nicht-öffentliche Stellen errichtet das BDSG einfachgesetzlich ebenfalls einen datenschutzrechtlichen Vorbehalt des Gesetzes[208], der eigentlich das Verhältnis Bürger-Staat prägt[209]. Mitunter wäre es hilfreich, die Perspektive zu wechseln: Gäbe es ein Meinungsfreiheits- und Informationsfreiheitsgesetz (welches allgemein die Freiheit der Informationsbeschaffung betont, nicht nur gegenüber staatlichen Stellen) oder ein »Gesetz über die Freiheit des Berufs von Suchmaschinenanbietern« müssten auf einmal die persönlichkeitsrechtlichen Belange bspw. von solchem Gewicht sein, dass sie einen Eingriff in die freie Rede rechtfertigten. Die Einräumung eines grundsätzlichen Vorrangs durch Gesetzgebung oder Rechtsprechung ist im Verhältnis von Grundrechtsträgern und ihrer Rechtspositionen untereinander immer kritisch zu bewerten.

(2) Autovervollständigen

Neben der EuGH-Entscheidung könnte bspw. auch das Urteil des BGH zur Verknüpfung personenbezogener Suchanfragen mit bestimmten Schlagworten (»Autovervollständigen« bzw. »Autocomplete«) perspektivisch ein Element eines »Rechts auf neutrale und zeitangemessene Darstellung in Suchergebnissen« darstellen. Bei der Funktion des Autover-

---

208 Zum Verbotsprinzip *Karg*, DuD 2013, 75 ff.
209 *Schliesky u. a.* (Fn. 1), S. 156 ff.

vollständigens blendet die Suchmaschine während der Eingabe eines Suchbegriffs weitere, nach einem bestimmten Algorithmus ermittelte Begriffe ein, was sich unter anderem auch nach der Häufigkeit der Eingabe dieser Begriffskombination durch andere Nutzer richtet. In der Autocomplete-Entscheidung[210] urteilte der BGH zugunsten eines Klägers, dessen Name bei Eingabe in die Suchmaschine mit den Wörtern »Betrug« und »Scientology« verknüpft wurde. Diese hätten an sich einen negativen Aussagegehalt und die Ergänzung der Wörter bei Eingabe des Namens spiegele dem Nutzer einen inhaltlichen Zusammenhang vor[211]. Im Rahmen der Prüfung eines Unterlassungsanspruchs des Klägers aus §§ 823, 1004 BGB nahm der BGH eine Abwägung zwischen dem allgemeinen Persönlichkeitsrecht des Klägers und den Rechten der Beklagten aus Art. 2, 5 Abs. 1 und 14 GG (Meinungs- und wirtschaftliche Handlungsfreiheit) vor. Entscheidend kam es dabei auf den Wahrheitsgehalt der Aussage an, da der Kläger eine unwahre Tatsachenbehauptung nicht hinnehmen müsse und somit das allgemeine Persönlichkeitsrecht überwog. Die Entscheidung wurde, zumindest was das Abwägungsergebnis angeht, in der Literatur überwiegend positiv aufgenommen[212]. Sie verdeutlicht, dass das Bild von Personen insbesondere durch Suchmaschinen, nicht nur durch die Suchergebnisse, sondern bereits vom Suchprozess geprägt wird. Soweit die Betreiber für den konkreten Vorgang (datenschutzrechtlich oder zivilrechtlich als Störer) verantwortlich sind, können sie insofern in Anspruch genommen werden. Wie auch kein Anspruch des Betroffenen darauf, nur so dargestellt zu werden, wie er dies wünscht, existiert, fehlt es umgekehrt an einer Berechtigung der Suchmaschinenbetreiber, verzerrende Darstellungen der Online-Persönlichkeit zu präsentieren. Ggf. sind die Algorithmen entsprechend anzupassen.

b) Recht auf informationelle Selbstbestimmung

Das Recht auf informationelle Selbstbestimmung gewährleistet dem Einzelnen die Befugnis, »grundsätzlich selbst über die Preisgabe und Verwendung seiner persönlichen Daten zu bestimmen« und »zu entscheiden, wann und innerhalb welcher Grenzen persönliche Lebenssachverhalte of-

---

210 BGH, NJW 2013, 2348 ff.
211 BGH, NJW 2013, 2348 (2349).
212 Anders vor allem *Hoeren*, ZD 2013, 407 ff.

fenbart werden«. Betroffenen soll der Schutz gegeben werden, »wissen zu können, wer was wann und bei welcher Gelegenheit über sie weiß«[213]. Dem informationellen Selbstbestimmungsrecht wird bis heute eine überragende Position beigemessen[214]. Es hat das Bewusstsein geschaffen, mit personenbezogenen Daten sensibel umzugehen, und die einfachgesetzlichen Datenschutzgesetze erheblich beeinflusst[215]. Jedoch ist auch zu bemerken, dass es trotz oder gerade aufgrund der langjährigen Entwicklung des Schutzbereichs teilweise als unübersichtlich und konturenlos angesehen wird[216]. Dies gilt umso mehr im Kontext zahlreicher mit dem Internet verbundener Entwicklungen; nicht ohne Grund wird daher auf europäischer Ebene eine grundlegende Reform des Datenschutzrechts vorbereitet[217].

aa) Schutzbereich des »Online-Datenschutzrechts«

Über den durch die Kriterien der Unmittelbarkeit und Finalität geprägten klassischen Eingriffsbegriff hinaus schützt das Recht auf informationelle Selbstbestimmung vor jeder Form der Erhebung, schlichten Kenntnisnahme, Speicherung, Verwendung, Weitergabe oder Veröffentlichung von individualisierten oder individualisierbaren Informationen[218]. Da auch das eigene im Internet oder anderswo gesprochene oder geschriebene Wort als personenbezogenes Datum anzusehen ist, sind diese beiden – in der Rechtsprechung anerkannten Rechtspositionen[219] – nicht nur ein Unterfall des allgemeinen Persönlichkeitsrechts, sondern im Speziellen auch ein Unterfall des Rechts auf informationelle Selbstbestimmung[220]. Gleiches gilt für das Recht am eigenen Bild[221]. Insofern werden zahlreiche Aspekte des Handelns im Internet, vorrangig in sozialen Netzwerken und anderen

---

213 BVerfGE 65, 1 (43); 78, 77 (84); 84, 192 (194).
214 Statt vieler *Gusy*, DuD 2009, 33 (39).
215 *Durner*, JuS 2006, 213 (214); *Künast*, ZRP 2008, 201 (202); *Petri*, DuD 2010, 25 (27).
216 *Bull*, in: Möllers/Ooyen (Hrsg.), Jahrbuch Öffentliche Sicherheit 2008/2009, 2008, S. 317 (323).
217 Vgl. bereits Fn. 146.
218 *Di Fabio* (Fn. 52), Art. 2 Rn. 176.
219 Statt vieler *Di Fabio* (Fn. 52), Art. 2 Rn. 196 ff. m. w. N.
220 *Schulz* (Fn. 24), S. 484 f.
221 *Schulz* (Fn. 24), S. 482 f.

Web-2.0-Anwendungen, die auf sog. nutzergenerierten Inhalten basieren, bzw. die durch dieses Verhalten generierten Daten vom Schutzbereich des Rechts auf informationelle Selbstbestimmung erfasst. Dies beginnt bereits bei der Tatsache, dass jemand einen Account bei einem bestimmten Netzwerk besitzt, geht über die sog. Bestandsdaten (also in der Regel Benutzername, E-Mail-Adresse, Passwort, Geburtsdatum etc.) und reicht bis zu den nutzergenerierten Inhalten[222], also vor allem Bilder, Statusmeldungen, Informationen zu Freundschafts- und Verwandtschaftsbeziehungen. Darüberhinaus zählen hierzu die unwillkürlich oder unbemerkt hinterlassenen Daten wie Cookies und andere Netzspuren, die es ermöglichen, das Internetverhalten des Einzelnen nachzuvollziehen.

Der Einbeziehung dieser Daten in den Schutzbereich des Art. 2 Abs. 1 GG steht nicht generell der Öffentlichkeitsbezug entgegen, auch wenn zum Teil argumentiert wird, die sog. Öffentlichkeitssphäre sei ein grundrechtlich nur eingeschränkt schützenswerter Bereich, da dort mit Beobachtungen zu rechnen sei. Dies ergebe ein Vergleich mit der analogen Welt[223]: Auch die Streifenfahrt sei nicht als Grundrechtseingriff zu werten[224]. Gegen eine solche Sichtweise spricht aber der Umstand, dass es auch im Kontext der Beobachtung des (analogen) öffentlichen Raums auf die konkrete staatliche Maßnahme ankommt. So wird der Eingriffscharakter von Videobeobachtungen kaum noch bestritten[225]. Weiterhin sind in der analogen Welt tatsächlich »öffentliche« Räume denkbar[226] – dies ist im Internet gerade nicht der Fall. Es gibt keine den Straßen vergleichbaren Internetseiten, vielmehr befindet sich derjenige, der sich im Internet bewegt, in der Regel auf privat betriebenen Homepages, deren Betreibern ein virtuelles Hausrecht zukommt[227]. Insbesondere im Bereich sozialer Netzwerke werden Privatsphäreneinstellungen genutzt, die nur einem ausgewählten Personenkreis Zugriffsrechte zugestehen; die jeweiligen Inhalte sollen gerade nicht der gesamten Internetöffentlichkeit preisgegeben wer-

---

222 Ausf. Große Ruse-Khan (Hrsg.), Nutzergenerierte Inhalte als Gegenstand des Privatrechts: aktuelle Probleme des Web 2.0, 2009.

223 So *Germann*, Gefahrabwehr und Strafverfolgung im Internet, 2000, S. 512.

224 Statt vieler *Gusy*, Polizei- und Ordnungsrecht, 9. Aufl. 2014, Rn. 165.

225 *Petri* (Fn. 130), G Rn. 194 ff. m. w. N.

226 Ausf. zur »räumlichen« Dimension der Grundrechte und zum Erfordernis öffentlicher Räume als Korrelat zahlreicher Grundrechtsverbürgungen *Ernst* (Fn. 23), S. 79 ff.

227 Zum »virtuellen Hausrecht« *Karavas*, Digitale Grundrechte, 2007, S. 18 ff.; *Maume*, MMR 2007, 620 ff.; *Schmidl*, K&R 2006, 563 ff.; *Redeker*, CR 2007, 265 ff.

den. Und schließlich zeigt das allgemeine Persönlichkeitsrecht, für das vom BVerfG die sog. Sphärentheorie entwickelt wurde[228], dass der Öffentlichkeitsbezug allenfalls ein Abwägungstopos im Rahmen der Rechtfertigung ist und nicht bereits die Eröffnung des grundrechtlichen Schutzbereichs *per se* ausschließt[229].

bb) Beispiel: Umgang mit personenbezogenen Daten durch soziale Netzwerke[230]

Im ursprünglichen Verständnis war das Recht auf informationelle Selbstbestimmung primär Abwehrrecht gegen die Erhebung und Verarbeitung von Daten durch staatliche Stellen. Neben dieser Konstruktion hat sich zunehmend aber die Erkenntnis durchgesetzt, dass nicht nur der Staat, sondern auch private Rechtssubjekte eine Bedrohung für personenbezogene Daten darstellen können[231]. Dem Recht auf informationelle Selbstbestimmung wird daher neben der abwehrrechtlichen Funktion auch eine Schutzpflicht des Staates entnommen[232]. In diesem Kontext ist der Umgang mit personenbezogenen Daten durch soziale Netzwerke zu sehen, der in jüngerer Vergangenheit vielfach thematisiert wurde[233]. Gegenstand ist ein Spannungsfeld von Nutzer- und Anbieterinteressen, wobei sich die Konstellation bspw. vom Phänomen des Cybermobbings, das das Verhältnis der Internetnutzer untereinander betrifft, insbesondere dadurch unterscheidet, dass die Nutzer eine freiwillige (vertragliche) Bindung mit dem Anbieter eingehen und daher rechtlich zulässig in bestimmte Maßnahmen des Anbieters einwilligen können. Zivilrechtlich handelt es sich dabei um die konkrete Ausgestaltung der gegenseitigen Rechte und Pflichten in einem Nutzungsverhältnis, datenschutzrechtlich – die Anwendbarkeit deutschen Datenschutzrechts unterstellt – um eine Einwilligung nach § 4 a BDSG und grundrechtlich, soweit man überhaupt von einer Geltung der Grundrechte in diesem (Privatrechts-)Verhältnis ausgeht, um einen grundsätzlich

---

228 Ausf. zur Sphärentheorie *Luch* (Fn. 79), S. 42 ff. m. w. N.
229 *Luch* (Fn. 79), S. 73; zum Polizeirecht allgemein *Petri* (Fn. 130), G Rn. 19, zum Internet Rn. 154.
230 *Schliesky u. a.* (Fn. 1), S. 84 ff., 133 ff.
231 Auf diese Entwicklung weist *Hoffmann-Riem* bereits 1998 hin, vgl. AöR 1998, 513 (524).
232 Ausf. *Schliesky u. a.* (Fn. 1), S. 104 ff.
233 S. bereits *Voigt*, ZD-Aktuell 2011, 89 ff.; *Erd*, NVwZ 2011, 19 ff.

zulässigen Grundrechtsverzicht. Angesichts des immensen Erfolges sozialer Netzwerke verwundert es, dass die rechtliche Diskussion zum Vertrag zwischen Nutzer und Anbieter noch am Anfang steht[234]. Wenn überhaupt, wird von einer Zweiteilung dieses Geschäfts ausgegangen: hier unentgeltliche Überlassung von IT-Leistung, dort Einwilligung in die Datennutzung zu Werbezwecken Neben einer formalen und materiellen Regulierung der Einwilligung, einer Stärkung der Medienkompetenz[235] sowie Selbstschutzmaßnahmen (bspw. in Form eines *Smart Privacy Managements*[236]) sind ggf. aber ganz andere – derzeit noch nicht vollständig konturierte – Lösungsansätze zukunftstauglich, bis hin zu einer Monetarisierung von personenbezogenen Daten zugunsten des Berechtigten[237].

Dieses Beispiel verdeutlicht, dass Grundrechte als Abwehrrechte zunehmend an Bedeutung verlieren. Der Eingriff in das Recht auf informationelle Selbstbestimmung ist nicht staatlich initiiert, sondern kommt von privater Seite. Überdies ist er – selbst wenn die hohen Anforderungen des deutschen (einfachgesetzlichen) Datenschutzrechts an eine Einwilligung nicht eingehalten werden[238] – freiwillig. Daher ist vor allem fraglich, ob sich der durch einen solchen Eingriff Beeinträchtigte gegenüber dem Anbieter eines sozialen Netzwerkes unmittelbar oder mittelbar auf Grundrechte berufen kann, was zumindest eine Einbruchstelle im (anwendbaren) deutschen Recht voraussetzen würde, ob eine Schutzpflicht des Staates besteht, Eingriffe des Anbieters in das Recht auf informationelle Selbstbestimmung abzuwehren, welche inhaltlichen Maßstäbe dabei gelten, ob der Staat den Bürger vor sich selbst schützen und bestimmte Aspekte des Um-

---

234 *Bräutigam*, MMR 2012, 635 (635).
235 *Schliesky u. a.* (Fn. 1), S. 171 ff.
236 Vgl. dazu *Heckmann*, NJW 2012, 2631 (2634); *ders.*, K&R 2011, 1 ff.
237 Zu abweichenden Erklärungsmodellen bereits oben Gliederungspunkt III. 3. a) cc).
238 Es erscheint angebracht, darauf hinzuweisen, dass diese Anforderungen nur zum Teil unmittelbar aus der Verfassung ableitbar sind; allgemein zu den Anforderungen an einen Grundrechtsverzicht statt Vieler *Di Fabio* (Fn. 52), Art. 2 Rn. 228 f. Diese gelten – vorbehaltlich der Konkretisierung durch den einfachen Gesetzgeber – zunächst auch für das Recht auf informationelle Selbstbestimmung. Ob und inwieweit diese Anforderungen auch auf das Verhältnis zwischen Privaten übertragbar sind, also innerhalb der mittelbaren Drittwirkung Geltung beanspruchen, erscheint zweifelhaft. Entweder handelt es sich um eine unfreiwillige Einbuße (wie im Fall des Cybermobbings) oder es kommt ohnehin zu einem privatautonomen Aushandlungsprozess, der zugleich Ausübung der (mittelbar geltenden) Grundrechte, aber immer auch partieller Verzicht ist.

gangs mit personenbezogenen Daten für verzichtsfeindlich erklären oder Anforderungen an einen grundsätzlich zulässigen Verzicht normieren muss und ob die bereits ergriffenen Maßnahmen (z. B. das AGB- und das Datenschutzrecht) rechtlich oder – aufgrund der fehlenden Durchsetzbarkeit – faktisch nicht ausreichend sind.

Bei dem zu gewährleistenden Interessenausgleich zwischen Anbieter- (und damit in der Regel Berufsfreiheit) und Nutzerinteressen (Recht auf informationelle Selbstbestimmung) sind die aus Art. 1 Abs. 1 GG ableitbaren absoluten Grenzen zu beachten. Insofern müssen Klauseln in Nutzungsbedingungen vor allem zu Einwilligungen im Bereich höchstpersönlicher Daten oder solche, die zur Bildung von Persönlichkeitsprofilen ermächtigen, hinterfragt werden. Die vertraglich eingeräumte Möglichkeit, Daten mit anderen Diensten (ggf. sogar anderer Anbieter) zusammenzuführen, bedarf einer gesonderten Begründung. Wo diese Zusammenführung jedoch gerade einen Mehrwert für den Nutzer schafft, den es ohne Verknüpfung nicht geben würde, ist bei einer hinreichenden Transparenz nicht von einer unangemessenen Benachteiligung auszugehen. Der Katalog von pflichtigen Angaben (Namen, Geburtsdatum etc.) ist ebenfalls an den genannten Vorgaben auszurichten, sodass die Angabe intimer Daten, der Religionszugehörigkeit und Ähnliches nicht gefordert werden kann. Allerdings sind Ausnahmen denkbar – geht es z. B. um eine Kontaktbörse zur Anbahnung sexueller Beziehungen, ist dieser Aspekt ggf. wiederum anders zu beurteilen.

c) Recht auf (Gewährleistung der) Vertraulichkeit und Integrität
    informationstechnischer Systeme

Neben oder genauer gesagt *vor* das Recht auf informationelle Selbstbestimmung tritt als weitere Einzelausprägung des allgemeinen Persönlichkeitsrechts im Bereich der elektronischen Grundrechtsausübung das Recht auf Gewährleistung der Vertraulichkeit und Integrität informationstechnischer Systeme[239]. Diese Grundrechtsposition weist die Besonderheit auf, dass sie nicht in analoger Weise ausgeübt werden könnte. Vielmehr han-

---

239 BVerfGE 120, 274 ff.; dazu *Volkmann*, DVBl 2008, 590 ff.; *Kutscha*, NJW 2008, 1042 ff.; *Britz*, DÖV 2008, 411 ff.; *Böckenförde*, JZ 2008, 925 ff.; *Hornung*, CR 2008, 299 ff.; *Bartsch*, CR 2008, 613 ff.; *Stögmüller*, CR 2008, 435 ff.; *Heckmann*, in: Kluth/Müller/Peilert (Hrsg.), FS Stober, 2008, S. 615 ff.; umfassend

delt es sich um ein Paradebeispiel einer durch das BVerfG benannten elektronischen Dimension eines Grundrechts, dem allgemeinen Persönlichkeitsrecht.

aa) Schutzbereich des »IT-Grundrechts«

Ausgehend von der lückenschließenden Funktion des allgemeinen Persönlichkeitsrechts füllt das sog. IT-Grundrecht die Lücke, die weder durch das Recht auf informationelle Selbstbestimmung noch das Fernmeldegeheimnis oder den Schutz der Wohnung über Art. 13 GG abgedeckt werden kann. Die Nutzung komplexer informationstechnischer Systeme ist aus dem Alltag der Mehrheit der Bevölkerung nicht wegzudenken, ohne dass der Einzelne die Komplexität der darüber generierten Daten übersehen oder die Systeme selbst effektiv gegen Zugriffe schützen könnte. Der Einzelne ist daher auf die (Fremd-)Gewährleistung der Vertraulichkeit und Integrität angewiesen. Als Anknüpfungspunkt wird insofern das Infiltrieren eines gesamten Systems und nicht der Zugriff auf einzelne Daten oder Kommunikationsvorgänge gewählt, die für sich genommen als konkrete Eingriffe in das Recht auf informationelle Selbstbestimmung oder Art. 10 GG zu werten sind. Die Phase vor einem konkret erfolgenden Eingriff in das Recht auf informationelle Selbstbestimmung – mithin die Persönlichkeitsgefährdung – wird über die Vertraulichkeitserwartung Bestandteil des Schutzbereichs des IT-Grundrechts.

(1) Systemschutz

Im Interesse der auf Computersystemen befindlichen (personenbezogenen) Daten findet eine Vorverlagerung der Schutzwirkungen der Grundrechte auf die Infrastruktur selbst statt. Nach dem BVerfG wird der Schutzbereich des IT-Grundrechts mit dem Interesse des Nutzers umschrieben, dass die von einem (vom Schutzbereich erfassten) informationstechnischen System erzeugten, verarbeiteten und gespeicherten Daten vertraulich bleiben. Ein Eingriff sei zudem anzunehmen, wenn die Integrität des Systems angetastet wird, indem auf das System so zugegriffen

---

Roggan (Fn. 125); *Bäcker* (Fn. 120), S. 99 ff.; *Luch*, in: Schliesky (Hrsg.), Technikgestütztes Identitätsmanagement (Fn. 8), S. 137 ff.

wird, dass dessen Leistungen, Funktionen und Speicherinhalte durch Dritte genutzt werden können; dann sei die entscheidende Hürde für eine Ausspähung, Überwachung und Manipulation des Systems genommen.

Die Ausführungen des Gerichts legen nahe, dass das Recht auf Vertraulichkeit und Integrität informationstechnischer Systeme zwei Komponenten aufweist. Der Bestandteil der Vertraulichkeit spiegelt jedoch lediglich eine subjektive Erwartungshaltung wider – die im System vorzufindenden Daten sollen vertraulich bleiben. Das Grundrecht macht so Eingriffe in die Vertraulichkeitserwartung des Berechtigten rechtfertigungsbedürftig, mit denen zugleich ein Eingriff in die Integrität eines Systems verbunden ist. Die Beeinträchtigung der Integrität ist die entscheidende Hürde für einen unberechtigten Zugriff auf einzelne oder eine Vielzahl von – über das Recht auf informationelle Selbstbestimmung geschützten – Daten. Aus dem Eingriff in die Integrität erwächst eine unmittelbare Gefährdung der vertraulichen Daten; die Infiltration des informationstechnischen Systems überschreitet die Schwelle zum »Jetzt geht's los«, die ein konkretes Schutzbedürfnis auslöst (und rechtfertigt)[240].

Das IT-Grundrecht bringt damit einen Systemschutz zum Ausdruck; die für unterschiedliche Lebensbereiche genutzten informationstechnischen Systeme müssen in ihrer unübersehbaren Komplexität und ohne ausreichende Möglichkeit für die Mehrzahl der Bevölkerung, wirksam Selbstschutzmaßnahmen zu ergreifen, (präventiv) geschützt werden, um ein abstraktes Vertrauen in die Integrität und damit letztlich die Vertraulichkeit zu schaffen, damit nicht erst (repressiv) auf den Schutz der einzelnen Daten über das Recht auf informationelle Selbstbestimmung und seine Durchsetzung vertraut werden muss. Die subjektive Vertraulichkeitserwartung des Systemnutzers entspricht der objektiven Integrität des Systems. Die Integrität des Systems wird über die Vertraulichkeitserwartung subjektiviert[241].

(2) Merkmale geschützter informationstechnischer Systeme

Hinsichtlich des Schutzbereichs führt das BVerfG aus: »Das Grundrecht auf Gewährleistung der Integrität und Vertraulichkeit informationstechni-

---

240 Zum Ganzen *Luch*, MMR 2011, 75 ff.
241 *Luch*, MMR 2011, 75.

scher Systeme ist [...] anzuwenden, wenn die Eingriffsermächtigung Systeme erfasst, die allein oder in ihrer technischen Vernetzung personenbezogene Daten des Betroffenen in einem Umfang und in einer Vielfalt enthalten können, dass ein Zugriff auf das System es ermöglicht, einen Einblick in wesentliche Teile der Lebensgestaltung einer Person zu gewinnen oder gar ein aussagekräftiges Bild der Persönlichkeit zu erhalten. Eine solche Möglichkeit besteht etwa beim Zugriff auf PC [...] oder auf solche Mobiltelefone oder elektronische Terminkalender, die über einen großen Funktionsumfang verfügen und personenbezogene Daten vielfältiger Art erfassen und speichern können«[242]. Zusammengefasst existieren also drei Merkmale, die für die Eröffnung des Schutzbereichs des Rechts auf Vertraulichkeit und Integrität informationstechnischer Systeme feststellbar sein müssen[243]:

- die Komplexität des Systems,
- der Persönlichkeitsbezug der enthaltenen Daten sowie
- die Datenhoheit des Betroffenen[244], in diesem Zusammenhang gleichbedeutend mit einer *berechtigten* Vertraulichkeitserwartung[245].

Von einem komplexen System spricht man, wenn das System entweder selbst eine Datenfülle aufweist, die einen tiefen Einblick in die persönlichen Lebensverhältnisse Einzelner zulässt, oder die Vernetzung des Systems mit anderen Datenpools bei einer Infiltration einen Einblick in dieser Intensität ermöglicht. Dies wird vor allem bei der Infiltration von Geräten der Fall sein, die als Zugangsmöglichkeit zu extern – z. B. in der Cloud – gespeicherten Daten genutzt werden können. Letztlich geht es bei dem aus dem Persönlichkeitsrecht hergeleiteten informationellen Selbstbestimmungsschutz stets um den Schutz vor der Bündelung vielfältiger – möglicherweise einzeln betrachtet belangloser – Daten zu umfassenden Persönlichkeitsprofilen. Von daher meint die Komplexität des Systems nicht, dass der Systemzugriff nur mit erheblichem Aufwand möglich sein darf[246] – Komplexität ist insofern nicht mit Kompliziertheit gleichzusetzen. Es

---

242 BVerfGE 120, 274 (315).
243 Dazu auch *Luch*, in: Schliesky (Hrsg.), Technikgestütztes Identitätsmanagement (Fn. 8), S. 137 ff.; zum Schutzbereich ausf. *Hoffmann* (Fn. 81), S. 76 ff.
244 Zur »Datenhoheit« im veränderten Kommunikationsumfeld ausf. *Bosesky/Hoffmann/Schulz*, DuD 2013, 95 ff.
245 *Luch*, MMR 2011, 75 (76).
246 BVerfGE 120, 274 (315).

geht insoweit lediglich um die enthaltene Datenmenge, -vielfalt und -qualität[247].

Bei den (durch die Infiltration gefährdeten) Daten muss es sich zudem um Informationen mit Personenbezug handeln. Nur deren Schutzbedürftigkeit rechtfertigt eine Vorverlagerung des grundrechtlichen Schutzes. Das Grundrecht auf Vertraulichkeit und Integrität informationstechnischer Systeme ist als Bestandteil des allgemeinen Persönlichkeitsrechts immer auf Persönlichkeitsschutz, also auf einen konkreten Grundrechtsträger und dessen informationelles Selbstbestimmungsrecht bezogen. Aus diesem Zusammenhang resultiert auch die dritte Schutzbereichsvoraussetzung: die *berechtigte* Vertraulichkeitserwartung. Der Betroffene muss über die entsprechende Datenhoheit verfügen, was gegeben ist, wenn das jeweils genutzte informationstechnische System entweder das eigene ist oder ein fremdes, bei dem der Nutzer von einem alleinigen Zugriffsrecht unter Ausschluss nicht autorisierter Dritter ausgehen darf[248] (z. B. bei Nutzung elektronischer Datensafes). Dabei ist jedoch nicht erforderlich, dass der Betroffene den vollen Datenbestand übersieht, da das IT-Grundrecht auch systembedingt selbstständig generierte Daten schützen soll. Der Einzelne soll gerade nicht fürchten, in einem komplexen, für den Laien gemeinhin nicht durchschaubaren System Eingriffe in seinen schützenswerten Persönlichkeitsbereich dulden zu müssen. Soweit der Betroffene allerdings wissentlich Systeme nutzt, bei denen er darin einwilligt, dass nicht nur er selbst Zugriff auf die von ihm generierten Daten hat, oder dies zumindest bewusst billigt, kann von keiner berechtigten Vertraulichkeitserwartung ausgegangen werden.

(3) Konkurrenzverhältnis zu anderen Freiheitspositionen

Das Verhältnis zwischen Systemschutz und dem Schutz der Inhalte durch das Recht auf informationelle Selbstbestimmung gestaltet sich ebenso wie bei Art. 13 Abs. 1 und Art. 10 Abs. 1 GG. Kommt es tatsächlich zu einem Zugriff auf personenbezogene Daten, sind beide Grundrechte parallel anwendbar (Idealkonkurrenz), da unterschiedliche Schutzgüter (Infrastruktur und Daten) betroffen sind und es zwangsläufig einer Beeinträchtigung der

---

247 Vgl. *Luch*, MMR 2011, 75 (76).
248 BVerfGE 120, 274 (315).

Integrität des Systems bedarf, um auf die personenbezogenen Daten zugreifen zu können. Umgekehrt hat aber nicht jede Integritätsbeeinträchtigung zugleich auch die Erhebung personenbezogener Daten zum Gegenstand[249].

	Daten / Inhalte	Infrastruktur
Räumliche Infrastruktur	**Art. 2 Abs. 1 GG** ggf. beim Menschenwürdegehalt i. V. m. Art. 1 Abs. 1 GG	Art. 13 Abs. 1 GG Begrenzung des Systemschutzes auf Wohnräume
Telekommunikations- infrastrukturen	**Art. 2 Abs. 1 GG** ggf. beim Menschenwürdegehalt i. V. m. Art. 1 Abs. 1 GG	Art. 10 Abs. 1 GG Begrenzung des Systemschutzes auf die Kommunikation zwischen zwei Personen
Computerinfrastruktur	**Art. 2 Abs. 1 GG** ggf. beim Menschenwürdegehalt i. V. m. Art. 1 Abs. 1 GG	Art. 2 Abs. 1 GG (Grundrecht auf Vertraulichkeit und Integrität informationstechnischer Systeme) Begrenzung des Systemschutzes auf komplexe Systeme, die auch personenbezogene Daten enthalten

bb) Beispiel: Online-Durchsuchung

Während die Online-Streife aktive Handlungsweisen – die nicht immer zugleich auch kommunikative Handlungen aus dem Schutzbereich des Art. 10 GG sind – erfassen soll, dient die Online-Durchsuchung u. a. der Erhebung der auf dem Endgerät des Nutzers gespeicherten Daten[250]. Der Zugriff auf die Daten selbst unterliegt dem Schutz des Rechts auf informationelle Selbstbestimmung, die vorgelagerte Infiltration des Computersystems wird vom Grundrecht auf Gewährleistung der Integrität und Vertraulichkeit informationstechnischer Systeme erfasst. Art. 10 Abs. 1 GG kommt hingegen als alleiniger Prüfungsmaßstab der Online-Durchsuchung nur in Betracht, wenn ausschließlich laufende Telekommunikationsdaten erfasst werden[251]. Dies setzt allerdings voraus, dass die Software technisch nicht in der Lage ist, auch Informationen zu erfassen, die keinen

---

249 Zum Schutzbereich des Art. 13 Abs. 1 GG in dieser Hinsicht s. auch Gliederungspunkt III. 24. b).
250 Zur Maßnahme einer »Online-Durchsuchung« s. auch Gliederungspunkt III. 24. b).
251 BVerfGE 120, 274 (309).

Bezug zur Telekommunikation haben[252], was in der Regel aber nicht der Fall und auch nicht intendiert sein dürfte. Die Infiltration eines informationstechnischen Systems ermöglicht unterschiedlichste Funktionen wie das Erstellen von Screenshots, eine Raumüberwachung mittels Webcam, die Ausspähung der Festplatte oder das sog. Keylogging, um sich so Zugriff zu weiteren geschützten Kommunikationseinrichtungen im Internet (z. B. soziale Netzwerke oder Dokumentensafes) zu verschaffen.

Für den Gewährleistungsgehalt des IT-Grundrechts hat das BVerfG in der Entscheidung zur Online-Durchsuchung festgestellt, dass dieser nicht schrankenlos gewährt sei. Eingriffe könnten sowohl zu präventiven Zwecken als auch zur Strafverfolgung gerechtfertigt sein[253]. Nähere Vorgaben finden sich in den Ausführungen des Gerichts aber lediglich für den Bereich des Verfassungsschutzes (im Sinne einer Gefahrenabwehr bzw. Gefahrenvorsorge). Gefordert wird – angesichts der Intensität der freiheitsbeeinträchtigenden Wirkung eines heimlichen Zugriffs auf ein informationstechnisches System – eine im Einzelfall drohende Gefahr für ein überragend wichtiges Rechtsgut[254]. Zudem müsse das Gesetz den Grundrechtsschutz für den Betroffenen durch geeignete Verfahrensvorkehrungen wie den Vorbehalt richterlicher Anordnung (Ausnahme nur für Eilfälle)[255] sichern und gesetzliche Vorkehrungen treffen, um Eingriffe in den absolut geschützten Kernbereich privater Lebensgestaltung zu vermeiden[256].

Aus dem Umstand, dass es sich beim Gewährleistungsgehalt des IT-Grundrechts um eine Ausweitung des Schutzbereichs in den vorgelagerten Bereich des Rechts auf informationelle Selbstbestimmung handelt, lässt sich zudem das Erfordernis einer bereichsspezifischen Ermächtigungsgrundlage ableiten[257]. Dies ergibt sich einerseits daraus, dass im Falle einer Infiltration informationstechnischer Systeme die Eingriffsbreite aus-

---

252 *Hoffmann-Riem*, JZ 2008, 1009 (1021).
253 BVerfGE 120, 274 (315).
254 BVerfGE 120, 274 (326). »Überragend wichtig sind zunächst Leib, Leben und Freiheit der Person. Ferner sind überragend wichtig solche Güter der Allgemeinheit, deren Bedrohung die Grundlagen oder den Bestand des Staates oder die Grundlagen der Existenz der Menschen berührt«, ebd., S. 328.
255 BVerfGE 120, 274 (331 f.).
256 BVerfGE 120, 274 (335).
257 So auch *Becker/Meinicke*, StV 2011, 50; *Buermeyer/Bäcker*, HRRS 2009, 433 ff. m. w. N.; *Albrecht*, JurPC Web-Dok. 59/2011, Abs. 14 f. m. w. N.; *Hoffmann-Riem*, JZ 2008, 1009 (1022); *Hornung*, VR 2008, 299 (300 f.); *Böckenförde*, JZ 2008, 925 (934); *Braun/Roggenkamp*, K&R 2011, 681 (682 f.). S. BVerfGE 120,

geprägt ist, weil Daten jeglicher Qualität (Öffentlichkeits-, Privat- und Intimsphäre) und in einer – selbst für den Betroffenen – unübersehbaren Fülle betroffen sein können und zum anderen, weil die technischen Möglichkeiten so ausdifferenziert sind, dass genaue Vorgaben erforderlich werden. Diese sind umso wichtiger, als der Einzelne aufgrund der Heimlichkeit und Ferne des Eingriffs nicht schutzlos stehen darf und die Zugriffsmöglichkeiten verschieden ausgestaltet sein können[258].

cc) Beispiel: Zugriff auf Nutzersysteme durch Apps[259]

Eine immer akuter werdende Konstellation hängt unmittelbar mit der Technizität des Internets zusammen[260], die das BVerfG veranlasst hat, das Grundrecht auf Gewährleistung der Vertraulichkeit und Integrität informationstechnischer Systeme zu betonen, weil der einzelne Nutzer die komplexen informationstechnischen Systeme immer weniger durchschaut. Erst die Vernetzung der Systeme und das Zusammenspiel von zahlreichen Komponenten ermöglicht eine sinnvolle Internetnutzung. Insofern sind es zwei hochkomplexe, technische Ansatzpunkte (der »eigene Rechner« sowie die vernetzte Infrastruktur des Internets), die der Nutzer eigentlich – bspw. um Selbstschutzmaßnahmen (z. B. Smart Privacy Management[261], Antivirenschutzprogramme, Anonymisierungstools[262], Firewall) zu ergreifen – beherrschen müsste. Weil er hierbei jedoch regelmäßig überfordert sein dürfte, muss der Einzelne den Betreibern, Anbietern und Herstellern vertrauen, dass diese z. B. für Datensicherheit und Schutz vor Schadsoftware sorgen. Um dies effektiv zu gewährleisten, sind vielfach unmittelbare Zugriffe auf das System des Nutzers erforderlich, z. B. um Schadsoftware zu beseitigen, Schutzsoftware zu installieren, Funktionen zu ergänzen oder ganz allgemein Aktualisierungen vorzunehmen.

---

274 (316): »Der Gesetzgeber hat Anlass, Zweck und Grenzen des Eingriffs hinreichend bereichsspezifisch, präzise und normenklar festzulegen«.

258 Zur Vereinbarkeit der existierenden Rechtsgrundlagen mit diesen Vorgaben *LuchSchulz* (Fn. 4), S. 92 ff.

259 Vgl. auch *Schliesky u. a.* (Fn. 1), S. 139 ff.

260 Zu den Charakteristika des Internets, die die Grundrechtsdurchsetzung erschweren, *Schliesky u. a.* (Fn. 1), S. 120 ff.

261 Dazu oben Gliederungspunkt III. 3. a) bb).

262 Aus rechtlicher Perspektive *Redeker*, in: Hoeren/Sieber (Fn. 12), Teil 12 Vertragsrecht für Internetdienste, Rn. 473 b.

Das Nutzersystem und seine Sicherheit sind für vernetzte Gesamtsysteme, weil es das »schwächste Glied« in der Kette darstellen dürfte, von herausragender Bedeutung. Selbst wenn man den Einzelnen perspektivisch zu bestimmten Selbstschutzmaßnahmen verpflichten wollte (»Computer-TÜV«[263]), müssten sich die Nutzer Dritter bedienen, um diesen Pflichten nachzukommen. Anhaltspunkt für den Einsatz sicherer Soft- und Hardware könnte dabei die Zertifizierung durch das BSI oder eine andere fachkundige Stelle sein – jedoch erscheint es zweifelhaft, ob eine vollständige Erfassung aller auf dem Markt befindlichen Komponenten sicherzustellen wäre[264]. Wenn eine umfassende Überprüfung der eingesetzten Infrastrukturen rechtlich oder tatsächlich ausgeschlossen ist, bleibt dennoch die Option, bestimmte Einzelmaßnahmen gesetzlich verpflichtend einzuführen, wie auch im Straßenverkehr einzelne Sicherheitsmaßnahmen (neben der allgemeinen Verpflichtung, sichere Komponenten einzusetzen) gesetzlich vorgegeben und deren Nichtbeachtung sanktioniert sind, z. B. die Gurt- und Helmpflicht[265]. So ließen sich Eigentümer von bestimmten Infrastrukturkomponenten (vor allem auch mobiler Endgeräte) dazu verpflichten, eine aktuelle Antivirensoftware, eine Firewall o. Ä. auf ihren Systemen zu installieren. Ein derartiges Vorgehen des Staates lässt sich – zwar nicht allgemein, aber für bestimmte Teilbereiche – bereits finden. So verpflichtet § 27 Abs. 3 Satz 1 PAuswG den Ausweisinhaber, durch technische und organisatorische Maßnahmen zu gewährleisten, dass der elektronische Identitätsnachweis gem. § 18 PAuswG nur in einer Umgebung eingesetzt wird, die nach dem jeweiligen Stand der Technik als sicher anzusehen ist[266].

---

263 *Schulz* (Fn. 6), S. 265 (295 ff.).
264 Selbst für den Einsatz im Kontext kritischer Infrastrukturen ist nicht von einer umfassenden Beherrschbarkeit der eingesetzten Hardware auszugehen. Daher wird von der „Digitalen Agenda 2014-2017" der Bundesregierung (abrufbar unter http://www.bmwi.de/BMWi/Redaktion/PDF/Publikationen/digitale-agenda-2014-2017,property=pdf,bereich=bmwi2012,sprache=de,rwb=true.pdf) als Ziel benannt, die strategische Fähigkeit deutscher Unternehmen und Behörden sichern, digitale Infrastrukturen zu betreiben und zu kontrollieren sowie Hard- und Softwarekomponenten technologisch zu beherrschen, S. 32.
265 Zur Verfassungsmäßigkeit der bußgeldbewehrten Anschnallpflicht OLG Hamm, NJW 1985, 1790 ff.; Rechtsgrundlage ist § 21 a StVO.
266 Dazu *Neidert*, in: Schliesky (Hrsg.), Gesetz über Personalausweise und den elektronischen Identitätsnachweis, Kommentar, 2009, § 27 Rn. 12; *Möller*, in: Hornung/Möller (Hrsg.), PassG/PAuswG, 2011, § 27 PAuswG Rn. 9 f.

Vielversprechend erscheint es zudem, den Herstellern eine Verpflichtung aufzuerlegen, sichere Hard- und Software standardmäßig zu installieren – ggf. mit Unterstützung des Staates. Eine solch vorkonfigurierte Sicherheit muss aber ebenfalls aktuell gehalten werden, sodass es wiederkehrender Systemzugriffe bedarf. Im Interesse der Funktionalität ist es dabei, diese Zugriffe generell im Vorfeld durch eine Einwilligung legitimieren zu lassen, wie dies in Form der Nutzungsbestimmungen zu Apps vielfach erfolgt. Insofern ist wiederum die Wirkung der Grundrechte in Privatrechtsverhältnissen relevant; inhaltlicher Maßstab ist das Grundrecht auf Vertraulichkeit und Integrität informationstechnischer Systeme. Gesetzliche Verpflichtungen in diesem Bereich bedeuten die Umsetzung der aus dem IT-Grundrecht erwachsenden staatlichen Schutzpflicht. Diese Funktion[267] dürfte für einen großen Teil der Bevölkerung aufgrund des alltäglichen Umgangs mit Online-Anwendungen zumindest vergleichbare Bedeutung haben wie die Abwehrfunktion (da nur die wenigsten von einer Online-Durchsuchung und Staatstrojanern[268] betroffen sein dürften). Die Normierung konkreter Pflichten würde je nach Ausgestaltung zudem Einbruchstellen für die Drittwirkungsdimension der grundrechtlichen Schutzposition begründen.

Die in diesem Kontext zu beantwortenden Fragen gleichen denen, die beim Thema Datenschutz angesprochen wurden: Bei der Kontrolle von Nutzungsbestimmungen ist eine Interessenabwägung vorzunehmen, die Zugriffe auf das Nutzersystem legitimiert, wenn die Funktionsfähigkeit des Systems oder die IT-Sicherheit davon abhängt. Bei anderen Zugriffen – bspw. auf die Kontaktdaten eines Smartphones, die Kamera, den Bewegungs- und GPS-Sensor – kommt es ebenfalls darauf an, ob dies integrale Elemente der App betrifft (so erscheint ein Lokalisationsdienst – wie bspw. *Foursquare* – ohne GPS-Daten wenig sinnvoll) oder ob sie für den Nutzer einen relevanten Zusatznutzen bieten. So kann der zusätzliche Zugriff einer App auf die WLAN- oder Bluetooth-Funktionen die Ortungsgenauigkeit verbessern. Für Zugriffe, die lediglich weitere Daten generieren sollen, die zu Werbezwecken eingesetzt werden, ist zwischen entgeltlichen und kostenlosen Diensten, die andernfalls möglicherweise gar nicht angeboten werden könnten, zu differenzieren.

---

267 Dazu auch *Luch*, MMR 2011, 75 (78).
268 Dazu *Luch*, Bonner Rechtsjournal 1/2012, 34 ff.

d) Recht am eigenen Bild

Dem Recht am eigenen Bild als besonderer Teilgehalt des allgemeinen Persönlichkeitsrechts kommt eine immense Bedeutung im digitalen Zeitalter zu: »In der Welt, in der wir handeln, werden kontextbezogene Informationen und Argumente mehr und mehr durch die ›Macht digitaler Bilder‹ ersetzt. Die vernetzte urbane Videoüberwachung, der ›Große Lauschangriff‹, die unsichere biometrische Gesichtserkennung zum Schutz der Inneren Sicherheit einerseits und die grausamen Bilder barbarischen Terrors andererseits haben eine nie gekannte Bedeutung erlangt.«[269]

aa) Schutzbereich des Rechts am eigenen Bild

Das Recht am eigenen Bild räumt dem Abgebildeten grundsätzlich die Befugnis ein, darüber zu befinden, ob, wann und in welcher Weise er der Öffentlichkeit im Bild vorgestellt wird[270]. Ob Bilder den Einzelnen in privaten oder öffentlichen Zusammenhängen zeigen, ist grundsätzlich ebenso unerheblich wie die Wahl des Mediums (z. B. Fotografien, Plastiken, virtuelle Bilder)[271]. Auch bedarf es keiner Anhaltspunkte, dass der Sinngehalt von Bildaussagen nachträglich durch den Verwender verändert wurde. Der Schutzbereich ist selbst dann betroffen, wenn die Ablichtung eine Situation darstellt, wie sie auch ein Beobachter hätte wahrnehmen können[272]. Das Schutzbedürfnis ergibt sich (wie auch beim Recht am gesprochenen Wort) vor allem aus der Möglichkeit, das Erscheinungsbild eines Menschen in einer bestimmten Situation von diesem abzulösen, datenmäßig zu fixieren (Verdinglichung), jederzeit vor einem unüberschaubaren Personenkreis und in einem anderen Verwendungszusammenhang zu reproduzieren[273]. Daher ist allgemein anerkannt, dass bereits die nicht gestattete Aufnahme einer Person, nicht also erst die Veröffentlichung eine

---

269 *Tinnefeld*, MMR 2004, 797 (797).
270 Vgl. BVerfGE 131, 332 (336); BGHZ 20, 345 (347 f.); BGH, WRP 2004, 1494 (1495); *Lettl*, WRP 2005, 1045 (1051).
271 Vgl. BGHZ 145, 214 f.; *Di Fabio* (Fn. 52), Art. 2 Rn. 195; *Lettl*, WRP 2005, 1045 (1051).
272 *Di Fabio* (Fn. 52), Art. 2 Rn. 195.
273 BVerfGE 101, 361 (380 f.); BVerfG, NJW 2005, 883 (884); *Lettl*, WRP 2005, 1045 (1051).

Verletzung des allgemeinen Persönlichkeitsrechts darstellt[274], und zwar unabhängig davon, ob die Verbreitung überhaupt beabsichtigt ist[275].

Das Recht am eigenen Bild dürfte aufgrund neuer Technologien zusätzliche Relevanz bekommen. Einerseits wird die heimliche Anfertigung von Aufnahmen durch hochauflösende Satellitenbilder, mit Kameras ausgestattete Drohnen zu erschwinglichen Preisen, Überwachungskameras im Miniaturformat, die Allgegenwärtigkeit von Smartphones, die Internetanbindung klassischer Kameras, Datenbrillen wie *Google Glass*[276] sowie die Möglichkeit, Kamera und Mikrofon eines Computers aus der Ferne zu aktivieren[277], erleichtert. Andererseits steht Software zur Verfügung, die neben einer Zuordnung zu einer Identität im Wege der Gesichtserkennung[278] auch zahlreiche andere Analyseoptionen bieten kann. Auch die Zusammenführung mit anderen Datensätzen wird zunehmend erleichtert[279]. Das Recht am eigenen Bild genießt in Deutschland offensichtlich einen hohen Stellenwert (exemplarisch ist insofern die Diskussion um die Videoüberwachung öffentlicher Räume[280]), sodass auch den entsprechenden Entwicklungen im Bereich des Internets große Beachtung zuteil wird. Dies zeigen die Diskussionen zu Diensten großer Anbieter wie *Google Street View*, *Google Earth* und *Google Maps*[281] ebenso wie zu vermeintlichen Alltäglichkeiten (private Webcams, die Bilder öffentlicher Räume ins In-

---

274 Dies folgt zwar nicht aus dem einfachgesetzlichen Schutz der §§ 22 ff. KUG, da diese nicht die Anfertigung, sondern lediglich die Veröffentlichung eines Bildnisses zum Gegenstand haben, wohl aber aus dem allgemeinen Persönlichkeitsrecht, das gegen alle Verletzungen der Eigensphäre schützt, die nicht durch höherwertige Interessen gerechtfertigt sind. BGHZ 13, 334 (338); 31, 200 (208).
275 BGHZ 31, 200 (208); vgl. auch OLG Schleswig, NJW 1980, 352; *Schwerdtner*, Jura 1985, 521 (522). Im höchstpersönlichen Bereich ist der Staat seiner aus Art. 1 Abs. 1 GG folgenden Schutzpflicht vor allem durch den Straftatbestand des § 201a StGB nachgekommen, der die Verletzung des höchstpersönlichen Lebensbereichs durch Bildaufnahmen untersagt.
276 Dazu *Solmecke/Kocatepe*, ZD 2014, 22 ff.
277 Darin ist zugleich ein Eingriff in das Recht auf Gewährleistung der Integrität und Vertraulichkeit informationstechnischer Systeme zu sehen.
278 Dazu gleich Gliederungspunkt III. 3. d) bb).
279 Zur unzulässigen Profilbildung s. Gliederungspunkt III. 1. c).
280 S. dazu bereits Fn. 269.
281 Vgl. *Lindner*, ZUM 2010, 292 ff.

ternet »streamen«[282], Wildkameras[283], die Übertragung von Gremiensitzungen[284] u. a.).

bb) Beispiel: Gesichtserkennung durch soziale Netzwerke

Mitte 2011 implementierte *Facebook* die Funktion der biometrischen Gesichtserkennung. Auch andere Anbieter setzen im Rahmen unterschiedlicher Funktionen diese Technologien ein; *Google Glass*, eine Brille mit eingebautem Miniaturcomputer samt Kamera und Mikrofon für Sprachbefehle, könnte Livebilder mit Internetdatenbanken abgleichen, um gegenüberstehende Personen zu identifizieren, und hinterlegte Informationen auf das Sichtfeld des Nutzers einblenden[285].

Gesichtserkennung wird als die automatische Verarbeitung digitaler Bilder, welche Gesichter einzelner Personen enthalten, zum Zwecke der Identifizierung, Authentifizierung oder Kategorisierung dieser Personen definiert[286]. Die von *Facebook* eingefügte Funktion erlaubte es, dass beim Hochladen neuer Fotos diese mit anderen Fotos registrierter Nutzer abgeglichen wurden. Erkannte die Software das Gesicht einer bereits registrierten Person, wurde dem hochladenden Nutzer automatisch vorgeschlagen, diese Person zu markieren (zu »taggen«). Bestätigte der Nutzer die Übereinstimmung mit der von *Facebook* vorgeschlagenen Person, wurden im hochgeladenen Foto sowohl deren Name als auch ein Link zum entsprechenden Profil angezeigt[287]. Die Nutzer wurden vor der Einführung der Gesichtserkennungsfunktion nicht über den Abgleich mit ihren Fotos informiert. *Facebook* wählte statt einer Opt-in- eine Opt-out-Lösung[288].

---

282 Dazu *Scheja/Haag*, in: Münchener Anwaltshandbuch IT-Recht, 3. Aufl. 2013, Teil 5 Datenschutzrecht, Rn. 232 ff. m. w. N.

283 Vgl. *Dienstbühl*, NuR 2012, 395 ff.

284 Dazu etwa *Wacker/Supper*, RDV 2013, 147 ff.; *Papsthart*, BayVBl 2013, 645 ff.

285 Zu den mit den technischen Möglichkeiten des Produkts zusammenhängenden datenschutzrechtlichen bzw. persönlichkeitsrechtlichen Fragestellungen ausf. *Solmecke/Kocatepe*, ZD 2014, 22 ff.

286 *Schütze*, ZD-Aktuell, 2012, 02890 mit Verweis auf die Stellungnahme der Art. 29-Datenschutzgruppe zu automatisierter Gesichtserkennung, WP 192 (00727/12/EN).

287 *Barnitzke*, MMR-Aktuell 2011, 320076.

288 Hinzu trat das Dilemma, dass sich die Gesichtserkennungsfunktion zwar »deaktivieren« ließ, aber *Facebooks* Software die Gesichtserkennung immer noch durchführte, weil bis zur Erkennung nicht klar war, ob die erkannte Person in ihren

Zusätzliche Aktualität erhält die Problematik durch die Übernahme des ca. 32 Millionen Nutzer umfassenden Fotodienstes *Instagram* durch *Facebook*, mit dem Ziel, seine Position bei mobilen Fotoanwendungen zu stärken. Über *Instagram* lassen sich per Smartphone aufgenommene Fotos künstlerisch verändern und im Freundeskreis austauschen. Die Möglichkeiten der automatischen Gesichtserkennung könnten so mit Aufenthaltsdaten kombiniert werden[289]. Nach massiver Kritik, vor allem von europäischen Datenschutzbeauftragten, deaktivierte *Facebook* das Feature der Gesichtserkennung im Herbst 2012 vorläufig. Eine vom Hamburger Datenschutzbeauftragten erlassene Anordnung wurde daraufhin zurückgenommen[290].

Weitere Einsatzbereiche der automatisierten Gesichtserkennung als Mittel zur Authentifizierung sowie zur Kategorisierung bieten sich etwa beim Zugang zu (mobilen) Onlinediensten, bei welchen die Zugriffsberechtigung des Nutzers, z. B. während des »Einloggens«, durch ein in diesem Augenblick aufgenommenes Foto und einen Abgleich mit einem hinterlegten Referenzfoto überprüft wird. Die Art. 29-Datenschutzgruppe sieht weitere Anwendungsbereiche der automatischen Gesichtserkennung im Rahmen von Computerspielen (z. B. bei der Steuerung durch Gesten, bei der Altersverifikation oder bei personalisierter Werbung innerhalb des Spiels)[291]. In der Offline-Welt ist es denkbar, sensible Transaktionen, z. B. das bargeldlose Bezahlen, über den Einsatz biometrischer Daten abzusichern. Nach einer Umfrage des *Bitkom* würden ca. 50 Prozent der Deutschen einen Iris-Scan oder Fingerabdruck zu diesem Zweck nutzen wollen[292]. Beispielhaft für Persönlichkeitsrechtsgefährdungen wird im Bereich der automatisierten Gesichtserkennung das Geschäftsmodell sozialer Netzwerke aufgeführt, Drittanbietern Zugang zu den in bestimmte Katego-

---

Einstellungen zur Privatsphäre die Gesichtserkennung deaktiviert hat. Technisch fand damit weiterhin eine Datenerhebung statt, lediglich deren Ergebnis wurde nicht veröffentlicht. Selbst bei »deaktivierter« Gesichtserkennung fand daher mangels Einwilligung weiterhin eine datenschutzrechtlich unzulässige Gesichtserkennung aller Nutzer statt. *Barnitzke*, MMR-Aktuell 2011, 320076.

289 *Schütze*, ZD-Aktuell, 2012, 02890.
290 Dazu *Salwitzek*, MMR-Aktuell 2013, 342688; auch *Google* erklärte, dass Apps zur Gesichtserkennung auf *Google Glass* »verboten« seien, solange der Schutz der Privatsphäre nicht gesichert sei; s. http://joebarton.house.gov/images/Google_Glass_Response_2013_Letter.pdf.
291 *Schütze*, ZD-Aktuell, 2012, 02890.
292 http://www.bitkom.org/de/presse/8477_80056.aspx.

rien (z. B. Alter, Geschlecht, Stimmungslage) eingeteilten Fotodatenbanken zu gewähren, die die Fotos dann zu Werbezwecken auswerten dürfen.

Ein digitales Foto, welches das Gesicht einer oder mehrerer Personen klar erkennbar zeigt und damit eine Identifizierung dieser Person(en) zulässt, ist als personenbezogenes Datum anzusehen. Für die Identifizierbarkeit kommt es allerdings auf weitere Faktoren wie die Qualität des Fotos sowie den Winkel, aus dem das Foto aufgenommen wurde, an. Sind auf dem Foto mehrere Personen zu identifizieren, kann auch die dargestellte Beziehung der Personen untereinander Personenbezug aufweisen[293]. Unter bestimmten Umständen können Digitalfotos auch besondere Arten personenbezogener Daten (§ 3 Abs. 9 BDSG) darstellen: Dann nämlich, wenn die Fotos verarbeitet werden, um Daten z. B. zu ethnischer Herkunft, Religion oder Gesundheit zu gewinnen[294]. Materiell-rechtlich betrachtet bedarf die Erhebung, Verarbeitung oder Nutzung solcher Bilder entweder der Einwilligung[295] oder einer gesetzlichen Grundlage. Die *Facebook*-Nutzer wurden vor der Einführung der Gesichtserkennungsfunktion nicht über den Abgleich mit ihren Fotos informiert. Eine Einwilligung setzt jedoch einen Hinweis auf den vorgesehenen Zweck der Erhebung, Verarbeitung oder Nutzung voraus[296]. Insbesondere muss die betroffene Person »in klarer und verständlicher Form genau und umfassend über alle relevanten Aspekte, insbesondere die in den Art. 10 und 11 der Datenschutzrichtlinie genannten, wie Art und Zweckbestimmung der verarbeiteten Daten, Personen, an die die Daten möglicherweise weitergegeben werden, und ihre Rechte, aufgeklärt werden«. Diese Informationen müssen dem Betroffenen direkt zur Verfügung gestellt werden, das reine Verfügbarhalten dieser Informationen »irgendwo« reicht nicht aus[297]. Die Einholung des Einverständnisses des Betroffenen im Rahmen von AGB-Bestimmungen der verantwortlichen Stelle soll ebenfalls nicht ausreichen, es sei denn, die

---

293 Schließlich könnten sogar die automatisch bei der Aufnahme in der Bilddatei hinterlegten Metadaten (Kameraty, Ort und Zeit der Aufnahme) als personenbezogene Daten anzusehen sein; zur Beweiseignung digitaler Fotos *Knopp*, ZRP 2008, 156 ff.
294 *Schütze*, ZD-Aktuell, 2012, 02890.
295 Gemäß Art. 2 lit. h RL 95/46/EG: »jede Willensbekundung, die ohne Zwang, für den konkreten Fall und in Kenntnis der Sachlage erfolgt und mit der die betroffene Person akzeptiert, dass personenbezogene Daten, die sie betreffen, verarbeitet werden«.
296 *Barnitzke*, MMR-Aktuell 2011, 320076.
297 *Schütze*, ZD-Aktuell, 2012, 02890.

Verwendung automatischer Gesichtserkennung ist primärer Vertrags- und Geschäftszweck. Dies dürfte bei den Betreibern sozialer Netzwerke nicht der Fall sein. Hier stellt die Nutzung automatischer Gesichtserkennungssoftware ein zusätzliches Feature dar. Eine formularmäßig erteilte Einwilligung würde daher vermutlich als überraschende Klausel i. S. d. § 307 BGB einzuordnen sein. In Deutschland müsste sie sich jedenfalls an den vom BGH in den Urteilen »Payback«[298] und »Happy Digits«[299] aufgestellten Grundsätzen messen lassen[300].

Der Gesichtserkennungsvorgang kann ausnahmsweise durch das berechtigte Interesse der verantwortlichen Stelle i. S. d. Art. 7 lit. f Datenschutzrichtlinie gerechtfertigt sein, wenn dieser dazu dient, anhand eines bereits vorhandenen Referenzfotos zu überprüfen, ob die abgebildete Person in die automatische Erkennung eingewilligt hat. Allerdings muss der Erkennungsvorgang dann strikt auf die Einwilligungsprüfung beschränkt sein und das dabei anfallende Datenmaterial nach Abschluss der Prüfung umgehend gelöscht werden[301].

Da jedoch der Anwendungsbereich des europäischen oder deutschen Rechts in vielen relevanten Fallkonstellationen, z. B. gegenüber Unternehmen mit Sitz in den USA, nicht eröffnet ist, ist der alleinige Weg der Normierung nicht zielführend. Gerade im internationalen Kontext wird daher auf das Mittel der Selbstverpflichtung gesetzt[302], so z. B. bei Geodatendiensten[303] wie *Google Street View.* So wird in einer Mitteilung des Bundesministeriums des Innern die Verabschiedung des von den Betreibern sozialer Netzwerke angekündigten Verhaltenskodex angemahnt. Dieser soll Verbesserungen der Nutzerrechte beim Datenschutz enthalten. Dazu zählen vor allem Regelungen zu Privatsphäreneinstellungen, Gesichtserkennung sowie zu Auskunfts- und Berichtigungsrechten der Nutzer[304].

---

298 BGH, MMR 2008, 731 ff. m. Anm. *Grapentin.*
299 BGH, MMR 2010, 138 ff. m. Anm. *Hanloser.*
300 *Schütze*, ZD-Aktuell, 2012, 02890.
301 *Schütze*, ZD-Aktuell, 2012, 02890.
302 Dazu auch *Schliesky u. a.* (Fn. 1), S. 169 f.
303 Dazu MMR-aktuell 2010, 312166.
304 S. dazu ZD-Aktuell 2013, 03489.

cc) Beispiel: Analyse abweichenden Verhaltens im öffentlichen Raum

Mit erheblichen öffentlichen Mitteln werden derzeit zahlreiche Forschungsprojekte finanziert, die darauf abzielen, mit technischer Hilfe – insbesondere der Videoüberwachung und dem Instrument der Mustererkennung – menschliche Verhaltensweisen zu analysieren. Dadurch sollen in öffentlich zugänglichen Bereichen mit einem hohen Sicherheitsbedarf »potenzielle Gefährdungen« frühzeitig entdeckt werden. Zu derartigen Forschungsvorhaben zählen das Projekt INDECT (Intelligentes Informationssystem zur Überwachung, Suche und Detektion für die Sicherheit der Bürger in urbaner Umgebung), ADIS (Automatisierte Detektion interventionsbedürftiger Situationen durch Klassifizierung visueller Muster), CamInSens (verteilte, vernetzte Kamerasysteme zur In-situ-Erkennung personeninduzierter Gefahrensituationen) oder die Gesichtserkennung in Fußballstadien[305].

Bei der Mustererkennung soll auf Basis von Video- oder anderen Aufzeichnungen, die mit Daten aus anderen Informationsquellen kombiniert werden, das Verhalten aller erfassten Personen computerunterstützt ausgewertet werden. Menschen, deren Verhalten als ungewöhnlich eingestuft wird, können so in Verdacht geraten, zukünftig eine Straftat zu begehen oder eine Gefahr für die öffentliche Sicherheit herbeizuführen. Gerade bei der Mustererkennung von menschlichem Verhalten besteht daher die Gefahr, dass die präventive Analyse einen Anpassungsdruck erzeugt, der die Persönlichkeitsrechte der betroffenen Bürger verletzen würde[306]. Insoweit ist in jedem Fall der grundrechtliche Schutzbereich des Persönlichkeitsrechts betroffen. Soweit bei solchen Projekten öffentliche Stellen des Bundes, der Länder oder der EU beteiligt sind oder von diesen Stellen entsprechende Studien in Auftrag gegeben oder gefördert werden, sollten bereits bei der Ausschreibung oder Prüfung der Förderfähigkeit derartiger Vorhaben die rechtlichen und technisch-organisatorischen Fragestellungen des Datenschutzes in die Entscheidung einbezogen werden[307].

---

305 ZD-Aktuell 2012, 02841.
306 Vergleichbar ist die Rechtsprechung zum Mitführen (nicht eingeschalteter) Videokameras durch die Polizei im Rahmen von Demonstrationen, da von diesen ein »Einschüchterungseffekt« ausgehen kann. Vgl. bspw. VG Hannover, BeckRS 2014, 54301.
307 Vgl. auch ZD-Aktuell 2012, 02841.

e) Recht am eigenen Wort

Das Recht am eigenen, geschriebenen oder gesprochenen, Wort weist in digitaler Hinsicht zwei Wirkdimensionen auf: Einerseits erfasst der Schutzbereich des Grundrechts auch digitale Äußerungsformen (E-Mails, Chatbeiträge etc.), andererseits schützt der Gewährleistungsgehalt vor Eingriffen in digitaler Form (z. B. unbefugte Wiedergabe einer gewöhnlichen Gesprächsäußerung in einem Blog, unbefugte Vervielfältigung über eine Internet-Tauschbörse).

aa) Schutzbereich des Rechts am geschriebenen und gesprochenen Wort

Das Recht am eigenen Wort bedeutet einen Spezialfall des Rechts auf informationelle Selbstbestimmung, da es ebenfalls um den Schutz von persönlichen Daten geht – nämlich die Frage, wann, wer, was gesagt oder geschrieben hat. Insofern sind sowohl das Interesse geschützt, nicht als Absender einer Äußerung erkannt zu werden, als auch der Wunsch, in jedem Fall der Wiedergabe einer Äußerung als Urheber genannt zu werden, sowie das Interesse, den Inhalt einer Äußerung nur bestimmten adressierten Personen bekannt zu machen.

Da jede schriftliche Festlegung eines bestimmten Gedankeninhalts Ausdruck der Persönlichkeit des Verfassers ist – und zwar auch dann, wenn der Festlegungsform eine Urheberrechtsfähigkeit nicht zugebilligt werden kann – folgt aus dem allgemeinen Persönlichkeitsrecht, dass dem Verfasser grundsätzlich allein die Befugnis zusteht, darüber zu entscheiden, ob und in welcher Form seine Aufzeichnungen Dritten oder der Öffentlichkeit zugänglich gemacht werden[308] (Recht am geschriebenen Wort). Das Recht am gesprochenen Wort gewährleistet in akustischer Hinsicht die Selbstbestimmung über die eigene Darstellung der Person in der Kommunikation mit anderen, indem es sowohl die Wahl des Zuhörerkreises gewährleistet als auch einen Schutz vor unbefugter »Verdinglichung« (wie Tonaufnahmen) garantiert[309].

---

308 Ausf. *Luch* (Fn. 79), S. 104 f. m.w.N.
309 Dazu ausf. *Luch* (Fn. 79), S. 99 ff.

bb) Beispiel: Unbefugte Weiterleitung oder Veröffentlichung von E-Mails

Anders als etwa bei einem Brief, der in einem Kuvert verschlossen an den Adressaten verschickt wird, ist zwar bei einer E-Mail grundsätzlich mit der Weiterleitung und Verbreitung an Dritte zu rechnen. Allerdings muss ein entsprechender Schutz wie bei Briefen gelten, wenn die Vertraulichkeit des Inhalts bzw. der einer Verbreitung entgegenstehende Wille in der E-Mail zutage tritt. Denn in diesem Fall soll der Inhalt der E-Mail vergleichbar mit einem geschlossenen Brief ebenfalls nicht aus der Geheimsphäre entlassen werden. Dies gilt auch für E-Mails im geschäftlichen Verkehr, die zwar dem Bereich der Sozialsphäre zuzuordnen sind, aber dennoch den Schutz vor unbefugter Kenntnisnahme genießen, solange sie nicht an einen nicht abgegrenzten Personenkreis, sondern lediglich an eine Person gerichtet und versandt werden[310]. Wird die E-Mail an Dritte weitergeleitet oder in einem Blog veröffentlicht, kann dies eine Persönlichkeitsrechtsverletzung des Absenders darstellen, wenn die Meinungsfreiheit des Empfängers und das Informationsinteresse der Öffentlichkeit nicht überwiegen[311].

Die nicht genehmigte textliche Wiedergabe einer E-Mail in einer Presseveröffentlichung, die sowohl eine Auseinandersetzung mit den Ansichten und der Haltung des Verfassers der E-Mail erst ermöglicht als auch Hinweise enthält, die ggf. seine Identifizierung ermöglichen, berührt das allgemeine Persönlichkeitsrecht des Verfassers der E-Mail. Der Einzelne hat das Recht, darüber zu entscheiden, ob, wann und innerhalb welcher Grenzen seine persönlichen Daten in die Öffentlichkeit gebracht werden[312]. Ob es sich um einen rechtswidrigen Eingriff in das allgemeine Persönlichkeitsrecht handelt, ist anhand des Einzelfalls festzustellen und fordert eine Abwägung aller betroffenen Interessen. Dabei muss berücksichtigt werden, ob die Angelegenheiten, die in der E-Mail erörtert werden, die Öffentlichkeit wesentlich angehen, oder nur private Dinge ausgebreitet

---

310 LG Saarbrücken, Urt. v. 16.12.2011 – 4 O 287/11, Rn. 24, zit. nach juris. S. auch LG Köln, Urt. v. 2.10.2008 – 28 O 558/06.
311 BVerfG, Beschl. v. 18.2.2010 – 1 BvR 2477/08; BGH, NJW 1999, 2893 ff.; LG Saarbrücken, Urt. v. 16.12.2011 – 4 O 287/11, Rn. 27, zit. nach juris.
312 BVerfG, NJW 2002, 3619 ff.; OLG Braunschweig, Beschl. v. 24.11.2011 – 2 U 89/11, Rn. 4, zit. nach juris.

werden, die lediglich die Neugier befriedigen[313]. Der Meinungsäußerungs- und Pressefreiheit ist schließlich der Vorrang einzuräumen, wenn die Presseveröffentlichung ein berechtigtes Ziel verfolgt, das in einer demokratischen Gesellschaft notwendig ist[314], und mit Informationen und Ideen ein Beitrag zu Fragen des öffentlichen Interesses geliefert wird[315].

f) Recht auf Achtung und Schutz der persönlichen Ehre

Die Bedeutung und die Masse des Informations- und Meinungsaustausches auf Internetplattformen und in sozialen Netzwerken steigt stetig an. Damit geht eine Zunahme der Beleidigungen, Schmähungen, Drohungen und sonstiger ehrverletzender Handlungen einher. Unsachliche Auseinandersetzungen in Foren, Blogs und Kommentaren finden sich auch bei Erwachsenen, Cybermobbing überwiegend bei Jugendlichen. Aufgrund der (vermeintlichen) Anonymität und Unkörperlichkeit des Internets[316] sinkt die Hemmschwelle für diese vermeintlichen »Alltagsdelikte« im digitalen Raum offenbar erheblich[317]. Unter verfassungsrechtlicher Perspektive ist damit vor allem eine Kollision von Meinungsfreiheit und Recht auf Achtung (gegenüber einem anderen Privaten) und – soweit staatliche Aktivitäten gefordert werden – Schutz der persönlichen Ehre angesprochen.

aa) Schutzbereich des Rechts auf Achtung und Schutz der persönlichen Ehre

Der Begriff der Ehre ist nur schwer zu definieren, da diese Rechtsfigur aus den Rechtsgebieten des Straf- und Zivilrechts gespeist[318] und seit 1957 vom BVerfG auch als Teil des allgemeinen Persönlichkeitsrechts angese-

---

313 BVerfG, NJW 2000, 1021 (1024); OLG Braunschweig, Beschl. v. 24.11.2011 – 2 U 89/11, Rn. 8, zit. nach juris.
314 EGMR, NJW 2004, 2653 ff.
315 OLG Braunschweig, Beschl. v. 24.11.2011 – Az. 2 U 89/11, Rn. 8, zit. nach juris.
316 Zu diesen Charakteristika *Härting*, NJW 2013, 2065 (2069) m. w. N.
317 *Heckmann*, NJW 2012, 2631 (2631).
318 *Noelle-Neumann*, Beleidigungsschutz in der freiheitlichen Demokratie, 1992, S. 40 ff.

hen wird[319]. Die überwiegende Ansicht[320] vertritt einen dualistischen Ehrbegriff. Grundsätzlich lässt sich die Anerkennung einer »inneren Ehre«, die jedem Menschen bereits durch sein Menschsein innewohnt und Teil der Menschenwürde ist, sowie einer »äußeren Ehre«, die mit dem guten Ruf oder dem sittlichen oder sozialen Wert eines Menschen gleichgesetzt (sozialer Geltungsanspruch[321]) wird, festhalten[322]. Der dualistische Ehrbegriff enthält zum einen faktische Elemente, indem einerseits auf das subjektive Ehrgefühl des Betroffenen bzw. auf dessen guten Ruf in seiner realen Existenz abgestellt wird, und zum anderen normative Züge, indem andererseits auf den möglichst objektiv betrachteten, berechtigterweise zustehenden Geltungswert eines Menschen Bezug genommen wird[323].

Die innere Ehre ist mit dem Begriff der Menschenwürde zutreffend umschrieben. Den sozialen Geltungsanspruch und damit seine äußere Ehre definiert der Träger des allgemeinen Persönlichkeitsrechts durch die Art und Weise, in der er seinerseits an die Öffentlichkeit tritt, selbst – ohne dass das Recht auf Schutz der eigenen Ehre ein Recht umfassen würde, nur so von anderen dargestellt zu werden, wie man gesehen werden möchte[324]. Wenn der Betroffene soziale Beziehungen mit anderen eingeht und in Kommunikation mit anderen tritt – ein gemeinschaftliches Menschenbild, von dem das Grundgesetz ausgeht –, bemisst sich der konkrete Inhalt des Geltungsanspruchs nach einem in gewissem Umfang verselbstständigten Abbild, das dem Betroffenen ungeachtet von abweichenden eigenen

---

319 BVerfGE 6, 32 (41); 34, 269 (281 f.); 35, 202 (220 ff.); 54, 148 (154); 54, 208 (217); 67, 213 (228); 75, 369 (379 f.); 79, 369 (380); 82, 43 (51); 82, 272 (281 ff.); 85, 1 (16 f.); 93, 266 (290); 97, 125 (147).

320 *Schulze-Fielitz*, in: Dreier (Fn. 47), Art. 5 I, II Rn. 150; *Fischer*, StGB, 61. Aufl. 2014, § 185 Rn. 3; *Kübler*, JZ 1984, 541 (543); *Tettinger*, JZ 1983, 317 (319); *Rühl*, KJ 2002, 197 ff.; *Brauneck*, ZUM 2004, 887 (893); *Schmitt Glaeser*, JZ 1983, 95 (100) u. v. m. Vgl. etwa auch BVerfGE 30, 193 (195); BGHSt 1, 289; 11, 70 (71).

321 *Di Fabio* (Fn. 52), Art. 2 Rn. 169. Vgl. auch *Murswiek*, in: Sachs (Fn. 50), Art. 2 Rn. 123 ff.; *Kübler*, NJW 1999, 1281 (1283); *Knauff*, VR 2000, 37 (39 f.); *Schmitt Glaeser*, NJW 1996, 873 (878).

322 *Knauff*, VR 2000, 37 (39); vgl. ausf. zum Meinungsstand *Noelle-Neumann* (Fn. 318), S. 42 m. w. N.; s. auch *Tenckhoff*, JuS 1989, 198 (203).

323 Vgl. *Tenckhoff*, Die Bedeutung des Ehrbegriffs für die Systematik der Beleidigungstatbestände, 1974, S. 26.

324 Vgl. BVerfGE 97, 125 (149); 97, 391 (403); 99, 185 (194); 101, 361 (380); 105, 252 (266).

Vorstellungen (von außen) zugerechnet wird[325]. Sinn und Zweck des persönlichkeitsrechtlichen Ehrschutzes ist, zu verhindern, dass der Betroffene in seinem gesellschaftlichen Ansehen geschmälert wird, seine sozialen Kontakte als Reaktion auf diffamierende Äußerungen und Darstellungen Dritter geschwächt werden und als weitere Folge sein Selbstwertgefühl untergraben wird[326].

Aufgrund der großen Bedeutung von Bildern für die Kommunikation im Internet hängt das Recht am eigenen Bild in vielen Fällen eng mit dem Recht auf Schutz der Ehre zusammen[327]. Das BVerfG differenziert zwischen ehrenrührigen Bild- und Wortberichterstattungen. Der Schutz des Persönlichkeitsrechts soll hinsichtlich der Veröffentlichung von Bildern einerseits und der Berichterstattung durch Wortbeiträge andererseits verschieden weit reichen[328]. Während die Veröffentlichung von Bildern demnach stets rechtfertigungsbedürftig ist, gilt dies bei personenbezogenen Wortberichten nicht ohne Weiteres[329]. Der EGMR gewichtet den Ehrschutz im Verhältnis zur Meinungsfreiheit wesentlich stärker als das BVerfG in seiner traditionellen Rechtsprechung[330]. Maßgeblicher Gesichtspunkt der anlässlich einer von *Caroline von Hannover* erhobenen Beschwerde entwickelten Abwägungskriterien ist, ob ein veröffentlichtes Foto oder eine Meinungsäußerung zu einer Diskussion über eine Frage von allgemeinem Interesse beiträgt[331]. Dieser Auffassung hat sich das BVerfG mittlerweile im Grundsatz angeschlossen[332]. Die Vermutung zugunsten der freien Rede wird auf Fragen von allgemeinem Interesse verengt[333].

---

325 BVerfG, NJW 1989, 3269 ff.Vgl. auch BVerfGE 97, 125 (148 f.); 97, 391 (403); 99, 185 (194).
326 BVerfGE 99, 185 (193 f.); *Di Fabio* (Fn. 52), Art. 2 Rn. 169.
327 Ähnlich *Glaser*, NVwZ 2012, 1432 (1433).
328 BVerfG, NJW 2011, 742 ff.; BVerfG, NJW 2012, 1500 (1501).
329 BVerfG, NJW 2012, 1500 (1501).
330 Vgl. *Michael/Morlok*, Grundrechte, 4. Aufl. 2014, Rn. 655; *Wendt*, in: v. Münch/ Kunig, GG, Bd. I, 6. Aufl. 2012, Art. 5 Rn. 84 a.
331 EGMR, NJW 2004, 2647 (2649). Vgl. dazu auch *Frenz*, NJW 2012, 1039 (1040).
332 BVerfGE 120, 180 (203).
333 Zum Ganzen *Glaser*, NVwZ 2012, 1432 ff. Ausf. zu Abwägungskriterien und Gewichtung im Spannungsfeld von Medienfreiheit und Persönlickeitsschutz *Luch* (Fn. 79), S. 279 ff.

bb) Beispiel: Cybermobbing

Eine bedeutsame Fallgruppe für den Persönlichkeitsschutz im Internet bildet das Cybermobbing, also Beleidigungen, Verleumdungen und Stalking im Internet – mithin Straftaten jenseits der Fälle erlaubter Meinungsäußerung[334]. Das Recht der persönlichen Ehre beansprucht seine Geltung unabhängig von Räumen, Medien und Modi, in denen und mittels derer Ehrverletzungen stattfinden[335].

Die jedermann eröffnete dauernde Zugriffsmöglichkeit auf die Berichte im Internet geht weit über die Beeinträchtigungswirkung hinaus, wie sie früher bei einmaliger Berichterstattung durch die traditionellen Medien entstand[336]. Anders als die herkömmliche Presse verfügt das Internet über ein globales Verbreitungsgebiet. Texte und Bilder können mithilfe von Suchmaschinen weltweit erschlossen werden. So ist es heute üblich, dass sich Personalverantwortliche mithilfe von Suchmaschinen im Internet über Stellenbewerber informieren[337]. Darüber hinaus weisen ehrverletzende Kommentare und Bilder im Internet eine nahezu unbegrenzte Dauerhaftigkeit auf, was durch die Verlinkung mit anderen Seiten und »gespiegelte« Inhalte zusätzlich verschärft wird[338].

Diesen häufig schwerwiegenden Rechtseingriffen steht ein Mangel an effektiven Rechtsdurchsetzungsmitteln gegenüber. Dieser erwächst allem voran aus der (vermeintlichen) Anonymität der Internetnutzer. Damit verbunden sind erhebliche Zurechnungsschwierigkeiten, die Rechtsschutz vielfach vereiteln. Hinzu kommt die Ubiquität, die das Internet im Namen trägt und die die Wirksamkeit des heutigen Persönlichkeitsschutzes in Frage stellt. Anders als das Internet endet die Geltungskraft des Rechts grundsätzlich an den Grenzen der rechtsetzenden Einheit[339]. Für eine wirksame Verfolgung von Persönlichkeitsrechtsverletzungen im Internet fehlen zu nicht unerheblichen Teilen aber auch noch ausreichende rechtliche Grundlagen; das gilt in Bezug auf zivilrechtliche Ansprüche wie auch auf die

---

334 *Heckmann*, NJW 2012, 2631 (2631).
335 *Heckmann*, NJW 2012, 2631 (2631 f.).
336 Zum Gefährdungspotenzial der Technikentwicklung für die Privatsphäre im Allgemeinen *Diggelmann*, VVDStRL 70 (2011), 50 (54 f.); speziell zum Internet *Heckmann*, NJW 2012, 2631 ff.; *Peifer*, JZ 2012, 851 (851 f.); *Spindler*, in: Verhandlungen des 69. Deutschen Juristentages, 2012, S. F 11 ff.
337 *Glaser*, NVwZ 2012, 1432 (1436).
338 *Glaser*, NVwZ 2012, 1432 (1432).
339 *Heckmann*, NJW 2012, 2631 (2631).

Strafverfolgung[340]. Weil hier Rechtsverletzungen weltweit wirken, bedarf es zum Schutz des Persönlichkeitsrechts internationaler Vereinbarungen und ihrer Umsetzung, ferner einer sorgfältig durchdachten, den Schutz von Persönlichkeit und Privatheit einerseits und die Freiheit der Kommunikation andererseits abwägenden Regulierung durch Gesetz[341].

Die Anonymität und leichte Bedienbarkeit bspw. von Blogs, Microblogging-Diensten, sozialen Netzwerken und Apps senkt die Hürden für ehrverletzendes Verhalten im Internet. Gleichzeitig gewähren diese Umstände einen aus dem modernen Leben nicht mehr wegzudenkenden Freiheitsraum (vor allem im Sinne der Meinungs-, Rundfunk- und Informationsfreiheit), den es neben dem angemessenen Schutz der Persönlichkeit ebenfalls zu sichern gilt. Diese widerstreitenden Interessen müssen in Ausgleich gebracht werden. Insofern besteht im Kontext der mangelnden Durchsetzungs-, Vollzugs- und Sanktionsmöglichkeiten vor allem rechtspolitischer Handlungsbedarf[342]: Die Optionen reichen von der vollständigen Aufrechterhaltung der Freiheit der Meinungsäußerung im Internet bis hin zur Verpflichtung zur durchgehenden Verwendung von »Klarnamen«, d. h. der Aufhebung der dem Internet eigenen Anonymität. Die Pflicht zur Verwendung von Klarnamen würde die Spezifika des Internets jedoch praktisch aufheben[343].

In der Literatur wird zudem ein Konzept eines »Anonymitätsfolgenausgleichs«[344] im Sinne von Kompensationsmaßnahmen (ähnlich dem strafprozessualen Opferschutz oder der gesetzlich vorgeschriebenen Solidargemeinschaft der Haftpflichtversicherten im Straßenverkehr) entworfen, die die Folgen der Anonymität der Internetnutzung auffangen oder zumindest abmildern sollen und auch präventiv wirken könnten. Ein solches Konzept bestünde demnach aus folgenden Teilmaßnahmen:

---

340 *Bamberger*, in: ders./Roth (Hrsg.), Beck'scher Online-Kommentar BGB (Stand: 28. Ed., 1.8.2013), § 12 Rn. 139 b; s. auch *Heckmann*, NJW 2012, 2631 ff.; *Masing*, NJW 2012, 2305 ff.

341 *Bamberger* (Fn. 340), § 12 Rn. 139 b; s. auch *Schertz*, NJW 2013, 721 (722).

342 Eingehend *Spindler*, in: Verhandlungen des 69. Deutschen Juristentages, 2012, S. F 98 ff.

343 *Glaser*, NVwZ 2012, 1432 (1437).

344 *Heckmann*, NJW 2012, 2631 (1632 f.).

– der Stärkung des Gedankens von Fairness, Rücksichtnahme und Verantwortung bei der Internetnutzung durch konzertierte Aktionen, nicht
zuletzt in den Schulen[345] und im Internet selbst,
– der Vermittlung von adäquaten Hilfsangeboten für Opfer von Cybermobbing,
– der Stärkung des Selbstschutzes, auch und insbesondere in Form von
»Medienkompetenz«[346],
– der Stärkung der Wächterfunktion der (Internet-)Gemeinschaft, z. B.
durch die Solidarisierung mit den Opfern,
– gezielten Hilfsangeboten durch Erweiterung und Übertragung der Mittel des klassischen Opferschutzes,
– der Entwicklung vertrauenswürdiger Umgebungen im Internet
– und der Einsetzung von Ombudsleuten bei kritischen Internetdiensten[347].

Angesichts der Anonymität der unmittelbar für Ehrverletzungen Verantwortlichen besitzt eine Gefährdungshaftung von Host Providern eine besondere Relevanz[348]. Host Provider sind Anbieter im Internet, die fremde
Inhalte auf ihren Webservern bereithalten[349]. Der BGH steht einer Verantwortlichkeit für ehrverletzende Blogbeiträge zu Recht skeptisch gegenüber[350]. Weder verfasse ein Host Provider ehrverletzende Äußerungen,
noch mache er sich diese zu eigen. Aufgrund der kausalen Verursachung
könnten sich jedoch zumindest Verhaltens- und Prüfpflichten ergeben. Deren Umfang soll sich danach bestimmen, ob und inwieweit dem Betreiber
angesichts seiner Aufgabenstellung und der Eigenverantwortung des Nutzers eine Prüfung zuzumuten ist. Dies setzt bei entsprechender Kenntnis
des Eintrags eine Ermittlung und Bewertung des gesamten Sachverhalts
voraus. Begründen lässt sich ein Unterlassungsanspruch damit, dass der
Internetprovider nach den Grundsätzen der Störerhaftung einzustehen hat,

---

345 In diesem Kontext werden schon entsprechende Schulordnungen als mögliche
Problemlösung diskutiert. S. hierzu *Steenhoff*, NVwZ 2013, 1190 ff.
346 Dazu *Schliesky u. a.* (Fn. 1), S. 171 ff.
347 *Heckmann*, NJW 2012, 2631 (2633).
348 Bereits frühzeitig zur Verantwortlichkeit für fremde Inhalte *Grzeszick*, AöR 123
(1998), 173 (191 f.).
349 Beispiel: *Facebook* stellt Speicherplatz für Bilderalben der Nutzer zur Verfügung
und ist damit Host Provider für fremde Inhalte. Gleiches gilt etwa für *YouTube*
und *Twitter*.
350 BGH, NJW 2012, 149 (150). S. ferner LG Berlin, ZUM 2012, 712 ff.

wenn er die konkrete Beanstandung einer ehrverletzenden Äußerung nicht hinreichend prüft[351]. Vergleichbar ist das Notice-and-take-down-Prinzip[352] im Kontext von Urheber- und Markenrechtsverletzungen. Als vermittelnde Lösung werden private »Cyber Courts« angedacht, wonach in Fällen ehrverletzender Äußerungen in Blogs der Host Provider eine Sachverhaltsermittlung durch die Einbindung von Blogger und Betroffenem vorzunehmen und auf dieser Grundlage eine Entscheidung über die Löschung der Aussage zu treffen hätte[353].

In Betracht gezogen wird zudem eine deklaratorische Betonung der Persönlichkeitsrelevanz von Internetveröffentlichungen. So war in einem Entwurf des Bundesministeriums des Innern zur Ergänzung des BDSG eine Regelung enthalten, wonach bei Veröffentlichungen, die den Betroffenen in Telemedien in ehrverletzender Weise beschreiben oder abbilden, ein besonders schwerer Eingriff in das Persönlichkeitsrecht des Betroffenen vorliegen sollte[354]. Zum Teil wird auch eine Stärkung der Verfahrensposition der von Ehrverletzungen Betroffenen gefordert; aufgrund des »Nicht-Vergessens« und der schwierigen Löschung von Internetinhalten[355] im Verfahren des einstweiligen Rechtsschutzes sollen dem Antragsteller weniger Darlegungslast bei der Glaubhaftmachung von Unterlassungsansprüchen auferlegt werden[356].

Als weiterer denkbarer Beitrag zu einem verbesserten Ehrschutz könnte zudem eine Verschärfung der strafrechtlichen Sanktionen in Gestalt eines Qualifikationstatbestandes zur Beleidigung in Betracht gezogen werden[357]; diese qualifizierten Beleidigungstatbestände ließen sich anders als der Beleidigungstatbestand nicht als Privatklage-, sondern als Offizialdelikt ausgestalten.

Flankierend können datenschutzrechtliche Bestimmungen dem Problem der Dauerhaftigkeit von Äußerungen im Internet entgegenwirken. Denn selbst wenn sich ein Anspruch gegen ehrverletzende Äußerungen im Inter-

---

351 *Glaser*, NVwZ 2012, 1432 (1437); das OLG Stuttgart hat klargestellt, dass diese Grundsätze auch auf eine Online-Enzyklopädie wie *Wikipedia* übertragbar sind; OLG Stuttgart, Urt. v. 2.10.2013 – 4 U 78/13.

352 Dazu *Rücker*, CR 2005, 347 ff.; im Kontext von Social Media *Redeker*, IT-Recht, 5. Aufl. 2012, Rn. 1289; OLG Hamburg, ITRB 2011, 73 ff.

353 *Ladeur/Gostomzyk*, NJW 2012, 710 (715).

354 Näher dazu *Bull*, NVwZ 2011, 257 (261 f.).

355 S. zum Recht auf Vergessen oben Gliederungspunkt III. 3. a) dd) (1).

356 *Glaser*, NVwZ 2012, 1432 (1436).

357 Dafür mit ausf. Begr. *Beck*, MMR 2009, 736 (739 ff.).

net gerichtlich erfolgreich durchsetzen lässt, muss damit gerechnet werden, dass der gleiche Inhalt an anderer Stelle im Internet wieder auftaucht und so der Rechtsschutz faktisch vereitelt wird[358]. Zielführend könnte insofern ein Recht auf Vergessenwerden sein[359], insbesondere, wenn die Verpflichtung eines Verantwortlichen nicht nur in der Löschung »seiner« Inhalte bestünde, sondern er auch gehalten wäre, weitere Seiten mit dem gleichen Inhalt zu unterrichten und geeignete Maßnahmen zu ergreifen, dass es auch dort zur Löschung kommt[360].

cc) Beispiel: Verdachtsberichterstattung in Online-Archiven

Eine weitere Fallgruppe des Ehrschutzes im Internet, die ebenfalls im Kontext der Entscheidung des EuGH zum Recht auf Vergessenwerden[361] neu zu bewerten ist, betrifft die Frage des Vorhaltens von Verdachtsberichterstattungen in Online-Pressearchiven. Verdachtsmomente, die sich später als nicht haltbar erweisen, weiterhin aber in Presseartikeln im Netz zu finden sind, beeinträchtigen den »guten Ruf« des zumindest *ex post* zu Unrecht Verdächtigten erheblich. Selbst soweit der Verdacht durch ein rechtskräftiges Urteil bestätigt worden sein sollte, ist zu bedenken, dass nach Verbüßen der Strafe das ebenfalls aus dem allgemeinen Persönlichkeitsrecht abgeleitete Recht auf Resozialisierung des Täters[362], also auf eine erfolgreiche Wiedereingliederung in die soziale Gemeinschaft der Gesellschaft, zu achten ist.

Die Zulässigkeit des Vorhaltens von Berichten über Verdachtsfälle wird von der Rechtsprechung unterschiedlich beurteilt. Am weitesten ging hier

---

358 *Ladeur/Gostomzyk*, NJW 2012, 710 (713).
359 *Boehme-Neßler*, NVwZ 2014, 825 (826 ff.); *Nolte*, ZRP 2011, 236 ff.
360 Zu diesem Vorschlag *Hornung,* in: Hill/Schliesky (Fn. 3), S. 123 (140 f.). Im Fall von Suchmaschinenbetreibern würde es aber wohl ausreichen, dass eine Pflicht zur »Nichtanzeige« in den Suchergebnissen besteht, da Suchergebnis und Ursprungsveröffentlichung nach dem EuGH gerade voneinander getrennt zu berteilen sein sollen. Zielen würde eine solche Vorschrift bspw. auf Konstellationen, in denen eine Pressemitteilung »eins-zu-eins« von zahlreichen Presseportalen übernommen wird und dies dem Urheber der (missbilligten) „Ausgangsmeldung" bekannt ist.
361 Dazu Gliederungspunkt III. 3. a) dd) (1).
362 S. dazu *Luch* (Fn. 79), S. 157 ff.

das OLG Hamburg[363], das im Bereithalten eines bereits veröffentlichten Berichts im Internet stets den Tatbestand einer neuen Verbreitung gesehen hat. Es handele sich beim Bereithalten eines Beitrags im Internet um eine ständige Verbreitungshandlung und somit müsse die Rechtmäßigkeit des Beitrags nach den Umständen zum Zeitpunkt des jeweiligen Abrufs beurteilt werden. Ein später eingestelltes Ermittlungsverfahren müsste in der Berichterstattung auch nachträglich noch berücksichtigt werden. Konsequenz wäre, dass sämtliche Online-Archive der Presse ständig überprüft und alle Berichte an den jeweils aktuellen Stand angepasst werden müssten, was den Betrieb eines Online-Archivs praktisch unmöglich machen würde. Andere Gerichte urteilten in der Sache zurückhaltender[364]. Die Wiedergabe eines Artikels in einem Online-Archiv sei rechtmäßig, wenn der Artikel am Tag seiner Veröffentlichung rechtmäßig war[365]. Der Presse sei es nicht zumutbar, ihre Online-Archive fortlaufend darauf zu prüfen, ob die Verbreitung der darin enthaltenen Artikel nach aktuellen Maßstäben noch zulässig ist. Dabei soll es sogar unerheblich sein, wenn die aufgerufenen Artikel unter dem Datum der Abfrage erscheinen, weil der Nutzer, der die Artikel über die Archivfunktion aufrufe, wisse, dass er sich in einem Archiv befinde[366].

Um die Anforderungen an Online-Archive nicht zu überspannen, sollten diese nicht grundlegend anders behandelt werden als herkömmliche Archive, denn zur Aufgabe der Medien gehört es auch, dadurch an der demokratischen Willensbildung mitzuwirken, dass nicht mehr tagesaktuelle Veröffentlichungen für Interessierte verfügbar gehalten werden (vgl. § 11 d Abs. 2 Nr. 4 Rundfunkstaatsvertrag)[367]. Das Einstellen einer Verdachtsberichterstattung in ein Online-Archiv ebenso wie das dauerhafte Bereithalten der Verdachtsberichterstattung im Online-Archiv sind Teil des in den Schutzbereich des Art. 5 Abs. 1 GG, Art. 10 Abs. 1 EMRK fallenden Publikationsvorgangs. Insofern sollte gelten: Soweit für den jewei-

---

363 OLG Hamburg, ZUM-RD 2008, 69 f.
364 OLG Köln, AfP 2007, 126 f.; OLG Frankfurt/Main, NJW 2007, 1366.
365 Das OLG Düsseldorf fordert aber z. B., dass eine das Persönlichkeitsrecht des Betroffenen ganz erheblich beeinträchtigende Berichterstattung im Internet über ein staatsanwaltliches Ermittlungsverfahren nach Einstellung dieses Verfahrens nur zulässig sein soll, wenn die weitere Entwicklung in einem Zusatz zur Ursprungsmeldung mitgeteilt wird und den interessierten Internet-Nutzern nicht lediglich über einen Link vermittelt wird; Urt. v. 27.10.2010 – I-15 U 79/10.
366 OLG Frankfurt/Main, ZUM 2007, 139 f.
367 BGH, ZUM 2010, 247 ff.

ligen Nutzer zweifelsfrei erkennbar ist, dass er sich im Suchbereich eines Archivs bewegt und dass es sich bei den vorgehaltenen Artikeln um keine aktuelle Berichterstattung handelt, liegt keine erneute Verbreitungshandlung vor. Das Vorhalten des Artikels im Online-Archiv bleibt rechtmäßig, soweit die Veröffentlichung des Artikels ursprünglich zulässig war. Wird hingegen nicht ausdrücklich klargestellt, dass es sich um einen Beitrag aus einem Archiv und nicht um eine aktuelle Berichterstattung handelt, ist der Tatbestand der neuen Verbreitung erfüllt und für die Rechtmäßigkeit des Beitrags der Zeitpunkt seines Abrufs entscheidend. Können die Artikel aus dem Online-Archiv ausgedruckt werden, muss der Ausdruck erkennen lassen, dass es sich nicht um eine aktuelle Berichterstattung handelt, sondern um einen Beitrag aus dem Archiv. Entgegen dem OLG Frankfurt am Main dürfte daher nicht ausreichend sein, wenn ein Beitrag aus dem Archiv unter dem Datum der Abfrage angezeigt wird oder der Ausdruck nur das Datum der Abfrage aufweist und eine Klarstellung fehlt, dass es sich nicht um einen aktuellen Beitrag handelt[368].

In diese Richtung geht auch die Rechtsprechung des BGH[369]. So wurde entschieden, dass eine Rundfunkanstalt im Online-Archiv[370] nicht mehr aktuelle Beiträge auch dann vorhalten darf, wenn in diesen Beiträgen ein verurteilter und inzwischen auf Bewährung aus dem Gefängnis entlassener Straftäter namentlich genannt wird. Ausschlaggebend war dabei, dass die Berichterstattung ursprünglich zulässig und nur durch gezielte Suche im Archiv auffindbar war und erkennen ließ, dass sie nicht mehr aktuell war.

Auch wenn es bei den Entscheidungen nicht um eine nachträglich fehlerhaft gewordene Verdachtsberichterstattung ging – das Strafurteil gegen die namentlich genannten Personen wurde nicht aufgehoben –, dürften die hier entwickelten Grundsätze auf die Vorhaltung von nachträglich unrichtig gewordenen Verdachtsberichterstattungen in Online-Archiven übertragbar sein[371]. Demgegenüber scheidet eine Übertragung dieser in der Rechtsprechung des BGH entwickelten Grundsätze für die Zulässigkeit der Abrufbarkeit älterer Artikel in Online-Archiven von Publikationsorga-

---

368 *Molle*, ZUM 2010, 331 (335).
369 BGH, ZUM 2010, 247 ff.
370 Allgemein zu Online-Aktivitäten der staatlichen Rundfunkanstalten unter Gliederungspunkt III. 13.
371 *Molle*, ZUM 2010, 331 (335).

nen auf Beiträge (etwa Kurzbiografien) in Online-Enzyklopädien, die auf Aktualisierung angelegt sind, wie *Wikipedia* aus[372].

4. *Recht auf Achtung und Gewährleistung eines menschenwürdigen Existenzminimus (Art. 2 Abs. 1 GG)*

In einem engen Kontext zur Bedeutung des Internets für das alltägliche Leben steht für bestimmte Personengruppen das Grundrecht auf Achtung und Gewährleistung eines menschenwürdigen Existenzminimums, da dieses das Mindestmaß an sozio-kultureller Teilhabe sichert, zu der mittlerweile auch die durch die Nutzung moderner Medien vermittelte sozio-kulturelle Teilhabe gehört[373].

a) Rechtsgrundlage und Schutzbereich

Das Recht auf ein menschenwürdiges Existenzminimum wird oft verkürzt als ein Gewährleistungs- oder Leistungsrecht dargestellt und unzutreffend im allgemeinen Persönlichkeitsrecht (speziell als Absicherung der Grundbedingungen menschlicher Persönlichkeit[374]) verortet[375]. Auch die vom BVerfG vorgenommene Zuordnung[376] zum Sozialstaatsprinzip, also die Anbindung eines subjektiven Rechts des Einzelnen – selbst in seiner leistungsrechtlichen Ausprägung – an ein Staatsziel[377], erscheint nicht über-

---

372 OLG Stuttgart, Urt. v. 2.10.2013 – 4 U 78/13.

373 Ausf. zum Grundrecht auf Achtung und Gewährleistung des menschenwürdigen Existenzminimums *Schulz* (Fn. 39), S. 17 ff.; speziell zum Gewährleistungsgehalt in einer technisierten Informationsgesellschaft, ebd., S. 41 ff.; vgl. auch *ders.*, DuD 2010, 698 ff.

374 Zu den über das Allgemeine Persönlichkeitsrecht geschützten Grundbedingungen der »Persönlichkeit« (und nicht der »Persönlichkeits*entfaltung*«) zählen bspw. das Recht auf Resozialisierung und auf Kenntnis der eigenen Abstammung; s. *Schulz* (Fn. 24), S. 501 ff.; Analyse weiterer Gehalte bei *Luch* (Fn. 79), S. 154 ff.

375 *Hofmann*, AöR 118 (1993), 953 (964); *Maihofer*, Rechtsstat und menschliche Würde, 1986, S. 17 ff.

376 BVerfGE 125, 175 ff.

377 Zur dogmatischen Einordnung des Sozialstaatsprinzips BVerfGE 50, 57 (108); BSGE 19, 88 (92); s. auch *Sommermann*, Staatsziele und Staatszielbestimmungen, 1997, S. 362 ff.

zeugend. Der Rückgriff allein auf die Garantie menschlicher Würde würde einerseits eine verengte Sichtweise des Rechts begünstigen. Andererseits steht einer ausschließlichen Verankerung, auch der leistungsrechtlichen Gehalte, in Art. 1 Abs. 1 GG entgegen, dass das Verhältnis der Fundamentalgarantie der menschlichen Würde zu den Einzelgrundrechten, speziell deren Menschenwürdegehalt[378], nicht ausreichend berücksichtigt wird. Soweit die Grundrechte der Art. 2 ff. GG nämlich in der Lage sind, (Teil-)Forderungen aus der Garantie der menschlichen Würde in sich aufzunehmen, verbleiben die Bestandteile eines Rechts auf Gewährung und Achtung des Existenzminimums im Anwendungsbereich des speziellen Rechts und dies auch, wenn sie dem Menschenwürdegehalt zugehörig sein sollten[379].

Entgegen der verkürzten Gleichsetzung des Rechts auf Gewährung des menschenwürdigen Existenzminimums mit einem subjektiven leistungsrechtlichen Anspruch auf die Bereitstellung der notwendigen materiellen Mittel, ist von einem weiten Verständnis auszugehen, das die unterschiedlichen Aspekte der Sicherung des Existenzminimums erfasst. Neben einem leistungsrechtlichen Aspekt werden auch abwehrrechtliche Forderungen[380], z. B. das Verbot der Besteuerung[381] und der Pfändung[382] über die Grenze des Existenzminimums hinaus, erfasst. Die speziellen Freiheitsrechte decken aber nicht den gesamten Gewährleistungsgehalt ab, sodass ergänzend auf das Auffanggrundrecht des Art. 2 Abs. 1 GG zurückgegriffen werden kann. So bietet Art. 2 Abs. 2 Satz 1 GG lediglich Schutz vor dem Verhungern, obwohl die Garantie des Existenzminimums inhaltlich darüber hinaus reicht[383]. Art. 14 Abs. 1 GG kann vorrangig solchen Personen Schutz bieten, die bereits in gewissem Umfang Eigentümer sind und spricht somit die abwehrrechtliche Seite an. Aus diesem Grund wird –

---

378 Dazu ausf. *Schulz* (Fn. 24), S. 57 ff.
379 Dieser ist Maßstab vor allem gegenüber dem verfassungsändernden Gesetzgeber; zum Verhältnis von Menschenwürdegehalt zu den speziellen Grundrechten ausf. *Schulz* (Fn. 24), S. 124 ff.
380 Vgl. auch *Sommermann*, in: v. Mangoldt/Klein/Starck, GG, Bd. 2, 6. Aufl. 2010, Art. 20 Rn. 130; *Hain*, ebd., Art. 79 Rn. 74.
381 BVerfGE 82, 60 (85); 85, 346 (353); 87, 153 (169 f.); 99, 246 (259); 103, 197 (221).
382 BVerwGE 82, 364 (367 f.); BSGE 57, 59 (63 ff.); *Höfling* (Fn. 50), Art. 1 Rn. 32; *Dreier* (Fn. 47), Art. 1 I Rn. 148.
383 Dazu in Bezug eines Rechts auf Internet sogleich ausf. unter Gliederungspunkt III. 4. b).

um die verschiedenen Elemente zum Ausdruck zu bringen – von einem Recht auf *Achtung und Gewährung* des Existenzminimums gesprochen, das seine primäre Verankerung zwar in der allgemeinen Handlungsfreiheit des Art. 2 Abs. 1 GG findet[384], hinsichtlich einzelner Bestandteile aber zusätzliche Absicherung über Art. 2 Abs. 2 Satz 1 und Art. 14 Abs. 1 GG erfährt[385], die aufgrund ihrer Spezialität gegenüber der allgemeinen Handlungsfreiheit, dem allgemeinem Persönlichkeitsrecht sowie Art. 1 Abs. 1 GG vorrangig heranzuziehen sind. Dies gilt es im Rahmen der digitalen Komponente des Rechts zu berücksichtigen, sodass z. B. der Schutz vor dem Entzug von essenziellen Einrichtungen[386], zu denen in seiner digitalen Ausprägung der Schutz vor Pfändung eines PCs[387] gehört, in der digitalen Dimension des Abwehrrechts des Art. 14 Abs. 1 GG zu verorten ist.

b) Beispiel: »Recht auf Internet«

Kernbestandteil eines Rechts auf Internet ist der objektive Gewährleistungsgehalt, der den Staat dazu anhält, nicht nur die rechtliche Freiheit im Internet zu sichern, sondern auch die tatsächliche Möglichkeit, die Online-Handlungsfreiheit wahrzunehmen. Dabei kommt dem Staat ein weiter Ein-

---

384 Entgegen der einschlägigen Literatur, die das Recht auf Gewährung des Existenzminimums als Teilbereich des Allgemeinen Persönlichkeitsrechts und speziell als Absicherung der Grundbedingungen menschlicher Persönlichkeit einordnet, muss davon ausgegangen werden, dass es sich zwar um Grundbedingungsschutz, allerdings nicht denjenigen der Persönlichkeit, sondern lediglich der Persönlichkeits*entfaltung* handelt und somit die Allgemeine Handlungsfreiheit richtiger verfassungsrechtlicher Bezugspunkt ist. Diese Einordnung ist dem Menschenbild des Grundgesetzes geschuldet, das einer Einordnung materieller Güter als Ausgangspunkt und notwendige Grundbedingung menschlicher Persönlichkeit entgegensteht, zumal Identität und Selbstbestimmtheit den Mittelpunkt des Art. 1 Abs. 1 GG bilden, diese jedoch nicht von materiellen Gütern abhängig sind. Vielmehr bedarf lediglich die Persönlichkeits*entfaltung* durch Wahrnehmung verschiedener Verhaltensweisen materieller Sicherheit, da diese zum Teil auf finanzielle Mittel angewiesen sind und die Nichtgewährung dieser Mittel die Persönlichkeitsentfaltung bestimmter Personengruppen beeinträchtigen würde.
385 Daneben werden auch Teilgehalte des Art. 6 Abs. 4 GG erfasst; vgl. dazu *Schulz* (Fn. 24), S. 448 f.
386 Ausf. zur Abgrenzung von leistungs- und abwehrrechtlichen Gehalten des Grundrechts auf Achtung und Gewährung des menschenwürdigen Existenzminimums *Schulz* (Fn. 39), S. 17 ff.
387 Dazu auch Gliederungspunkt III. 25. b).

schätzungsspielraum zu: einerseits, welche Inhalte genau der Grundversorgung zugehörig sind, andererseits, wie diese Verantwortung realisiert
werden soll.

In diesem Kontext zeigt eine Parallele zu herkömmlichen Kommunikationsmedien, dass die »Möglichkeit, Inhalte zu verbreiten und einzuholen«, zwar »immer durch die intellektuellen und wirtschaftlichen Möglichkeiten der Einzelnen begrenzt war«[388], für denjenigen Personenkreis, der
auf staatliche Hilfe angewiesen ist, die Teilhabe am kulturellen und politischen Leben aber abgesichert wurde. Daher ist in engen Grenzen ein origi-
närer Leistungsanspruch des Einzelnen anzuerkennen, der den Gestal-
tungsspielraum von Gesetzgebung und Verwaltung begrenzt. Dieser auf
Art. 1 Abs. 1 GG rückführbare elementare Leistungsanspruch steht nicht
zur Disposition. Er beinhaltet zum einem einen inhaltsneutralen Anspruch
auf Zugang zum Netz, zum anderen eine modalitätsneutrale Absicherung
der sozio-kulturellen Teilhabe, die gerade auch im Netz realisiert werden
kann, aber keinesfalls ausschließlich darauf bezogen sein muss.

aa) Inhaltsneutraler Internetzugang als Element des Existenzminimums

Der inhaltsneutrale Anspruch auf Zugang zum Netz betrifft nur die (technische) Zugangsebene. Diesem lässt sich lediglich entnehmen, dass aufgrund der Bedeutung des Internets nicht nur für die allgemeine, sondern
auch für die menschenwürderelevante Persönlichkeitsentfaltung hinsichtlich des auf Art. 1 Abs. 1 GG rückführbaren Kernbereichs[389] die staatlichen Erfüllungsmodalitäten zum Teil eingeschränkt sind, zumal diesbezüglich ein individueller Leistungsanspruch besteht. Dieser ist jedoch
weitgehend »inhaltsneutral«, weil der Staat nicht – auch nicht in einem engen Kernbereich – vorgeben kann (oder will und darf), welche (digitalen)
Aktivitäten zur Persönlichkeitsentfaltung gewählt werden. Auch die klassische Handlungsfreiheit ist inhaltlich offen gestaltet, da alle beliebig
denkbaren Handlungen den gleichen grundrechtlichen Schutz erfahren.
Eine nähere Bestimmung des Menschenwürdekerns, der jeglichem staatlichen Zugriff entzogen ist und der leistungsrechtlichen Schutz erfährt, ist
ebenfalls nur über die anderen Grundrechte, einschließlich der allgemei-

---

388 *V. Lewinski*, RW 2011, 70 (82 f.).
389 Sog. Menschenwürdegehalt der Grundrechte; ausf. dazu *Schulz* (Fn. 24).

nen Handlungsfreiheit als Auffanggrundrecht möglich. Dies gilt sowohl für die analoge[390] wie auch die digitale Persönlichkeitsentfaltung – sozio-kulturelle Teilhabe in all ihren Facetten vollzieht sich heutzutage partiell gerade auch im Netz. Das Grundrecht auf Gewährleistung eines menschenwürdigen Existenzminimums sichert die tatsächlichen Grundlagen der Grundrechtsausübung, zu denen mittlerweile auch der Zugang zum Internet zählt[391] – unabhängig davon, zu welchem Zweck das Internet konkret genutzt werden soll.

bb) Modalitätsneutraler Schutz der sozio-kulturellen Teilhabe

Demgegenüber ist die umgekehrte Sichtweise eines modalitätsneutralen Schutzes der sozio-kulturellen Teilhabe weder geeignet, die Online-Handlungsfreiheit inhaltlich näher zu konkretisieren, noch Anhaltspunkte für den leistungsrechtlichen Gehalt eines Rechts auf Internet zu liefern. Zum Existenzminimum rechnet nämlich – neben dem inhaltsneutralen Zugang zum Internet – auch ein modalitätsneutraler Anspruch auf sozio-kulturelle Teilhabe in Form von »Freizeit, Unterhaltung, Kultur«, »Bildung« sowie mithilfe »anderer Waren und Dienstleistungen«[392]. Dieser kann sowohl für analoge als auch für digitale Angebote verwendet werden; auch der Ermittlung eines Regelbedarfs liegt die Differenzierung zwischen technischen Zugangsmöglichkeiten und inhaltlichen Betätigungen zugrunde. Der Regelsatz sichert damit sowohl die Online-Handlungsfreiheit als auch das Recht auf Internet einfachgesetzlich ab.

cc) Realisierungsstrategien

Dabei gilt es zu berücksichtigen, dass leistungsrechtliche Ansprüche des Einzelnen auf Gewährung des menschenwürdigen Existenzminimums zu

---

390 Ausf. zu dem Ansatz, den Inhalt des Grundrechts auf Achtung und Gewährleistung des menschenwürdigen Existenzminimums mithilfe der übrigen Freiheitsrechte zu konkretisieren, *Schulz* (Fn. 39), S. 17 (35 ff.).
391 Abgesichert bspw. durch § 5 Abs. 1 Abt. 8 RBEG (Gesetz zur Ermittlung der Regelbedarfe nach § 28 SGB XII), der für den Aspekt »Nachrichtenübermittlung« einen Betrag von 31,96 € ansetzt.
392 § 5 Abs. 1 Abt. 9, 10 und 12 RBEG.

sonstigen Angeboten des Staates in einem Wechselverhältnis stehen. Der Verpflichtung zur Schaffung menschenwürdiger Lebensbedingungen kann der Staat nämlich sowohl durch materielle Leistungen als auch durch die Schaffung einer Infrastruktur und von Daseinsvorsorgeeinrichtungen nachkommen. So kann der Anspruch auf materielle Unterstützung geringer ausfallen, wenn zusätzlich ein gewisses Maß an kostenlosen oder kostengünstigen Angeboten bereitsteht; demgegenüber steigt der Bedarf, je mehr Angebote der sozio-kulturellen Teilhabe (auch im Internet) kommerzialisiert sind[393].

Ein so verstandenes Recht auf Internet realisiert sich also vorrangig über seine Leistungs-, Schutz- und objektive Funktion, dennoch sind abwehrrechtliche Gehalte nicht vollständig ausgeschlossen. Unterstellt man alle tatsächlichen Vorkehrungen für eine individuelle Teilhabe am Internet – also Infrastruktur, individueller Zugang und individuelle Infrastruktur – als gesichert (unabhängig davon, ob der Einzelne und der Markt dies aus eigener Kraft oder mithilfe staatlicher Aktivitäten realisieren konnten), kommt eine Beeinträchtigung durch einen Entzug jeder dieser Komponenten in Betracht. Insbesondere der (physische) Entzug der individuellen Infrastruktur oder eine (technische) Sperre des Zugangs sind durchaus vorstellbare staatliche Eingriffe[394].

(1) Individueller Zugang

Zumal eine übergreifende Telekommunikationsinfrastruktur für sich genommen nicht geeignet ist, ihre spezifische (gesellschaftliche) Funktion zu erfüllen, bedarf der Einzelne eines individuellen Zugangs zum Netz. Der individuelle Zugang zum Internet setzt dabei die grundsätzliche Möglich-

---

393 In diese Richtung ist auch der Hinweis des Bundesverfassungsgerichts zu verstehen, dass es dem Gesetzgeber (und der Verwaltung) grundsätzlich überlassen bleibt, »ob das Existenzminimum durch Geld-, Sach- oder Dienstleistungen« gesichert wird; vgl. BVerfGE 125, 175 (222); zutreffend auch *v. Lewinski*, RW 2011, 70 (83): »Doch ist hierbei herkömmlicherweise auch etwa die Auslage von Zeitungen in öffentlichen Bibliotheken als Leistungsgewährung zu berücksichtigen. – Auf das Internet übertragen bedeutet dies, dass zukünftig einmal existierender kostenpflichtiger Content bei der Berechnung des Existenzminimums berücksichtigt werden muss, soweit er existenznotwendig ist und nicht kostenlos oder öffentlich-rechtlich erbracht wird.«.
394 Dazu sogleich unter Gliederungspunkt III. 4. c).

keit voraus, einen entsprechenden Dienstleistungsvertrag über den Zugang – zu bestimmten Modalitäten – mit einem Provider abzuschließen.

Da unterschiedliche Qualitätsniveaus hinsichtlich des Zugangs existieren, ist zunächst zu klären, wie weit die staatliche Gewährleistungsverantwortung konkret reicht[395]. Die übergreifenden Infrastrukturen sichern nämlich grundsätzlich ein deutlich höheres Versorgungsniveau ab, als dem Einzelnutzer für eine der gesellschaftlichen Funktion gerecht werdende Teilhabe zur Verfügung stehen muss. Welche Dienstequalität der Einzelne nutzen kann, richtet sich vorrangig nach der vertraglichen Absprache mit seinem Anbieter, darüber hinaus aber auch nach der Universaldienstverpflichtung. Die Breitband-Debatte hat gezeigt, dass das – auch für die gesellschaftliche Teilhabe – erforderliche und gewünschte Breitbandniveau einem rapiden zeitlichen und technischen Wandel unterworfen ist. Umso schwerer wird die Bestimmung des gesellschaftlichen Minimums. Es bestehen jedoch berechtigte Zweifel, ob der »funktionale Zugang«, der von den §§ 78 ff. TKG gesichert wird und nur »schmalbandiges« Internet erfasst, dieses Minimum hinreichend sichert. Wo innerhalb der Breitbandangebote die Grenze liegt, die die staatliche Gewährleistung auslöst, lässt sich nur schwer näher eingrenzen. Vergegenwärtigt man sich aber die mit neuartigen Funktionen (z. B. Online-Videotheken, Online-Bibliotheken sowie Geoinformationsdiensten wie *Google Street View*) verbundenen Up- und Download-Raten, ist in nächster Zeit ein erheblicher Anstieg zu erwarten.

Der individuelle Zugang (besser: die individuelle Zugangs*möglichkeit*) ist, unabhängig davon, welches Qualitätsniveau man für notwendig erachtet, aufgrund dieser Bedeutung staatlicherseits abzusichern. Die Gewährleistungsverantwortung bezieht sich jedoch ausschließlich auf das gesellschaftliche Minimum, darüber hinaus ist der Staat (aus verfassungsrechtlichen Gründen) nicht gehindert, den Markt sich vollständig frei entfalten und regulieren zu lassen[396]. Aufgrund des Subsidiaritätsprinzips[397] ist eine

---

395 Vgl. dazu insbesondere die Debatte um eine Erweiterung des Universaldienstes im Zuge einer Novelle des TKG; exemplarisch *Gerpott*, CR 2011, 568 ff.; *Kirchner*, CR 2011, 365 ff.

396 Soweit nicht ausnahmsweise seitens eines Unternehmens eine marktbeherrschende Stellung ausgenutzt wird und daher das einfachgesetzliche Kartell- und Wettbewerbsrecht entsprechend zur Anwendung kommt.

397 Allgemein zum Prinzip der Subsidiarität *Isensee*, Subsidiaritätsprinzip und Verfassung, 1968, S. 278 f.

Aktivierung der Gewährleistungsverantwortung zusätzlich davon abhängig, dass der Markt das erforderliche Minimum – für alle und zu angemessenen Preisen – nicht von sich aus zur Verfügung stellt, wie auch das Instrument des Universaldienstes der §§ 78 ff. TKG seine disziplinierende Wirkung weitgehend aus dem ihm innewohnenden »Drohpotenzial« entfalten konnte[398]. Als Optionen, den individuellen Zugang effektiv abzusichern, kommen also in Betracht:

– zunächst die Verpflichtung (marktmächtiger) Unternehmen, diese Minimaldienste jedermann zu angemessenen Preisen anzubieten (vgl. §§ 78 ff. TKG), da angesichts des Privatisierungsgebotes dem Staat die Möglichkeit der »Selbsterbringung«, wie z. B. beim ÖPNV, untersagt ist, sowie

– die Absicherung des Zugangs zu diesen Diensten über einen Kontrahierungszwang (marktmächtiger Unternehmen), wie er sich im TKG (§ 84 Abs. 1 TKG[399]) finden lässt.

Neben einer vertraglichen Abrede setzt der individuelle Zugang jedoch auch – in der Regel – finanzielle Mittel voraus, zumal der Provider ein Entgelt für seine Dienstleistungen einfordern wird. Die »diskriminierungsfreie telekommunikative Zugangsmöglichkeit« ist keine hinreichende Bedingung für einen tatsächlichen Zugang[400]. Vertragsschluss und regelmäßige Zahlung der Vergütung sichern erst im Zusammenspiel den individuellen Zugang. Zumal der Markt bei einer entsprechenden Gewinnaussicht bereit ist, derartige Angebote, auch an jedermann, zur Verfügung zu stellen, dürfte sich die Finanzierbarkeit des individuellen Zugangs als vorrangiger Aspekt erweisen.

Auch diesbezüglich stehen dem Staat unterschiedliche Realisierungsvarianten zur Verfügung:

– die Subventionierung von Telekommunikationsanbietern, einerseits um deren Kosten zu senken und so einen preiswerteren Endkundenpreis zu

---

398 So auch *Schneider*, in: Fehling/Ruffert (Hrsg.), Regulierungsrecht, 2010, § 8 Rn. 67.

399 Diese Norm enthält einen Rechtsanspruch des »Endnutzers« auf Zugang zum Sprachtelefondienst und zu anderen Universaldienstleistungen i. S. d. §§ 78 ff. TKG »im Rahmen der Gesetze und der allgemeinen Geschäftsbedingungen«; ausf. dazu *Cornils*, in: Geppert/Schütz (Hrsg.), Beck'scher TKG-Kommentar, 4. Aufl. 2013, § 84 Rn. 8 ff.

400 *V. Lewinski*, RW 2011, 70 (74).

ermöglichen (eine im öffentlichen Personennahverkehr verbreitete Praxis[401]); andererseits erscheint es denkbar, die Förderung mit einer Auflage zu verbinden, (bestimmten Bevölkerungsgruppen) bestimmte Konditionen zu gewähren,

– die Verpflichtung der Anbieter, bestimmten Bevölkerungsgruppen sog. Sozialtarife zur Verfügung zu stellen, soweit der Markt diese nicht von sich aus anbietet[402],

– die Einbeziehung in staatliche Sozialleistungen, wie z. B. in § 5 Abs. 1 Abt. 8 RBEG, der für den Aspekt der »Nachrichtenübermittlung« einen Betrag von 31,96 € ansetzt und mithin aufgrund der derzeitigen Marktpreise auch eine (Breitband-)»Flatrate« absichern dürfte[403],

– sowie schließlich die Bereitstellung alternativer Zugangsmöglichkeiten.

(2) Individuelle Infrastruktur (Hard- und Software)

Das Recht auf Internet realisiert sich schließlich nur, wenn bestimmte individuelle Infrastrukturkomponenten vorgehalten bzw. beschafft werden können[404]. Zunächst ist die Erschließung von Wohngebäuden mit Telekommunikationsleitungen erforderlich (»letzte Meile«); der individuelle Nutzer benötigt zudem Hard- und Softwarekomponenten – sei es in Form eines klassischen PCs oder zunehmend anderer, auch mobiler Datenendgeräte.

Dieser Aspekt zwingt zu einem Vergleich mit dem Zugang zu klassischen Verkehrsinfrastrukturen: Die Vorhaltung einer individuellen Infrastruktur in Form eines Kraftfahrzeugs ist angesichts des bestehenden

---

401 In Form sog. Ausgleichszahlungen; dazu *Queisner*, IR 2008, 109 ff.

402 Vgl. zum Sozialtarif der Deutschen Telekom AG *v. Lewinski*, RW 2011, 70 (74, Fn. 21).

403 *V. Lewinski*, RW 2011, 70 (75).

404 Ausgeblendet bleibt hier der Aspekt, dass die Nutzer auch über entsprechende Expertise und Kompetenzen verfügen müssen (*v. Lewinski*, RW 2011, 70 [75]); dabei handelt es sich nicht um einen »internetspezifischen« Gesichtspunkt, vielmehr ist die Möglichkeit, zu kommunizieren bzw. Inhalte zu verbreiten oder einzuholen, immer (auch) durch die intellektuellen Fähigkeiten des Einzelnen begrenzt; so zutreffend zur Meinungs- und Informationsfreiheit *Schmidt-Jortzig*, in: Isensee/Kirchhof (Hrsg.), Handbuch des Staatsrechts, Bd. VII, 3. Aufl. 2009, § 162 Rn. 43.

ÖPNV nicht erforderlich[405] und wird daher zutreffend auch nicht (nicht einmal durch Ansparen) in den Regelbedarf einbezogen. Die Verfügbarkeit eines ausreichenden Angebots von Hard- und Software wird vom Markt gesichert, jedoch kann die erforderliche Infrastruktur nur beschafft und unterhalten werden, soweit entsprechende finanzielle Mittel zur Verfügung stehen. Die soziale Grundsicherung soll einen PC bisher nicht umfassen[406], sodass dieser für Leistungsempfänger nur durch Ansparen[407] aus den im Regelsatz enthaltenen Mitteln[408] finanziert werden kann. Ob diese von der Sozialgerichtsbarkeit vertretene Ansicht allerdings Bestand haben wird, erscheint angesichts des rasanten Wachstums und der kurzen Innovationszyklen im IT-Bereich fraglich. Zutreffend ist, dass »nicht allein die Verbreitung bestimme, ob ein Einrichtungsgegenstand für einen Empfänger von Leistungen nach dem SGB II als Erstausstattungsgegenstand erforderlich sei«, es vielmehr »wesentlich sei, ob ein PC für eine geordnete Haushaltsführung notwendig sei und der Leistungsempfänger ihn für ein an den herrschenden Lebensgewohnheiten orientiertes Leben benötige«[409]. Zwar lässt sich »ein Haushalt ohne Probleme ohne einen PC führen«, ob er tatsächlich aber auch »für die Grundversorgung mit Informationen« entbehrlich ist, »da diese durch Fernseh- und Rundfunkgeräte sichergestellt werden könnte«[410], erscheint mittlerweile fraglich, zumal sich immer mehr Lebensbereiche ins Internet verlagern. Ein an den »herrschenden Lebensgewohnheiten orientiertes Leben« erfordert einen PC mit Internetzugang allemal.

Eine weitere Maßnahme, mit der der Staat seiner auf die individuelle Infrastruktur bezogenen Gewährleistungsverantwortung nachkommen kann, ist die Option, diese von der Zwangsvollstreckung auszunehmen[411],

---

405 Vgl. bspw. LSG München, Beschl. v. 29.1.2010 – L 7 AS 41/10 B ER, zit. nach juris: »Auch Winterreifen und Reparaturen für den Pkw sind kein unabweisbarer Existenzbedarf, zumal der Beschwerdeführer im Bereich des Personennahverkehrs wohnt.«.

406 *V. Lewinski*, RW 2011, 70 (71) m. w. N.

407 LSG München, Beschl. v. 29.1.2010 – L 7 AS 41/10 B ER, zit. nach juris.

408 Bspw. für »Freizeit, Unterhaltung, Kultur«, »Bildung«, »Innenausstattung, Haushaltsgeräte und -gegenstände« sowie »andere Waren und Dienstleistungen« (§ 5 Abs. 1 Abt. 9, 10 und 12 RBEG).

409 LSG Essen, Beschl. v. 23.4.2010 – L 6 AS 297/10 B, zit. nach juris.

410 LSG Essen, Beschl. v. 23.4.2010 – L 6 AS 297/10 B, zit. nach juris.

411 Zur Einbeziehung von abwehrrechtlichen Gehalten in den Schutz des Existenzminimums *Schulz* (Fn. 39), S. 17 ff.

also den Entzug zu untersagen. Insofern dürfte es sich eher um die abwehrrechtliche, auf Art. 14 GG rückführbare Komponente eines Rechts
auf Gewährleistung des Existenzminimums handeln[412].

Fraglich ist weiterhin, ob es tatsächlich *individueller* Infrastrukturkomponenten bedarf oder nicht die allgemein zugängliche staatliche Bereitstellung ein taugliches Äquivalent ist. So heißt es: »Der Zugang zum Internet
muss nicht zwingend von daheim und mit eigenem Rechner hergestellt
werden können, sondern der Betroffene kann auch auf den Besuch eines
Internet-Cafés verwiesen werden.«[413] Im Grundsatz ist in der Tat anzuerkennen, dass der Staat seinen Verpflichtungen sowohl durch materielle
Leistungen als auch durch die Schaffung von Daseinsvorsorgeeinrichtungen nachkommen kann, auf die er die Bürger vorrangig verweisen darf.
Insofern müssen diese Vorkehrungen des Staates auch bei der zeit- und
realitätsgerechten Ermittlung[414] des Umfangs eines subjektiven Rechts auf
Gewährung und Achtung des menschenwürdigen Existenzminimums Berücksichtigung finden. Dieser Zusammenhang lässt sich an zahlreichen
Beispielen belegen: Sozio-kulturelle Teilhabe lässt sich einerseits durch
eine bessere individuelle finanzielle Ausstattung der Grundrechtsträger sichern, andererseits aber auch durch kostenfreie oder kostengünstige Bildungsangebote (Nachhilfe, Volkshochschule), durch öffentliche Bibliotheken, die auch Tageszeitungen und Internetzugänge zur Verfügung stellen,
durch einen subventionierten öffentlichen Nahverkehr oder durch Aktions-
programme, die eine Teilhabe von Kindern aus benachteiligten Familien
in Sport- und Musikvereinen ermöglichen.

Allerdings muss im Kontext des Zugangs zum Internet der Wandel der
Internet-Kommunikation berücksichtigt werden: Während diese zunächst
primär einer Informationsbeschaffung diente (sodass der Vergleich mit der
Auslage von Zeitungen in Bibliotheken tatsächlich angebracht erschien),
hat der Übergang zum Web 2.0 zahlreiche andere – auch (höchst-)persön-
liche – Interaktionen ins Internet überführt und neue Kommunikationsformen (Video-Telefonie, Echtzeit-Chat etc.) ermöglicht. Insofern kommen
Internet-Cafés und andere frei zugängliche Einrichtungen weit weniger als
taugliches Äquivalent zum »eigenen PC« in Betracht, zumal diese Art der
Internet-Kommunikation einen räumlichen Rückzugsraum erfordert. So

---

412 Dazu unten Gliederungspunkt III. 25. b).
413 *V. Lewinski*, RW 2011, 70 (76).
414 Die das BVerfG von Gesetzgebung (und Verwaltung) einfordert; vgl.
    BVerfGE 125, 175 (232).

wurde auch der »Anspruch« auf einen eigenen Telefonanschluss nicht mit der Begründung, es stünden auch Telefonzellen in ausreichender Anzahl zur Verfügung, in Frage gestellt. In jedem Fall ist aufgrund der Entwicklungsoffenheit ein kontinuierlicher Abgleich mit den veränderten Realbedingungen und ggf. eine Anpassung des Rechtsrahmens erforderlich. Offensichtlich orientiert sich die derzeitige Rechtsprechung in diesem Kontext noch an einer Charakterisierung des Internets als eine Informationsquelle neben anderen.

c) Beispiel: Internetsperren und Internetführerschein

Betrachtet man die Ebene des individuellen Zugangs, bleibt zunächst festzuhalten, dass dieser derzeit weder rechtlich eingeschränkt ist[415] noch tatsächlich einschränkbar erscheint. Jeder, der über die erforderliche Infrastruktur, einen Providervertrag und die erforderlichen finanziellen Mittel verfügt bzw. diese vom Staat zur Verfügung gestellt bekommt, kann die Dienste im Internet nutzen. Es findet weder eine präventive Kontrolle statt, noch bestehen Sanktionen, die repressiv, bspw. bei Straftaten im Internet[416], bestimmte Personen vom Netz ausschließen könnten. Präventiv käme die Einführung einer Berechtigung zur Nutzung des Netzes in Betracht; repressiv die Zugangssperre, sei es isoliert oder im Zusammenspiel mit präventiven Maßnahmen als Entzug einer zuvor erteilten Erlaubnis.

Das Stichwort »Internet-Führerschein« (eigentlich geht es um das Äquivalent der Fahrerlaubnis) steht derzeit vor allem als Synonym für die (fehlende) Medienkompetenz von Jugendlichen und für Maßnahmen, die sich zum Ziel gesetzt haben, hier Abhilfe zu schaffen[417]. Weitergehende prä-

---

415 Eine Ausnahme gilt für Strafgefangene, für die die Telekommunikation – und damit auch der Zugang zum Internet – beschränkt wird; vgl. §§ 28, 32, 70 Abs. 2 Nr. 2 StVollzG; kritisch dazu jüngst *Wawzyniak*, KritV 2012, 198 ff.

416 Jüngst *Krumm*, ZRP 2011, 152 ff.; insbesondere diskutiert im Kontext von Urheberrechtsverletzungen; zum französischen »Hadopi«-Gesetz *Pritzkow*, MR-Int 2010, 51 ff.; *Geiger*, IIC 2011, 457 ff.; *Solmecke/Sebastian/Sahuc*, MMR-Aktuell 2011, 316298; s. auch *Greve/Schärdel*, ZRP 2009, 54 ff.

417 S. dazu z. B. http://netzpolitik.org/2010/mit-test-internet-enquete-tagt-zu-medienkompetenz. In einem Bericht des wissenschaftlichen Dienstes des Bundestages an die Internet-Enquete wurde zum Thema Medienkompetenz ein Verweis auf einen Bericht zum sog. verpflichtenden Internet-Führerschein aufgenommen, bei dem es sich allerdings um einen Aprilscherz handelte; ernsthaft dazu jedoch *Al-*

ventive Maßnahmen im Sinne einer Erlaubnis werden nicht ernsthaft diskutiert. Beklagt wird vor allem der leichtfertige Umgang mit personenbezogenen Daten in sozialen Netzwerken. Weitergehende politische Forderungen beziehen sich vor allem auf Urheberrechtsverstöße im Internet und auf die Gefahren, die von sog. *Facebook*-Parties[418] ausgehen. Jeweils werden allenfalls aufklärende Maßnahmen angedacht – bei denen bereits, soweit freiwillig, die grundrechtliche Relevanz fraglich ist[419].

Diese Aspekte sollen hier vollständig ausgeblendet bleiben. Stattdessen soll der Fokus auf die Gefährdungen der Gesamtinfrastruktur Internet, der Nutzer selbst sowie dritter Personen gelegt werden, die daraus resultieren, dass (viele) Nutzer nicht die erforderlichen Gegenmaßnahmen gegen Hackerangriffe, Viren, Trojaner und Ähnliches ergreifen. Insofern bestehen nämlich tatsächlich Parallelen zum Erfordernis, eine Fahrerlaubnis zu besitzen, um am öffentlichen Straßenverkehr teilzunehmen. Diese Einschränkung der allgemeinen Handlungsfreiheit – in deren Schutzbereich der (technische und inhaltsneutrale) Zugang sowohl zum öffentlichen Straßenverkehr als auch zum Internet fällt[420] – wird vorrangig mit Sicherheitsgefahren, die von »ungeeigneten«[421] Verkehrsteilnehmern ausgehen, gerechtfertigt und wurde in der Vergangenheit niemals ernsthaft in Frage gestellt[422]. § 2 Abs. 1 Satz 1 StVG verlangt eine Fahrerlaubnis, die nur zu

---

brecht, VR 2013, 259 ff. Das Schlagwort »Internet-Führerschein« wurde vielfach aufgegriffen mit der Folge, dass z. B. in Schulen Kurse zum Erwerb eines solchen Internet-Führerscheins angeboten und durchgeführt werden, vgl. http://www .derwesten.de/staedte/heiligenhaus/internet-fuehrerschein-fuer-schulkinder-id486 6579.html, Webseiten dazu entstehen, vgl. http://www.internet-fuehrerschein.de oder http://www.internet-abc.de/kinder/surfschein.php, sowie Literatur dazu erworben werden kann, vgl. Siller/Reicherdt (Hrsg.), Der Internet-Führerschein für Kinder: Clever surfen – Infos finden – sicher chatten, 2011.

418 Dazu aus juristischer Perspektive *Klas/Bauer*, K&R 2011, 533 ff.; *Söllner/ Wecker*, ZRP 2011, 179 ff.

419 Vergleichbar die Situation bei staatlicher Informationstätigkeit und Warnungen; zur (Erforderlichkeit einer) Rechtsgrundlage und den Grenzen staatlicher Informationstätigkeit, vor allem in grundrechtssensiblen Bereichen, grundlegend BVerfGE 105, 279 ff.; 105, 252 ff.; ausf. zu diesem Themenkomplex, insbesondere auch zu neueren Entwicklungen, *Manssen*, in: v. Mangoldt/Klein/Starck (Fn. 86), Art. 12 Rn. 86 ff. m. w. N.

420 Zutreffend *v. Lewinski*, RW 2011, 70 (90).

421 So der Begriff in § 69 StGB; dazu statt Vieler *Kühl*, in: Lackner/Kühl (Hrsg.), StGB, 27. Aufl. 2011, § 69 Rn. 6.

422 S. BVerfG, NJW 1979, 1981 (1981): »Wer im öffentlichen Straßenverkehr ein Kraftfahrzeug führen will, bedarf seit jeher grundsätzlich einer behördlichen Er-

erteilen ist, wenn Befähigung und Eignung vorliegen, wobei dies »alle körperlichen, geistigen und charakterlichen Umstände« betrifft, »die vorhanden sein müssen, um eine Gefährdung der Allgemeinheit soweit als möglich auszuschließen«[423]. Überträgt man dies auf die Internet-Nutzung zeigt sich, dass dem Nutzer tatsächlich neben der Infrastruktur eine entscheidende Bedeutung zukommt, wie auch im Straßenverkehr erst das Zusammenspiel von Fahrerlaubnis und technischer Sicherheit (TÜV) das erforderliche Sicherheitsniveau sicherstellen kann. Selbst wenn zertifizierte Hard- und Software, ausgestattet mit modernen Sicherheitsanwendungen wie Firewall und Antivirusprogrammen, zum Einsatz kommen, kann ein ungeeigneter, unvorsichtiger oder vorsätzlich handelnder Nutzer wiederum Sicherheitsrisiken bewirken. Dass eine entsprechende Diskussion bisher nicht geführt wird, ist vor allem auf den Umstand rückführbar, dass die drohenden »Cyber-Gefahren« kaum greifbar sind und größere Unglücksfälle, insbesondere solche, die auch Menschenleben gefährdet haben, bisher ausgeblieben sind[424].

Gleiches gilt für das – nicht zwingend mit einer präventiven Prüfpflicht verbunden – repressive Vorgehen gegen den individuellen Nutzer, z. B. weil er (fahrlässig oder vorsätzlich) keine Sicherheitsvorkehrungen hinsichtlich seiner Infrastruktur ergriffen, gar »Cyber-Angriffe« initiiert oder

---

laubnis, deren Erteilung von der Feststellung der erforderlichen Eignung und Befähigung abhängt (vgl. § 14 der Grundzüge betreffend den Verkehr mit Kraftfahrzeugen des Bundesrats vom 3. 5. 1906 [Drucks, zu den Verh. des Bundesrates des Deutschen Reichs, 1906, Nr. 66; Prot. über Verh. des Bundesrates des Deutschen Reichs, 1906, § 320]; § 2 des Gesetzes über den Verkehr mit Kraftfahrzeugen vom 3. 5. 1909 [RGBl S. 437]). Eine solche Regelung enthält auch § 2 StVG vom 19. 2. 1952. Dagegen ist von Verfassungs wegen offensichtlich nichts zu erinnern.«.

423 BVerfG, NJW 1967, 29 (30)

424 Dennoch haben sich die Gefahren auch heute schon realisiert; neben den »Angriffen« auf den Staat Estland (zu den Hintergründen »Wer steckt hinter dem Cyberangriff auf Estland?«, Der Spiegel 21/2007, S. 134; vergleichbare Attacken auf Deutschland sollen gar als »bewaffneter Angriff« im Sinne des Art. 115 a GG anzusehen sein; vgl. *Schmitt*, NZWehrR 1999, 177 [194]; *Stein/Marauhn*, ZaöRV 2000, 1 [8]; *Schmidt-Radefeldt*, in: Epping/Hillgruber [Hrsg.], Beck'scher Online-Kommentar GG [Stand: 21. Ed., 1.6.2014], Art. 115 a Rn. 4) sowie iranische Atomanlagen mittels des Wurms »stuxnet« (*Gaycken/Karger*, MMR 2011, 3 ff.) sind vor allem die stark ansteigenden Fälle der Wirtschaftsspionage über das Internet zu nennen; vgl. dazu exemplarisch bereits eine Meldung aus dem Jahr 2007: »Fast tägliche Cyber-Attacken aus China«, SpiegelOnline vom 22.10.2007, http://www.spiegel.de/netzwelt/web/0,1518,512914,00.html.

andere Straftaten im Internet begangen hat[425]. Eine Zugangssperre ggf. sogar ohne »Verschulden« und strafrechtliche Verantwortlichkeit weist ebenfalls Parallelen zum Fahrerlaubnisentzug auf, zumal allein auf das Vorliegen bzw. Fehlen einer *objektiven* Eignung abgestellt werden könnte.

Erscheinen Internet-Führerschein und Internet-Entzug auf den ersten Blick als taugliche Instrumente, die Sicherheit des Internets zu erhöhen und Gefahren auszuschließen, bleiben dennoch folgende Aspekte zu berücksichtigen:

– Weit mehr als bei Kraftfahrzeugen dürfte es die individuelle Infrastruktur sein, die ein erhöhtes Gefahrenpotenzial birgt, sodass ein Ansetzen auf der technischen Ebene zielführender erscheint[426] als beim »Nutzer« und seiner Fähigkeit und Eignung.

– Der Nachweis konkreter Gefahren, die aus der fehlenden Befähigung einiger Nutzer resultieren, ist bisher nicht erbracht worden. Er ist jedoch erforderlich, um weitgehende Einschränkungen der Grundrechte zu rechtfertigen.

– Derzeit fehlt es an technischen Möglichkeiten, den Zugang zum Internet effektiv zu beschränken bzw. das Vorhandensein einer präventiven Erlaubnis zu überprüfen. Hinzu kommt, dass, anders als für den Straßenverkehr, Kriterien, nach denen die körperlichen, geistigen und charakterlichen Umstände, von deren Vorliegen eine Erlaubnis abhängig gemacht werden sollte, nicht definiert sind. Bereits das »Einstiegsalter« erscheint fraglich[427].

– Schließlich ist es aber die dargelegte besondere gesellschaftliche Bedeutung des Internets, die einem (vollständigen) Ausschluss bestimmter Personen entgegenstehen dürfte. Die Online-Grundrechte haben persönlichkeitsrelevante Bedeutung, zahlreiche gesellschaftliche, de-

---

425 Andere derzeit diskutierte Anlässe (Urheberrechtsverletzungen oder ganz allgemein Straftaten) bleiben ausgeblendet; bei der hier diskutierten Variante wäre der Bezug zwischen Vorwurf und Sanktion weitestgehend gegeben, während dies bei anderen Delikten nicht der Fall sein dürfte; insofern besteht auch hier wieder eine Parallele zum Fahrerlaubnisentzug, zumal dieser immer wieder auch als Sanktion für Straftaten ohne Verkehrsbezug diskutiert wird; dazu bereits *Kulemeier*, NZV 1993, 212 ff.

426 Zu denkbaren Maßnahmen *Schulz* (Fn. 6), S. 265 (300 ff.).

427 So ist eine Anmeldung bei *Facebook* nach den Nutzungsbedingungen seitens des Diensteanbieters erst ab 14 Jahren zugelassen; effektive Überprüfungsmechanismen existieren aber nicht.

mokratische und wirtschaftliche Aktivitäten verlagern sich ins Netz, sodass die »Streubreite« einer Sperre oder der Beschränkung des Zugangs enorm ist und solche Maßnahmen kaum zu rechtfertigen sind, soweit nicht technische Optionen zur Verfügung stehen, gezielte und abgestufte Zugangssperren zu verwirklichen.

Insofern lässt sich ein Vergleich mit ähnlichen Maßnahmen aus der analogen Welt anführen – Ausgangssperren und Hausarrest werden zwar vorrangig an Art. 2 Abs. 2 bzw. Art. 11 GG, dem Grundrecht auf körperliche Bewegungsfreiheit bzw. Freizügigkeit, gemessen; im Rahmen der Verhältnismäßigkeit ist aber zu berücksichtigen, dass auch die Wahrnehmung zahlreicher anderer Grundrechte – vor allem derjenigen, die auf den öffentlichen Raum angewiesen sind – ebenfalls beeinträchtigt werden. Gleiches gilt im virtuellen Raum. Die zunächst inhaltsneutrale, auf den technischen Zugang bezogene Maßnahme realisiert sich in der Versagung zahlreicher Online-Handlungsfreiheiten und erweist sich daher in der Regel als unverhältnismäßig[428].

5. Recht auf Leben und körperliche Unversehrtheit (Art. 2 Abs. 2 GG)

Das Recht auf Leben und körperliche Unversehrtheit aus Art. 2 Abs. 2 Satz 1 GG weist im Gegensatz zu Art. 2 Abs. 1 GG einen stärkeren Bezug zum Kriterium der Körperlichkeit und damit zur analogen Welt auf. Digitale Einflüsse auf den Schutzbereich sind daher zumindest nicht offensichtlich. Um eine Beeinträchtigung dieses Grundrechts durch bestimmte Onlineaktivitäten feststellen zu können, müssen diese von derartiger Intensität sein, dass sie den digitalen Bereich verlassen und analoge, aber auf die Betätigungen im Internet rückführbare Reaktionen hervorrufen.

---

428 Ob man allerdings aufgrund des parallelen Eingriffs in zahlreiche andere Grundrechte die Verfassungswidrigkeit auch aus einer Missachtung der Schranken-Schranke des Art. 18 GG ableiten kann, erscheint fraglich; s. dazu *v. Lewinski*, RW 2011, 70 (89 f.).

a) Beeinträchtigung physischer und psychischer Existenz durch digitale Einflüsse

Durch das Recht auf Leben wird zunächst die biologisch-physische Existenz geschützt[429], während das Recht auf körperliche Unversehrtheit einen größeren Schutzumfang aufweist, indem neben der geschützten menschlichen Gesundheit im biologisch-physiologischen Sinne – der Integrität des Körpers – auch die Abwesenheit psychischer Krankheitszustände erfasst ist[430]. Diese gilt es abzugrenzen von einem nicht geschützten Recht auf psychisches Wohlbefinden. Das BVerfG spricht zwar insofern von einer »Einheit von Leib, Seele und Geist«[431]; diese dürfe jedoch nicht dazu führen, jegliches Unwohlsein oder Unbehagen grundrechtlich abzusichern und das Recht auf körperliche Unversehrtheit einer Konturenlosigkeit preiszugeben. Insgesamt schützt Art. 2 Abs. 2 Satz 1 GG also primär der analogen Welt zuzuordnende Lebensbereiche. Online-Einflüsse und das Recht auf Leben und körperliche Unversehrtheit zueinander in Beziehung zu setzen, erscheint nicht naheliegend. Allerdings sind Konstellationen denkbar, in denen ein Einfluss digitaler Aktivitäten zumindest auf das Recht auf körperliche Unversehrtheit feststellbar ist. Dementsprechend kann Cybermobbing zu derartigen Extremfällen heranwachsen, die nicht nur die digitale, sondern auch die analoge Welt des Betroffenen beeinflussen. Am schwierigsten wird es sein, die Kausalzusammenhänge zwischen digitaler Beeinträchtigungshandlung und analoger Reaktion in Beziehung zueinander setzen zu können. Zudem sind an dieser Stelle nicht die Abwehrrechte des Bürgers, sondern vorrangig die Ausstrahlungswirkung der Grundrechte in die privaten Rechtsbeziehungen betroffen[432].

b) Beispiel: Extremfälle des Cybermobbing

Das Beispiel Cybermobbing wurde bereits im Rahmen des allgemeinen Persönlichkeitsrechts in Form einer Beeinträchtigung des Rechts der eigenen Ehre behandelt. Eine Abgrenzung zu ehrverletzenden Äußerungen

---

429 BVerfGE 115, 118 (139).
430 *Schulze-Fielitz* (Fn. 320), Art. 2 II Rn. 20, 33 ff.; *Di Fabio* (Fn. 52), Art. 2 Abs. 2 Satz 1 Rn. 2, 55 ff.; *Jarass* (Fn. 109), Art. 2 Rn. 81, 83.
431 BVerfGE 56, 54 (75).
432 S. dazu bereits *Schliesky u. a.* (Fn. 1), S. 42 ff.

kann für das Recht auf Leben und körperliche Unversehrtheit in der Weise vorgenommen werden, dass es im Rahmen des Art. 2 Abs. 2 Satz 1 GG um eine andere Qualität der Beeinträchtigung geht. Trotz der dargestellten Nähe zum Menschenwürdegehalt, der sowohl der inneren als auch der äußeren Ehre zukommen kann, sind weiterreichende Auswirkungen und Konsequenzen erforderlich als eine verletzte Ehre. Diese müssen sich auf einer anderen, an der physiologischen Existenz anknüpfenden Ebene realisieren[433]. Für derartige Extremfälle des Cybermobbing ist zunächst anzuführen, dass nicht jeder Mensch die gleiche körperliche und psychische Konstitution aufweist. Während sich die Einen durch Diffamierungen über das Internet vielleicht gekränkt und dementsprechend in ihrer persönlichen Ehre (innere oder äußere) verletzt sehen, ansonsten aber nicht schwerwiegender tangiert fühlen, können andere Menschen weitaus extremere Reaktionen auf derartiges Mobbing zeigen. Fälle aus der analogen wie aus der digitalen Welt, in denen sich Menschen aufgrund von Mobbing das Leben nehmen, können diesen Befund und die Auswirkungen auf das Recht auf Leben und körperliche Unversehrtheit belegen. In den Niederlanden forderte Cybermobbing z. B. ein Menschenleben, als dort ein 15-jähriges Mädchen erstochen wurde, da sie in dem sozialen Netzwerk *Facebook* ein anderes gleichaltriges Mädchen gedemütigt hat, woraufhin dieses einen Jungen mit der Tötung beauftragt hat[434]. Das Recht auf körperliche Unversehrtheit könnte im Zusammenhang mit derartigen Online-Attacken berührt sein, sofern es in der Folge bspw. zu gewalttätigen Übergriffen auf handelnde Personen oder auch auf unbeteiligte Dritte kommt. Cybermobbing hat daher Auswirkungen auf das verfassungsrechtlich geschützte Grundrecht aus Art. 2 Abs. 2 Satz 1 GG. Allerdings wird man aus derartigen Gefährdungen eine staatliche Handlungspflicht, die über die gesetzlich normierten Straftatbestände hinausgeht, aufgrund des Untermaßverbotes[435] nicht oder nur schwer begründen können. Um hier effektiveren

---

433 Zum Cybermobbing als Beeinträchtigung des Rechts der eigenen Ehre im Rahmen des Allgemeinen Persönlichkeitsrechts s. bereits Gliederungspunkt III. 3. f) bb). Auf den Zusammenhang von Cybermobbing und einer Beeinträchtigung von Art. 2 Abs. 2 GG im Bereich der Schule als zu schützende Rechte von Mitschülern und Lehrern hinweisend *Steenhoff*, NVwZ 2013, 1190 (1191).

434 http://www.fr-online.de/panorama/facebook-mord-tod-nach-cyber-mobbing,1472 782,17034684.html sowie http://www.fr-online.de/panorama/tod-nach-cyber-mo bbing-hoechststrafe-fuer-facebook-mord,1472782,17041986.html.

435 S. hierzu *Schliesky u. a.* (Fn. 1), S. 50.

Schutz zu gewährleisten, müsste bereits bei einer stärkeren Überwachung und Sanktionierung des Cybermobbing angesetzt werden.

6. *Fortbewegungsfreiheit (Art. 2 Abs. 2 GG)*

Das in Art. 2 Abs. 2 GG neben dem Recht auf Leben und körperliche Unversehrtheit verbürgte Grundrecht auf die Freiheit der Person ist als Fortbewegungsfreiheit zu verstehen, das also dem Schutz vor mit körperlichem Zwang verbundenen Freiheitsbeschränkungen dient[436]. Beeinträchtigungen ergeben sich dabei sowohl aufgrund von Freiheitsbeschränkungen als auch -entziehungen, bei denen eine internetbasierte Verwirklichung nicht ersichtlich ist. Denkbar sind aber internetbasierte Überwachungsmaßnahmen, die den Betroffenen zur Einhaltung bestimmter Beschränkungen zwingen. Der mittels elektronischer Fußfessel überwachte Hausarrest, wie er durch § 68 b Abs. 1 Satz 1 Nr. 12 StGB als sog. elektronische Aufenthaltsüberwachung angeordnet werden kann, gehört bisher aber nicht in die Kategorie internetbasierter Überwachungsmaßnahmen, da diese durch ein Zusammenwirken von Sendern an der Fußfessel und Empfängern in der Wohnung des Tragenden über das Telefon- oder Mobilfunknetz oder auch über GPS gesteuert wird. Perspektivisch erscheinen aber auch webbasierte Lösungen oder ein kombinierter Ansatz von GPS und Internet dieser oder ähnlicher freiheitsentziehender Maßnahmen nicht ausgeschlossen, sodass an dieser Stelle auf deren Auswirkungen auf die Freiheit der Person bereits hingewiesen sei[437]. In eine vergleichbare Richtung würden auch »elektronische Meldepflichten« zielen, wenn eine Verknüpfung mit einem bestimmten lokalen Computer einzuhalten und so der Bewegungsradius – zwar nicht dauerhaft, so aber über einen längeren Zeitraum – beschränkt wäre.

---

436 *Schulze-Fielitz* (Fn. 320), Art. 2 II Rn. 98; *Jarass* (Fn. 109), Art. 2 Rn. 110.

437 Dafür, dass eine elektronische Fußfessel einen Freiheitsentzug darstellt und damit den Anwendungsbereich der Art. 2 Abs. 2 Satz 2, Art. 104 Abs. 2 GG eröffnet, *Niedzwicki*, NdsVBl 2005, 257 ff.; *Dörr*, in: ders./Grothe/Marauhn (Hrsg.), EMRK/GG: Konkordanzkommentar zum europäischen und deutschen Grundrechtsschutz, 2. Aufl. 2013, Kap. 13 Rn. 129; *Wittreck*, in: Isensee/Kirchhof (Fn. 404), § 151 Rn. 20. Zu aktueller Kritik an der Maßnahme s. http://www.welt. de/regionales/hamburg/article128079533/Fussfessel-Behoerde-will-Verstoesse-st aerker-ahnden.html sowie auch http://www.lto.de/recht/nachrichten/n/fussfessel-versuch-beendet-baden-wuerttemberg-stickelberger.

7. Gleichheitsgrundsatz (Art. 3 Abs. 1 GG)

Selbstverständlich findet der Gleichheitsgrundsatz des Art. 3 Abs. 1 GG auch Anwendung auf digitale Sachverhalte, so bspw. im Rahmen der Gewährleistung eines Zugangs im Rahmen des menschenwürdigen Existenzminimums[438], bei der Geltung von rechtlichen Vorgaben für Anbieter von Online-Diensten[439] und schließlich auch im Verhältnis zu staatlichen Angeboten (so z. B. bei der Frage, ob die De-Mail gegenüber anderen Angeboten rechtssicherer, vertraulicher und schriftformwahrender Kommunikation privilegiert werden kann[440]). Im Verhältnis Privater untereinander stellt sich vor allem die Frage, ob der Zugang zu bestimmten Diensten seitens des Anbieter trotz Monopolstellung ohne Gründe verwehrt werden kann (a.). Die staatliche Schutzpflicht aus Art. 3 Abs. 1 GG wird zudem im Kontext der Diskussion um die Netzneutralität herangezogen – gefordert werden staatliche Maßnahmen, die die Anbieter auf Gleichbehandlung aller Dienste und Verkehrsdaten verpflichten.

a) Beispiel: Zugang zu »Monopoldiensten«

Mittlerweile spielen große Online-Dienste und Social-Media-Plattformen wie *Facebook* eine mitunter enorm wichtige Rolle für das Individuum und dessen Einbettung in gesellschaftliche Interaktionen. Diese hohe Bedeutung könnte möglicherweise soweit reichen, dass ein gleichheitsrechtlicher Anspruch auf Teilhabe an diesem Dienst zu gewähren ist.

Zur Herleitung eines derartigen Zugangs zu diesen »Monopoldiensten« könnte eine Parallelwertung aus dem Verfahren über einen Zugangs- bzw. Aufnahmeanspruch in einen Monopolverein herangezogen werden. Im Vereinsrecht ist hinsichtlich einer beabsichtigten Mitgliedschaft in ständiger Rechtsprechung des BGH anerkannt, dass sich die grundsätzlich exis-

---

438 *Schulz* (Fn. 39), S. 17 (43 f.).
439 Wobei sich hierbei aber immer die Frage stellt, ob auch ausländische Unternehmen in die deutsche Regelung einbezogen werden können. Ist dies nicht der Fall, bieten ausländische Unternehmen gleichwohl ihre Dienste in Deutschland an und gelten für deutsche Anbieter strengere Vorgaben, kann sich dies als (unzulässige?) Inländerdiskriminierung darstellen; zur Inländerdiskriminierung allgemein statt Vieler *v. Bogandy,* in: Grabitz/Hilf/Nettesheim (Hrsg.), Das Recht der Europäischen Union, 53. Erg.-Lieferung 2014, Art. 18 AEUV Rn. 49 ff.
440 *Heckmann*, MMR 2013, 561 (563 f.).

tierende Aufnahmefreiheit eines Vereins in einen Aufnahmeanspruch z. B. in eine Gewerkschaft wandelt, wenn die Gewerkschaft eine überragende Machtstellung innehat, ein wesentliches Interesse am Erwerb der Mitgliedschaft besteht und kein sachlicher Grund die Versagung der Mitgliedschaft rechtfertigt[441]. Der jetzige § 20 Abs. 5 GWB (bis zum 29.6.2013 noch § 20 Abs. 6 GWB) ordnet zudem an, dass bestimmte Berufs- und Wirtschaftsverbände ein Mitglied nicht ablehnen dürfen, wenn die Ablehnung nicht sachlich gerechtfertigt ist und das aufzunehmende Unternehmen unbillig im Wettbewerb benachteiligen würde. Daraus folgt ein Aufnahmeanspruch in den sich verbotswidrig weigernden Verband[442]. Den darin zum Ausdruck kommenden Rechtsgedanken hat die Rechtsprechung auch auf bestimmte Vereine mit wirtschaftlicher oder sozialer Machtstellung ausgedehnt. Der auch aus dem allgemeinen Vertragsrecht bekannte Kontrahierungszwang wird im Vereinsrecht aus einer Rechtsanalogie zu § 20 Abs. 5 GWB hergeleitet, für die – weil die Verweigerung der Mitgliedschaft in Monopolvereinen eine sittenwidrige Schädigung darstelle – auch § 826 BGB und nunmehr durch den BGH[443] auch eine mittelbare Drittwirkung des Art. 9 Abs. 1 GG herangezogen wird[444]. Dementsprechend bestehe eine Aufnahmepflicht, wenn die Rechtsordnung mit Rücksicht auf schwerwiegende Interessen der betroffenen Beteiligten die Selbstbestimmung des Vereins über die Aufnahme von Mitgliedern nicht hinnehmen kann. Das sei ganz allgemein der Fall, wenn der Verein im wirtschaftlichen oder sozialen Bereich eine überragende Machtstellung innehat und ein wesentliches oder grundlegendes Interesse am Erwerb der Mitgliedschaft bestehe. Im Interesse des Vereins an seinem Bestand und an seiner Funktionsfähigkeit sei dieser Aufnahmezwang allerdings dahingehend einzuschränken, dass die Ablehnung der Aufnahme nicht zu einer – im Verhältnis zu bereits aufgenommenen Mitgliedern – sachlich nicht

---

441 So bereits früh BGH, NJW 1985, 1214 und 1216; dazu *Löwisch/Rieble*, Tarifvertragsgesetz, 3. Aufl. 2012, § 3 Rn. 99.
442 *Markert*, in: Immenga/Mestmäcker (Hrsg.) Wettbewerbsrecht: GWB Kommentar, 4. Auf. 2007, § 20 Rn. 370.
443 BGHZ 140, 74 ff., zum Aufnahmezwang eines Sportvereins in einen Zusammenschluss mehrerer Sportvereine, dessen Zweck in der Pflege und Förderung des Sports, insbesondere der Jugendarbeit auf gemeinnütziger Grundlage besteht.
444 *Otto*, in: jurisPK-BGB, Band 1, 6. Aufl. 2012, § 38 Rn. 28 ff., zum Aufnahmezwang insgesamt.

gerechtfertigten ungleichen Behandlung und unbilligen Benachteiligung eines die Aufnahme beantragenden Bewerbers führen darf[445].

Führt man sich nun vor Augen, welche enorme gesellschaftliche Bedeutung z. B. sozialen Netzwerken oder anderen anmeldegebundenen Internetplattformen zukommt, so könnte dieser Aufnahmeanspruch und damit der Zugang zu Monopolvereinen auch als ein Zugangsanspruch zu wichtigen Online-Diensten – die damit auch als »Monopoldienste« bezeichnet werden können – transformiert werden. Dieser könnte dann, weil keine Vereinsmitgliedschaften und deshalb auch nicht Art. 9 Abs. 1 GG, sondern die Teilhabe an einem webbasierten System betroffen ist, aus gleichheitsrechtlichen Aspekten geboten sein. Eine damit verbundene Frage wird aber sein, wann von einem Monopoldienst gesprochen werden kann und ob die Wertung zum Monopolverein, wonach eine im wirtschaftlichen oder sozialen Bereich überragende Machtstellung des Verein für einen Aufnahmeanspruch erforderlich ist, ohne Weiteres auch auf Online-Dienste übertragen werden kann. Ob *Facebook* oder *Twitter* eine ähnlich hohe soziale Bedeutung beigemessen werden kann wie z. B. einer Fußballvereinigung, die sich der gemeinnützigen Jugendarbeit verschrieben hat, wird sicherlich unterschiedlich beurteilt werden.

b) Beispiel: Netzneutralität

Netzneutralität ist eine Bezeichnung für die wertneutrale Datenübertragung im Internet, was bedeutet, dass alle Datenpakete gleichberechtigt übertragen werden, unabhängig davon, woher sie stammen, welchen Inhalt sie haben oder welche Anwendungen die Pakete generiert haben[446]. Sie wird beeinträchtigt durch ein sog. Netzwerkmanagement, für dessen Notwendigkeit sich anführen lässt, dass nur so ein »Datenstau« verhindert werden kann und dass bestimmte Angebote (bspw. E-Health-Anwendungen, Internet-Telefonie oder Video-Konferenzen[447]) nur angemessen be-

---

445 BGHZ 140, 74 ff.

446 *Koenig/Fechtner*, K&R 2011, 73 (73); *Greve*, VR 2013, 109 (109); *Bortnikov*, Netzneutralität und Bedingungen kommunikativer Selbstbestimmung – Pflichten des freiheitlichen Verfassungsstaates zur Gewährleistung der Neutralität des Internets im Lichte der grundrechtlichen Schutzpflichtenlehre, 2013, S. 34.

447 *Koenig/Fechtner*, K&R 2011, 73 (74 f.); insofern besteht auch eine Verbindung zur Debatte um die Eigenschaft der »IT«, besser bestimmter Telekommunikationsinfrastrukturen, auf denen bspw. Angebote der öffentlichen Verwaltung, von

trieben werden können, wenn eine beständige und möglichst störungsfreie Datenübertragung abgesichert ist[448]. Gleichzeitig werden durch das weiter steigende Datenaufkommen große Investitionen in den Netzausbau nötig[449], weshalb neue Preismodelle für Kunden oder aber Gebühren von Anbietern erwogen werden müssten. Bei der Netzneutralität geht es nicht um einen Zugang zum Netz, sondern um die »Bewegungsfreiheit« des Einzelnen in Form seiner Daten, Anwendungen und Kommunikationsbeziehungen *im* Netz[450]. Individueller Zugang wäre »wertlos« und seiner besonderen Bedeutung beraubt, wenn die Datenübertragung im Netz eingeschränkt werden könnte.

Sicherheitsbehörden oder Gesundheitseinrichtungen erbracht werden, als kritische Infrastruktur. Die – wohl weitgehend geteilte – Einschätzung, dass Sektoren existieren, für die das Internet eine größere Bedeutung besitzt (nämlich die kritischen Infrastrukturen) als in anderen Bereichen, birgt nämlich erheblichen politischen Diskussionsbedarf. In dieser Bewertung liegt ein Angriff auf die Netzneutralität: kommt der Aufbau eigener Netze für bestimmte kritische Infrastrukturen, bspw. das Gesundheitswesen, aus verschiedenen Gründen nicht in Betracht, bleibt nur die Absicherung des »Sonderbedarfs« an Netzzugang und Netznutzung durch »Sonderrechte«, so wie im Übrigen der Notruf auch im Mobilfunknetz »Vorrang« genießt. Dass die computerassistierte Telechirurgie und die Krisenkommunikation der Katastrophenschutz- und Polizeibehörden bzw. die damit verbundenen Daten bevorzugt werden müssen, ist einleuchtend, für welche weiteren Dienste dies auch gilt, wird wahrscheinlich unterschiedlich beurteilt werden; vgl. dazu *Frevert*, ZRP 2013, 166 (168); *Schulz/Tischer*, ZG 2013, 339 (351 f.).

448 S. zur Funktionsweise der Datenübermittlung im Internet *Brenner*, Internet, in: Kurbel u. a. (Hrsg.), Enzyklopädie der Wirtschaftsinformatik, Online-Lexikon; abrufbar unter www.enzyklopaedie-der-wirtschaftsinformatik.de: »Eine wesentliche Eigenschaft des Internet ist, dass Daten in Paketen versandt werden. Anders als z. B. bei einem Telefonat wird hierfür keine feste Verbindung mit garantierter Bandbreite zwischen zwei Endpunkten reserviert, sondern der Sender schickt ein Datenpaket mit der Zieladresse versehen ins Netz und die Knoten des Netzes entscheiden, auf welchem Weg sie das Paket weiterleiten. Während so die vorhandene Kapazität der Netzknoten optimal genutzt wird, hat dieses Verhalten auch Nachteile. Ein Telefonat kann, wenn es zustande kommt, immer mit der gleichen Qualität geführt werden. Im Internet ist es dagegen nicht möglich, Qualitätsparameter wie Übertragungsverzögerung *(Latenz)*, Anzahl verlorene Pakete *(Loss)* und Schwankung der Latenz *(Jitter)* zu garantieren.«.

449 Vgl. *Koenig/Fechtner*, K&R 2011, 73 (74). Der Breitbandausbau ist daher als zentrales Anliegen einzustufen, vgl. jüngst den Antrag der Regierungskoalition »Moderne Netze für ein modernes Land – Schnelles Internet für alle« vom 2.7.2014, BT-Drucks 18/1973, dazu MMR-Aktuell 2014, 359966.

450 *Schulz* (Fn. 6), S. 265 (293).

An dieser Stelle sollen ausschließlich verfassungs-, vor allem grund- und gleichheitsrechtliche Begründungsansätze für eine Forderung nach Netzneutralität[451] analysiert werden. Weitere Gesichtspunkte, z. B. das einfachgesetzliche Kartell- und Wettbewerbsrecht[452], bleiben ausgeblendet[453]. Hinsichtlich der Netzneutralität finden sich Rufe nach einer gesetzlichen Festschreibung des »Best-Effort-Prinzips«[454], nach dem sich die Datenübermittlung im Internet derzeit vollzieht und das aufgrund seiner Funktionslogik einen engen Bezug zu Art. 3 Abs. 1 GG aufweist. Auf der Grundlage des im Zuge des Gesetzes zur Änderung telekommunikationsrechtlicher Regelungen[455] eingeführten § 41 a TKG (»Netzneutralität«) ist nach einem gescheiterten ersten Entwurf einer Netzneutralitätsverordnung[456] (NNVO) ein zweiter Entwurf am 31.7.2013 auf den Weg gebracht worden, der gleich in § 1 Nr. 1 die gesetzliche Manifestation des Best-Ef-

---

451 *Spies/Ufer*, MMR 2011, 13 ff.; *Koenig/Fechtner*, K&R 2011, 73 ff.; *Gersdorf*, AfP 2011, 209 ff.; *Kloepfer*, AfP 2010, 120 ff.; *Ufer*, CR 2010, 634 ff.; *Holznagel*, K&R 2010, 95 ff. *Frevert*, MMR 2012, 510 ff.; *Wimmer*, ZUM 2013, 641 ff.

452 S. *Beckmann/Müller*, in: Hoeren/Sieber (Fn. 12), Teil 10 Kartellrecht, Rn. 9 ff., sowie *Fetzer/Peitz/Schweitzer*, Wettbewerbs- und medienrechtliche Aspekte von Netzneutralität – Impulsstudie im Auftrag des BMWi, 2012; *Bache/Meyer*, CR 2013, 433 ff.

453 Auch eine Argumentation mit der Meinungs- und Informationsfreiheit führt nicht weiter, da es nicht um konkrete Inhalte (und damit deren Diskriminierung), sondern sog. Diensteklassen geht, die im Vorfeld zwischen Anbieter und Endnutzer (oder Anbieter) definiert wurden. Damit stellt sich auch die befürchtete datenschutzrechtliche Problematik der sog. »deep packet inspection« nicht; dazu *Bedner*, CR 2010, 339 ff.

454 Dieses besagt, dass eingehende Übermittlungsanfragen vom Anbieter schnellstmöglich und im Rahmen der ihm zur Verfügung stehenden Ressourcen nach besten Möglichkeiten bedient werden; in paketvermittelnden Netzen (wie dem Internet) bedeutet best effort, alle eintreffenden Pakete weiterzuleiten, solange im Netz noch freie Übertragungskapazität vorhanden ist. Eine fehlerfreie und vollständige Übermittlung ist dabei nicht garantiert. Ist die Kapazität an einer bestimmten Stelle des Übertragungspfads ausgelastet, kommt es unweigerlich zu einem Stau (*congestion*). Es bleibt dem Benutzer bzw. übergeordneten Protokollen (TCP) überlassen, dafür zu sorgen, nach einer zeitweiligen Unterbrechung der Übertragung die Kommunikation wieder aufzunehmen.

455 Vom 3.5.2012 (BGBl I, S. 958). Der durch das Telekommunikationsgesetz umgesetzte europäische Rechtsrahmen ist darauf ausgerichtet, den Ausbau neuer, hochleistungsfähiger Netze zu stärken, vgl. BT-Drucks 17/5707, S. 1. S. zu § 41 a TKG auch *Nolden*, in: Geppert/Schütz (Fn. 399), § 41 a Rn. 17 ff.

456 S. dazu *Wimmer/Löw*, MMR 2013, 636 ff.

fort-Prinzips fordert[457]. Da Einschränkungen seitens privater Netzbetreiber drohen[458], wird eine Aktivierung der staatlichen Gewährleistungspflicht eingefordert, ohne dass man sich über Begriff, Reichweite, denkbare staatliche Maßnahmen und deren Sinnhaftigkeit im Klaren wäre[459]. Wie ganz allgemein bei der Bestimmung der Reichweite staatlicher Gewährleistungspflichten muss hinsichtlich der Netzneutralität auf die Abgrenzung zwischen verfassungsrechtlich zwingenden und wünschenswerten weitergehenden Inhalten geachtet werden[460]. Oftmals wird entweder neutral zur Verdeutlichung der Problematik oder zur Rechtfertigung der fehlenden Netzneutralität bzw. zur Begründung einer staatlichen Handlungsverpflichtung auf Beispiele aus der analogen Welt verwiesen:

»Stellen Sie sich vor, auf den Schienen des deutschen Bahnnetzes dürften die Konkurrenten der Bundesbahn ab heute nur noch mit halber Geschwindigkeit fahren. Dann wäre jeder faire Wettbewerb beim Bahntransport unterdrückt und die Bundesbahn wieder uneingeschränkter Monopolist. Oder wie wäre es, wenn auf unseren Autobahnen nur solche Unternehmen und Privatfahrer die Überholspur benutzen dürften, die dafür auch bezahlen? Das gäbe wohl einen großen Aufschrei. Dabei sind die Gefahren, die von einem Internet der zwei Geschwindigkeiten ausgehen, noch viel größer, weil sie nicht nur Transportunternehmen betreffen, sondern jeden, der seine Dienstleistung via Netz anbieten möchte.«[461]

Diese Vergleiche können die Folgen von Einschränkungen der Netzneutralität zwar veranschaulichen, zur Begründung staatlicher Handlungspflichten erweisen sie sich aber als irreführend, wenn nicht sogar – aus Sicht derjenigen, die eine gesetzliche Fixierung fordern – kontraproduktiv[462]. Während im Bereich der Verkehrs- und Schieneninfrastruktur hin-

---

457 Zum zweiten Entwurf umfassend *Koenig/Meyer*, CR 2013, 643 ff., die vor »normativen Schnellschüssen« warnen.

458 Eine akute Bedrohung ist derzeit, soweit ersichtlich, nicht feststellbar; Einschränkungen der Netzneutralität sind bisher nicht vorgekommen. Das Problem der Netzneutralität wird sich auch weiterhin im »Drei-Personen-Verhältnis« stellen und damit allenfalls eine Schutzpflicht des Staates betreffen, weil dem Staat aufgrund des Privatwirtschaftlichkeitsgebots des Art. 87 f GG der Netzbetrieb untersagt ist.

459 Zum Ganzen *Schulz* (Fn. 6), S. 265 (290 ff.).

460 *Schulz* (Fn. 6), S. 265 (294 f.).

461 Exemplarisch *Woelk*, http://www.dradio.de/dkultur/sendungen/politischesfeuilleton/1519841.

462 *Schulz* (Fn. 6), S. 265 (291 f.).

sichtlich des Netzes tatsächlich eine Monopolstruktur vorliegen dürfte, ist im Bereich der Telekommunikation und insbesondere hinsichtlich der hier relevanten Internet-Server und Knotenpunkte und bei Berücksichtigung der weltweiten Vernetzung ein Oligopol gegeben; Monopolstrukturen lassen sich allenfalls hinsichtlich der sog. letzten Meile feststellen[463], für die die Zugangsregulierung ein sachgerechtes Handlungsinstrumentarium zur Verfügung stellt[464]. Wichtiger erscheint jedoch Folgendes: die Einführung von Vorzugsspuren auf bestimmten Strecken würde zwar einen Aufschrei bewirken, damit ist aber nicht zugleich ausgesprochen, dass sie auch (verfassungs-)rechtlich unzulässig ist[465]. Individuelle Zugangsansprüche und Diskriminierungsverbote beziehen sich allenfalls auf ein Minimum, auf das Essential einer bestimmten (staatlich zur Verfügung gestellten oder gewährleisteten) Infrastruktur[466]. Zudem existieren sowohl was den individuellen Zugang zu Telekommunikationsnetzen (bezogen auf die »letzte Meile«) als auch zu Verkehrsinfrastrukturen betrifft, ausgehend von der Leistungsfähigkeit des Nutzers, ohnehin erhebliche Unterschiede, die bisher staatliche Maßnahmen nicht auf den Plan gerufen haben. Ein staatliches Einschreiten gegenüber der »Ungerechtigkeit«, dass sich einige Verkehrsteilnehmer einen Porsche und den ICE, andere nur die Regionalbahn und den Kleinwagen leisten können, wurde soweit ersichtlich nicht gefordert[467]. Derartige Ungleichheiten sind (allgemein und auch hinsichtlich essentialer Infrastrukturen) unschädlich, soweit allen Nutzern und potenziellen Nutzern ein gleichberechtigter Zugang zu dem für eine gesellschaftliche Teilhabe erforderlichen Minimum gesichert bleibt.

Zur Absicherung ihrer Position verweisen die Verfechter strikter Netzneutralität und einer gesetzlichen Reglementierung oft auf den Gleichbehandlungsgrundsatz und damit Art. 3 Abs. 1 GG. Dabei ist zunächst darauf hinzuweisen, dass dieser zumindest nicht als unmittelbarer Maßstab herangezogen werden kann, zumal das Verhältnis der Internet-Nutzer und -Anbieter betroffen ist[468]; erst wenn man staatliche Schutzpflichten aktiviert,

---

463 *Koenig/Fechtner*, K&R 2011, 73 (76).
464 Ausf. *Schreiber*, Das Zusammenspiel der Regulierungsinstrumente in den Netzwirtschaften Telekommunikation, Energie und Eisenbahnen, 2009.
465 *Schulz* (Fn. 6), S. 265 (291, 294 f.).
466 *Schulz* (Fn. 6), S. 265 (294).
467 *Schulz* (Fn. 6), S. 265 (292).
468 Darauf weisen *Koenig/Fechtner*, K&R 2011, 73 (75), zutreffend hin.

kann auf den verfassungsrechtlichen Gleichheitssatz verwiesen werden[469]. Erkennt man also die Bedeutung des Internets (besser: seiner Dienste) für den Einzelnen, Gesellschaft, Wirtschaft und Staat an[470], zeigt sich, dass der gleichheitsrechtliche Begründungsansatz nicht erforderlich ist: Das staatlicherseits zu sichernde Minimum an Zugang zu den Diensten des Internets, wozu neben einer übergreifenden Infrastruktur, einem individuellen Zugang und individueller Infrastruktur auch die Wahrung einer (minimalen) Netzneutralität zählt, steht nämlich jedem in gleicher Weise zu. Letztlich geht es um die Absicherung von Mindestanforderungen an die Dienstequalität, die bereits von Art. 22 Abs. 3 der Universaldienstrichtlinie legitimiert werden und daher seitens des Staates verbindlich von den Anbietern eingefordert werden können[471].

Insofern sind Ungleichbehandlungen in diesem (sei es nun gesetzlich definierten oder aus den Schutzpflichten unmittelbar ableitbaren) Essentialbereich ohnehin ausgeschlossen[472]. Zugleich ist damit aber auch eine Einschränkung verbunden – trotz aller Schwierigkeiten, die zur gesellschaftlichen Teilhabe erforderliche »Minimalgeschwindigkeit« des Internetzugangs zu bestimmen, bleibt die staatliche Gewährleistungspflicht auf dieses Minimum begrenzt[473]. Es geht also quasi um die Absicherung eines Universaldienstes »im Netz«. Angesichts der Funktionsweise des Internets und der absehbaren Entwicklung ist auch für die Zukunft das Nicht-Erreichen dieses minimalen Diensteniveaus nicht absehbar – vielmehr ist es realistisch, dass sich der überwiegende Teil der Internet-Kommunikation nach dem Best-Effort-Prinzip vollzieht, während einzelne Diensteanbieter und Nutzer für einen anderen Qualitätsstandard eine separate Vergütung zu zahlen bereit sind. Die Geschwindigkeit »im Netz« geht weit über die des Zugangs zum Netz hinaus, sodass auch weiterhin die letzte Meile relevanter Anknüpfungspunkt für eine Absicherung des Rechts auf Internet sein dürfte. Im Bereich eines weiterreichenden Schutzniveaus ist nicht mehr das Verfassungsrecht, sondern vor allem das Kartell- und Wettbe-

---

469 *Schliesky u. a.* (Fn. 1), S. 44 ff., 47 ff.
470 Umfassend *Schulz* (Fn. 6), S. 265 (269 ff.); *Luch*, MMR 2011, 75 ff.
471 *Schulz* (Fn. 6), S. 265 (294).
472 *Schulz* (Fn. 6), S. 265 (294).
473 *Bortnikov* (Fn. 446), S. 216 ff., kommt ebenfalls zu dem Schluss, dass im Hinblick auf bspw. Entgelte für Premium-Dienste und damit eine Priorisierung auf der Ebene der Nutzer eine Verletzung von Schutzpflichten durch den Gesetzgeber nicht feststellbar ist.

werbsrecht relevanter Maßstab: Preis- und Qualitätsdifferenzierungen sowie Priorisierungen sind zumindest dann erlaubt, sofern sie auf sachlichen Kriterien beruhen. Auch die Pflichten, den Nutzer über die Maßnahmen des Netzwerkmanagements zu informieren[474], sind ausschließlich dieser Ebene zuzuordnen.

Hinsichtlich des Standes der Forderung nach einer gesetzlichen Festschreibung der Netzneutralität ist zum einen auf den bereits angesprochenen § 41 a TKG sowie den auf dessen Grundlage entstandenen zweiten Entwurf einer NNVO vom 31.7.2013 hinzuweisen. Zum anderen hat die Europäische Kommission noch im selben Jahr mit Art. 23 des Entwurfs zur »Digital-Single-Market-VO« (DSM-VO)[475] bzw. TK-Binnenmarktverordnung (TBV) zur Schaffung eines einheitlichen europäischen Telekommunikationsmarktes eine europarechtliche Regelung auf den Weg gebracht. Da die weiteren Schlussfolgerungen der deutschen NNVO auch vom Fortgang der Entwicklungen zur Digital-Single-Market-VO abhingen[476] und das Europäische Parlament den Vorschlag der Kommission am 3.4.2014 mit z. T. erheblichen Änderungen mit großer Mehrheit angenommen hat[477], wird der nationale Rechtsrahmen an die Vorgaben der DSM-VO anzupassen sein. Nach Art. 23 Abs. 1 Satz 1 DSM-VO steht es Endnutzern frei, über ihren Internetzugangsdienst Informationen und Inhalte abzurufen und zu verbreiten und Anwendungen und Geräte, Dienste und Software ihrer Wahl zu nutzen, unabhängig von deren Ursprung oder Bestimmung. Den »Internetzugangsdienst« definiert die DSM-VO dabei als einen öffentlich zugänglichen elektronischen Kommunikationsdienst, »der unabhängig von den verwendeten Netztechnologien und dem verwendeten Endgerät eine Anbindung an das Internet und dadurch Verbin-

---

474 *Koenig/Fechtner*, K&R 2011, 73 (74).
475 Verordnung des Europäischen Parlaments und des Rates über Maßnahmen zum europäischen Binnenmarkt der elektronischen Kommunikation und zur Verwirklichung des vernetzten Kontinents und zur Änderung der Richtlinien 2002/20/EG, 2002/21/EG und 2002/22/EG und der Verordnung (EG) Nr. 1211/2009 und (EU) Nr. 531/2012; Vorschlag der Kommission COM (2013), 627 final. Zur Kritik am Entwurf der Kommission auch *Sietman*, http://www.heise.de/ct/artikel/Reformpaket-1960331.html.
476 So auch das BMWi, vgl. http://www.bmwi.de/DE/Themen/Digitale-Welt/Digitale-Infrastrukturen/netzneutralitaet,did=577722.html.
477 Pressemitteilung des Europäischen Parlaments v. 3. 4.2014, http://europa.eu/rapid/press-release_IP-14-373_de.htm; hierzu auch MMR-Aktuell 2014, 356932, sowie *Huber*, MMR-Aktuell 2014, 357161; *Mantz/Sassenberg*, CR 2014, 370 ff.

dungen zwischen nahezu allen Abschlusspunkten des Internets bietet«, vgl. Art. 2 Abs. 2 Nr. 14 DSM-VO. Art. 23 Abs. 2 DSM-VO betrifft die Möglichkeit des Anbietens von Spezialdiensten. Diese dürfen allerdings nur angeboten werden, sofern die Netzkapazitäten ausreichen, um sie zusätzlich zu den Internetzugangsdiensten bereitzustellen und sie deren Verfügbarkeit oder Qualität nicht wesentlich beeinträchtigen.

Nach Art. 23 Abs. 5 UA 1 DSM-VO dürfen innerhalb vertraglich vereinbarter Datenvolumina oder -übertragungsgeschwindigkeiten für Internetzugangsdienste deren Anbieter die in Art. 23 Abs. 1 DSM-VO genannten Freiheiten nicht durch Blockierung, Verlangsamung, Änderung oder Verschlechterung von bestimmten Inhalten, Anwendungen oder Diensten oder bestimmten Klassen davon beschränken, außer in den Fällen, in denen Verkehrsmanagementmaßnahmen erforderlich sind. Diese müssen transparent, nicht diskriminierend, verhältnismäßig sowie darüber hinaus erforderlich sein,

- um einem Gerichtsbeschluss nachzukommen,
- um die Integrität und Sicherheit des Netzes, der über dieses Netz erbrachten Dienste und Endgeräte der Endnutzer zu wahren oder
- um die Auswirkungen einer vorübergehenden oder außergewöhnlichen Netzüberlastung zu verhindern oder zu verringern, sofern gleichwertige Verkehrsarten auch gleich behandelt werden.

Maßnahmen des Verkehrsmanagements dürfen nicht länger als notwendig aufrecht erhalten werden, vgl. Art. 23 Abs. 5 UA 2 DSM-VO. Darüber hinaus sollen die Anbieter von Internetzugangsdiensten geeignete, klare, offene und effiziente Verfahren für die Bearbeitung von Beschwerden zu mutmaßlichen Verstößen gegen diesen Artikel einrichten, welche das Recht der Nutzer, die Angelegenheit an die nationale Regulierungsbehörde zu verweisen, unberührt lassen.

Die geplanten europäischen Regelungen zur Netzneutralität sind z. T. deutlich kritisiert worden (z. B. durch den Branchenverband *Bitkom*[478]). Insgesamt zeigen die Änderungen des Parlaments, dass dieses einem Nebeneinander von Best-Effort-Internet und Spezialdiensten kritisch gegen-

---

478 http://www.bitkom.org/de/presse/8477_79075.aspx; http://www.anga.de/presse/p ressemitteilungen2/europaeisches-parlament-vergibt-chance-zur-ausgewogenen-r egulierung-der-netzneutralitaet. Anderen gehen die Regelungen noch nicht weit genug, vgl. https://digitalegesellschaft.de/2014/04/netzneutralitaet-erforderlich-ni cht-hinreichend.

übersteht und bemüht ist, den Spielraum für letztere so gering wie möglich zu halten[479]. Letztlich laufen diese Vorgaben zur Netzneutralität aber wohl darauf hinaus, dass die Gewährleistung einer zur gesellschaftlichen Teilhabe erforderlichen »Minimalgeschwindigkeit« des Internetzugangs durch diese als gegeben anzusehen ist.

8. Religionsfreiheit (Art. 4 Abs. 1 und 2 GG)

Das Grundgesetz gewährleistet in Art. 4 Abs. 1 und 2 die Unverletzlichkeit der Freiheit des Glaubens, des Gewissens und des religiösen und weltanschaulichen Bekenntnisses sowie die ungestörte Religionsausübung.

a) Schutzbereich der Religionsfreiheit

Die Freiheit aus Art. 4 Abs. 1 und 2 GG schützt nicht nur das Festhalten an religiösen und weltanschaulichen Überzeugungen, sondern gerade auch das aktive Ausleben und Zelebrieren dieser Maßstäbe und Traditionen, das sog. *forum externum*. Sie umfasst »das Recht des Einzelnen, sein gesamtes Verhalten an den Lehren seines Glaubens auszurichten und seiner inneren Glaubensüberzeugung gemäß zu handeln«[480]. Der Subsumtion eines Interesses unter diesen Schutzbereich ist das Selbstverständnis des Grundrechtsträgers zugrunde zu legen[481]; so wird z. B. auch das Werben für die eigene Religion umfasst[482].

Denkbar ist es daher, dass ein Internetzugang genutzt wird, um dort entsprechende Werbung zu platzieren (Beispiel: *Facebook*-Seiten der Kirchentage[483]) oder sich mit Gleichgesinnten auszutauschen. Die Möglichkeiten reichen aber darüber hinaus bis hin zum Besuch eines Online-Gottesdienstes, zur »virtuellen Beichte« oder Gesprächen mit einem Seelsorger. Hierfür existieren bereits Angebote im Netz: z. B. die vollständig vir-

---

479 *Huber*, MMR-Aktuell 2014, 357161.
480 BVerfGE 108, 282 (297).
481 BVerfGE 24, 236 (247 f.); 33, 23 (29); 53, 366 (401); BVerwG, ZevKR 2005, 125 (127).
482 *Morlok*, in: Dreier (Fn. 47), Art. 4 Rn. 60, 61, 65, 73. Bei der religiösen Werbung handelt es sich um einen speziellen Fall der Meinungsäußerungsfreiheit; vgl. auch *v. Lewinski*, RW 2011, 70 (84).
483 http://www.facebook.com/kirchentag.

tuelle, aber von der katholischen Kirche geweihte Gemeinde *»Funcity«*[484] oder das eher klassische Angebot der Kirchengemeinden, bei dem einzelne Predigten oder Andachten online gestellt werden[485]. Auch virtuelle Trauerräume[486] weisen einen nicht übersehbaren Bezug zur Religionsausübung des Einzelnen auf. Diese Angebote bzw. deren Nutzung werden somit von Art. 4 Abs. 1 und 2 GG erfasst. Für die Eröffnung des Schutzbereichs der Religionsfreiheit ist es unerheblich, über welche Plattform, welches Medium oder in welcher Weise die Religion ausgeübt wird. Es ist nicht zulässig, davon auszugehen, dass die Wahl des Mediums Internet einen geschützten Intimbereich ausschließt, weil der Einzelne in der Regel nicht sicher ausschließen kann, dass intime Inhalte auch von unbefugten Dritten zur Kenntnis genommen werden. Maßgeblich ist die (berechtigte) Erwartungshaltung des Betroffenen, dass er sich in einem geschützten Kontext bewegt[487].

b) Beispiel: Online-Predigt und allgemeines Persönlichkeitsrecht

Das BVerwG hat sich in einem Rechtsstreit über ehrverletzende Äußerungen in einem online veröffentlichten Predigttext ganz selbstverständlich – ohne auf das gewählte Medium Internet einzugehen – geäußert, dass Art. 4 GG als spezielleres Grundrecht die in einer Predigt geäußerte Meinung schützt. Es habe eine Abwägung zwischen dem Recht auf Schutz der persönlichen Ehre und der Religionsfreiheit stattzufinden[488]. Die religiöse Äußerungsfreiheit genieße aber, auch soweit es um eine Predigt gehe, keinen absoluten Vorrang vor den Belangen des Persönlichkeits- und Ehrschutzes. Bei der gebotenen Abwägung des religiösen Äußerungsrechts mit den widerstreitenden Belangen seien trotz der schrankenlos formulierten Freiheitsposition die insbesondere in der verfassungsgerichtlichen Rechtsprechung zum Ausgleich von Meinungsfreiheit und allgemeinem

---

484 http://www.kirche.funcity.de.
485 Bspw. ein Taufgottesdienst unter: http://www.kirche-harsefeld.de/audio/downloa d-mp3.php?id=2.
486 Beispielsweise des Bistums Essen: http://www.trauerraum.de.
487 Dies ist bspw. auch im Rahmen von Online-Streifen zu berücksichtigen; dazu oben Gliederungspunkt III. 2. b).
488 BVerwG, NVwZ 2011, 1278 (1278).

Persönlichkeitsrecht entwickelten Gesichtspunkte heranzuziehen, die Kriterien und Vorzugsregeln für die konkrete Abwägung vorgeben[489].

c) Beispiel: Online-Seelsorge und staatliche Kenntnisnahme

Ein weiterer sensibler Bereich der Religionsausübungsfreiheit im Netz betrifft die Möglichkeit der Online-Seelsorge. Die Besonderheit der Anonymität des Internets ist im Rahmen von Beicht- oder Seelsorgegesprächen sicherlich von besonderer Bedeutung. Während die Beichte im Beichtstuhl in der eigenen Kirchengemeinde keine Garantie dafür bietet, vom Gegenüber oder Dritten nicht erkannt zu werden, wird dies auf Online-Plattformen regelmäßig gewährleistet sein.

In diesem Bereich sind aber zahlreiche technische Optionen denkbar, den Austausch zwischen den Beteiligten zum Zweck der Strafverfolgung oder Gefahrenprävention auszuwerten[490]. Insofern sind die grundsätzlichen Ausführungen des BVerfG zum Beichtgeheimnisschutz in den Entscheidungen zur akustischen Wohnraumüberwachung und zur Telekommunikationsüberwachung auf der Grundlage des Niedersächsischen Gesetzes über die öffentliche Sicherheit und Ordnung heranzuziehen[491]. Hier wurde betont, dass die Vorschriften zum Schutz des Seelsorgegeheimnisses dazu dienen, den Kernbereich privater Lebensgestaltung vor staatlicher Kenntnisnahme zu bewahren und dieser Schutz in der Religionsfreiheit des Art. 4 Abs. 1 und 2 GG und in der Menschenwürdegarantie des Art. 1 Abs. 1 GG gründet. Es dient also, so ist daraus zu schließen, dem Beichtenden und nicht primär dem Seelsorger oder dem Beichtgeheimnis als Institut des kirchlichen Rechts. Ein Umstand, der eine Beschränkung auf geweihte Kleriker der katholischen und ordinierte Pfarrer der evangelischen Kirche gerade nicht nahelegt, kann doch das besondere Vertrauen in den Schutz des Kernbereichs privater Lebensgestaltung auch beim seelsorgerlichen Gespräch mit einem nicht Geweihten oder Ordinierten schützenswert sein[492]. Seelsorge und Beichte gehören zum Intimbereich einer Person und berühren den unantastbaren Menschenwürdegehalt der Religions-

---

489 BVerwG, NVwZ 2011, 1278 (1278).
490 Dazu auch im Kontext der Online-Streife unter Gliederungspunkt III. 2. b).
491 BVerfGE 109, 279 ff.; BVerfGE 113, 348 (390 ff.).
492 *De Wall*, NJW 2007, 1856 (1857).

freiheit; ein Bereich also, der – auch und gerade im Netz – vor staatlicher Kenntnisnahme absolut geschützt wird.

9. Meinungsfreiheit (Art. 5 Abs. 1 Satz 1 GG)

Die Grundrechte des Art. 5 Abs. 1 GG werden typischerweise im Kontext des Internets genannt. So sind es gerade Äußerungen im Netz oder ganze Internetangebote (bspw. Bewertungsportale), die in Konflikt mit dem Persönlichkeitsrecht von Dritten geraten (a.). Der Umstand, dass Meinungen typischerweise nicht auf staatlichen Seiten geäußert werden und in privaten »Räumen« agiert wird, führt dazu, dass das klassische Zensurverbot unter anderer Perspektive diskutiert wird (b.).

Dass die im Internet geäußerte Meinung den besonderen Schutz des Art. 5 Abs. 1 GG genießt, ist in diesen Zusammenhängen nie in Frage gestellt worden. So wird jede Äußerung in Blogs, Chatrooms oder auf anderen Webseiten aufgrund des weiten Schutzbereichs der Meinungsäußerungsfreiheit des Art. 5 Abs. 1 GG unter grundgesetzlichen Schutz gestellt[493]. Gleiches gilt für Bilder, Videos und andere Medien, die ebenfalls erfasst werden, soweit sie geeignet sind, eine Meinungsäußerung zu transportieren. Erfasst werden schließlich auch neue Formen von Online-Protestkampagnen (»E-Protest«)[494], die umgangssprachlich auch als Online-Demonstrationen bezeichnet, aber nach überwiegender Ansicht nicht spezialfreiheitsrechtlich von Art. 8 Abs. 1 GG geschützt werden[495].

Problematisch ist hingegen die Einordnung einiger typischer Handlungsweisen im Internet, z. B. das Verlinken auf fremde Inhalte oder das Zitieren fremder Äußerungen, die nur bedingt von Art. 5 Abs. 1 GG umfasst sind[496]. In Betracht kommt insofern das Zu-eigen-Machen fremder Äußerungen, sodass die fremde Meinung zugleich als eigene erscheint und in den Schutzbereich des Art. 5 Abs. 1 GG fällt[497]. So bietet der Microblogging-Dienst *Twitter* unterschiedliche Möglichkeiten des Umgangs mit

---

493 Die Aufzählung des Art. 5 Abs. 1 Satz 1 GG (»Wort, Schrift und Bild«) ist nur exemplarisch; vgl. statt Vieler *Schemmer*, in: Epping/Hillgruber (Fn. 424), Art. 5 Rn. 14. S. auch *Schulze-Fielitz* (Fn. 320), Art. 5 Rn. 67, zu »neuen Formen von Online-Protestkampagnen«.

494 *Schulze-Fielitz* (Fn. 320), Art. 5 Rn. 68.

495 Dazu unter Gliederungspunkt III. 18. d).

496 *V. Lewinski*, RW 2011, 70 (85).

497 Dazu *Gounalakis*, NJW 2014, 2000 ff. m. w. N.

fremden Tweets. Diese können in Form eines »Retweets« lediglich weiter-
verbreitet werden, sodass es an einer Meinungsäußerung fehlt, sie können
aber auch »favorisiert« werden, was in jedem Fall eine wertende Zustimmung darstellt (vergleichbar das Markieren eines Beitrages bei *Facebook*
mit »Gefällt mir«). Oftmals wird aber auch der Retweet mit einer Zustimmung, und sei es nur in Form eines »+1«, versehen. Die Übergänge zwischen Zitat und eigener Meinung sind durch diese Formen der Kommunikation vielfältiger geworden; im Zweifel dürfte die Meinungsfreiheit einschlägig sein.

a) Beispiel: Online-Bewertungsportale

Das Spannungsverhältnis von Ehrschutz und Meinungsäußerungsfreiheit
ist im Fall von Bewertungsportalen im Internet betroffen. Es steht die Beeinträchtigung von persönlicher und beruflicher Reputation durch Verbreitung ehrschädigender oder ähnlich wirkender Informationen in Rede.
Während Cybermobbing bereits definitionsgemäß unzulässige Meinungsäußerungen voraussetzt, nämlich solche, die aufgrund des Inhalts das Persönlichkeitsrecht des Betroffenen in ungerechtfertigter Weise beeinträchtigen (Schmähkritik), ist im Falle von Online-Kommentaren innerhalb von
Bewertungsportalen die Abwägung zwischen der beruflichen oder persönlichen Ehre der Betroffenen und der Meinungsfreiheit der Kommentieren-
den sowie das Informationsinteresse der Öffentlichkeit einzelfallspezifisch
vorzunehmen, um die Zulässigkeit oder Unzulässigkeit der Kommentare
festzustellen.
   Die unterschiedlichsten Professionen können im Netz in Form von Erfahrungsberichten oder anderen Kommentaren bewertet werden. Neben
»spickmich.de« für Lehrer, »meinprof.de« für Professoren, der Bewer-
tungsfunktion auf Internetauktionsplattformen wie *eBay* und Reise- und
Hotelbuchungsportalen sind auch andere Seiten wie »rottenneighbor.com«
(mittlerweile eingestellt) zum Austausch über Nachbarn oder Webseiten
wie »kennstdueinen.de« verfügbar, auf denen Anwälte, Ärzte, Handwer-
ker etc. bewertet werden. Auch Richter und Staatsanwälte sind Gegenstand des kritischen Austauschs der Seitenbesucher von »richterdaten-
bank.net«.
   Die Weitergabe von Erfahrungen unter Verbrauchern, gemeinhin
Mund-zu-Mund-Propaganda genannt, zählt zu den ältesten Informationsquellen über die Zuverlässigkeit eines potenziellen Vertragspartners und

der Qualität der von ihm angebotenen Leistungen. Dabei entspricht es gängiger Erfahrung, dass negativen Erfahrungsberichten deutlich höhere Aufmerksamkeit gewidmet wird als positiven Erlebnissen. Im Internet erlebt die Mund-zu-Mund-Propaganda in virtueller Form eine Renaissance, da es elektronische Marktplätze und Auktionsplattformen Privatleuten wie Händlern erlauben, ohne große Investitionen, also auch ohne finanziellen Einsatz in den Aufbau von Reputation, eine Vielzahl von Abnehmern anzusprechen. Um das daraus resultierende Informationsdefizit der Plattformnutzer abzumildern und einen Erfahrungsaustausch unter den Mitgliedern zu ermöglichen, integrieren zahlreiche Diensteanbieter Bewertungssysteme in ihre elektronischen Marktplätze. Prominentestes Beispiel ist das Bewertungsportal von *eBay*[498].

Werden Bewertungen abgegeben, die das Persönlichkeitsrecht Einzelner verletzen, stellt sich die Frage nach der Verantwortlichkeit des Providers. Internetauktionshäuser ebenso wie andere Online-Marktplätze sind Diensteanbieter i. S. v. § 2 Nr. 1 TMG, da sie fremde Angebote und Informationen bereithalten[499]. Sie speichern im Auftrag des Nutzers dessen Inhalte ab und machen sich diese in der Regel nicht zu eigen[500]. Es steht vielmehr die Vermittlung des Kontakts zwischen den Vertragspartnern im Vordergrund[501]. Internet-Auktionshäuser und andere Marktplatzbetreiber sind daher regelmäßig Host-Provider[502], weshalb sich ihre Verantwortlichkeit grundsätzlich nach § 7 und § 10 TMG richtet. Auch Schutzpflichten aus dem Nutzungsvertrag sind nicht ersichtlich, da die Auktionshäuser und Marktplätze in aller Regel klarstellen, dass eine Überprüfung der Bewertung ausgeschlossen und eine Löschung bzw. Sperrung der Bewertung auf genau definierte Konstellationen beschränkt ist[503].

---

498 *Janal*, NJW 2006, 870 (870).
499 *Mehler*, WRP 2006, 819 (820 f.); *Spindler/Wiebe/Spindler*, Internet-Auktionen, 2001, Kap. 6 Rn. 63; *Spindler*, MMR 2001, 737 (737); LG Potsdam, MMR 2002, 829 (829).
500 LG Berlin, MMR 2004, 195 (196 f.); LG Düsseldorf, CR 2003, 211 (213), LG Potsdam, ZUM 2002, 838 (840); *Leible/Sosnitza*, WRP 2004, 592 (596); *Staudinger*, in: Leible/Sosnitza (Hrsg.), Versteigerungen im Internet, 2004, Teil 3, E Rn. 467.
501 OLG Brandenburg, CR 2004, 696 (697); OLG Düsseldorf, MMR 2004, 315 (316).
502 *Mehler*, WRP 2006, 819 (822); *Meyer*, NJW 2004, 3151 (3151 f.).
503 *Janal*, NJW 2006, 870 (873).

Auf Lehrer- oder Professorenbewertungsportale wie »spickmich.de« oder »meinprof.de« werden Noten für die Qualität von Lehrern oder Professoren durch Schüler und Studenten, bei »spickmich.de« anhand von Bewertungskategorien wie »guter Unterricht« oder »fachliche Kompetenz«, vergeben[504]. »spickmich.de« war bereits Gegenstand diverser gerichtlicher Verfahren und wurde durchgängig dem Schutz der Meinungsfreiheit unterstellt[505]. Dies wurde damit begründet, dass im Rahmen der Interessenabwägung zwischen dem Recht auf informationelle Selbstbestimmung des Betroffenen und der Kommunikationsfreiheit der Nutzer, letzterer grundsätzlich der Vorrang einzuräumen sei, da die Bewertungen nur die berufliche Sphäre und somit die Sozialsphäre der Betroffenen beträfen[506]. Sach- und unterrichtsbezogene Bewertungen eines Lehrers in einem online zugänglichen Schülerportal stellten keinen unzulässigen Eingriff in das allgemeine Persönlichkeitsrecht dar[507]. Beim Bewertungsportal »meinprof.de« wurde die Haftung des Betreibers auf Unterlassung trotz diffamierender Bewertungen der Nutzer, wie »Psychopath« und »echt das Letzte«, verneint, weil dem Betreiber Prüfpflichten unzumutbar seien[508]. Auch wenn im Falle von Bewertungen des beruflichen Verhaltens einzelner Personen der »gute Ruf« und damit der Bereich der Sozial- bzw. Öffentlichkeitssphäre und nicht der Privat- oder Intimsphäre in Rede steht, sind in dieser Sphäre, in dem der widerstreitenden Meinungsfreiheit grundsätzlich großes Gewicht zukommt, die Grenzen der Schmähkritik zu wahren. Soweit streitige Bewertungen diffamieren und den Betroffenen an den digitalen Pranger stellen[509], ist die Grenze der Meinungsfreiheit zur unzulässigen Schmähkritik überschritten; eine ungerechtfertigte Persönlichkeitsrechtsverletzung ist in diesen Fällen anzunehmen. Vor dem Hin-

---

504 *Nink*, in: Spindler/Schuster (Fn. 134), § 823 BGB, Rn. 16 a.
505 BGHZ 181, 328 ff.; OLG Köln, MMR 2008, 672 ff.; OLG Köln, MMR 2008, 101 (102 ff.); LG Duisburg, MMR 2008, 691 (692 ff.); dazu *Ladeur*, JZ 2009, 966 ff.; *Wiese*, JZ 2011, 608 ff.; *Gounalakis/Klein*, NJW 2010, 566 ff.; *Görisch*, DVBl 2010, 155 ff.; *Kaiser*, NVwZ 2009, 1474 ff
506 BGHZ 181, 328 ff.; s. dazu auch *Ballhausen/Roggenkamp*, K&R 2008, 403 (405).
507 OLG Köln, ZUM 2008, 238 (238).
508 LG Berlin, MMR 2007, 668.
509 Krit. auch *Ernst*, NJW 2009, 1320 (1321); s. zur Prangerwirkung im Internet *Härting*, MMR 2009, 25 (28); *ders.*, BB 2010, 839 (842), der betont, dass in diesen Fällen nicht einseitig auf das Informationsinteresse der Öffentlichkeit abgestellt wird; *Greve/Schärdel*, MMR 2008, 644 (648 f.).

tergrund der Meinungsforenrechtsprechung des BGH[510] sind dem Betreiber der entsprechenden Bewertungsplattform Prüfpflichten zuzumuten,
denn zumindest durch die Werbeeinnahmen verdient er mittelbar an derartigen Persönlichkeitsverletzungen, sodass ihm als kommerziellem Betreiber einiges abverlangt werden kann[511].

Jüngst entschied der BGH in Sachen einer ehrverletzenden Kritik an
einem Arzt auf einem entsprechenden Online-Portal[512], dass dem durch
persönlichkeitsrechtsverletzende Inhalte einer Internetseite Betroffenen
ein Unterlassungsanspruch gegen den Diensteanbieter zustehen könne.
Darüber hinaus dürfe der Diensteanbieter nach § 14 Abs. 2, § 15 Abs. 5
Satz 4 TMG auf Anordnung der zuständigen Stellen im Einzelfall Auskunft über Bestands-, Nutzungs- und Abrechnungsdaten erteilen, soweit
dies u. a. für Zwecke der Strafverfolgung erforderlich ist. Stelle sich ein
Kommentar in einem Blog als rechtswidriger Eingriff in das allgemeine
Persönlichkeitsrecht des Betroffenen dar, bestehe gegen den Blogbetreiber
bei der Verletzung von Prüfpflichten ein Auskunftsanspruch als Minus zu
den Ansprüchen auf Unterlassung und Löschung. Der Betreiber eines In-
ternetportals sei aber in Ermangelung einer gesetzlichen Ermächtigungsgrundlage im Sinne des § 12 Abs. 2 TMG grundsätzlich nicht befugt, ohne
Einwilligung des Nutzers dessen personenbezogene Daten zur Erfüllung
eines Auskunftsanspruchs wegen einer Persönlichkeitsrechtsverletzung an
den Betroffenen zu übermitteln, sodass ihm die Anspruchserfüllung rechtlich unmöglich sei. Insofern könnte rechtspolitischer Handlungsbedarf bestehen.

b) Beispiel: »Zensur« im Internet

Das Zensurverbot des Art. 5 Abs. 1 Satz 3 GG wird im Kontext von Meinungsäußerungen im Internet und deren »Untersagung« bzw. Löschung
von Einträgen thematisiert. Dies ist einerseits deshalb irreführend, da die

---

510 BGH, NJW 2007, 2558 f.
511 *Nink* (Fn. 504), § 823 BGB, Rn. 16 a.
512 BGH, Urt. v. 1.7.2014 – VI ZR 345/13. S. auch OLG Frankfurt/Main, NZS 2012,
     637 ff.; LG Nürnberg-Fürth, CR 2012, 541 ff.; ausf. zu Ärztebewertungen auch
     Martini, in: Hill/Schliesky, Innovationen im und durch Recht (Fn. 5), S. 153 ff.;
     ders., DÖV 2010, 573 ff.

Vorschrift nur die sog. Vorzensur erfasst[513], in der Regel aber eine nachträgliche Reaktion des Seitenbetreibers in Rede steht (anders, wenn z. B. in Foren, Blogs u. ä. Beiträge erst nach Freischaltung durch eine Redaktion veröffentlicht werden, wie dies bei Onlineauftritten von Zeitungen und Zeitschriften üblich ist[514]). Andererseits sind es in der Regel Fallgestaltung im Verhältnis von Internetnutzern und privaten Anbietern, z. B. *Facebook*, die für Aufsehen sorgen, aber nicht unter Rückgriff auf Art. 5 Abs. 1 Satz 3 GG behandelt werden können.

aa) Digitales Hausrecht der öffentlichen Verwaltung

Gleichwohl stellt sich die Frage des Umgangs mit kritischen oder aus anderen Gründen aus Sicht der Betreiber problematischen Äußerungen auch bei behördlichen Internetangeboten, z. B. im Rahmen von Social-Media-Aktivitäten[515]. Grundsätzlich steht den privaten Plattformbetreiben ein sog. virtuelles Hausrecht zu[516]. Vom Grundsatz des § 903 BGB – wonach mit Eigentum grundsätzlich nach Belieben verfahren werden kann, solange Rechte Dritter nicht entgegenstehen – ist eine Einschränkung bei Räumen zu machen, die dem allgemeinen Publikumsverkehr eröffnet werden. In diesen Fällen steht die generelle Erteilung einer Zutrittsbefugnis unter Verzicht auf eine Prüfung im Einzelfall im Vordergrund, solange kein Grund zur Annahme besteht, dass Störungen des Betriebsablaufs durch bestimmte Personen hervorgerufen werden[517]. Das Hausrecht darf somit nicht willkürlich ausgeübt werden.

Diese Wertungen sind auf Internetangebote übertragbar[518]. Der Betreiber einer Internetplattform kann gem. §§ 903 Satz 1 2. Alt., 1004 BGB jeden anderen von der Nutzung abhalten[519]. Grundlage des virtuellen Hausrechts ist weiterhin, dass der Plattformbetreiber der Gefahr ausgesetzt ist,

---

513 *Schemmer* (Fn. 493), Art. 5 Rn. 114; *Grabenwarter*, in: Maunz/Dürig (Fn. 2), Art. 5 Rn. 116.
514 Vgl. *Grabenwarter* (Fn. 513), Art. 5 Rn. 119.
515 Dazu etwa *Schwenke*, K&R 2012, 305 ff.
516 LG München, ZUM-RD 2007, 261 (266); für ein virtuelles Hausrecht in Chatrooms OLG Köln, ZUM-RD 2000, 545 (547).
517 BGH, NJW 1994, 188 f.
518 *Roggenkamp*, Web 2.0 Plattformen im kommunalen E-Government, 2010, S. 237; so auch *Schmidl*, K&R 2006, 563 (565).
519 LG München, ZUM-RD 2007, 261 (266).

für Beiträge anderer haften zu müssen und auf Unterlassung in Anspruch genommen zu werden, weshalb ihm das Recht zustehen solle, Beiträge eigenständig zu löschen oder den Zugang zu ihnen zu sperren[520]. Aus dem aus § 242 BGB abgeleiteten Grundsatz des Verbots widersprüchlichen Verhaltens folgt allerdings die Pflicht der Plattformbetreiber, konkrete Gründe – z. B. schwere Verstöße gegen die Nutzungsbestimmungen – für den Ausschluss eines Nutzers oder das Löschen einzelner Beiträge zu benennen. Er darf mithin nicht willkürlich handeln[521]. Dies gilt vor allem dann, wenn die Plattform grundsätzlich jedermann offen steht.

Diese für private Plattformbetreiber entwickelten Wertungen müssten auf Plattformen der öffentlichen Hand übertragen werden können, der ein Hausrecht ebenfalls grundsätzlich zusteht. Neben der in der analogen Welt ebenfalls nicht geklärten rechtlichen Einordnung von Maßnahmen im Rahmen des Hausrechts – in Betracht kommen sowohl Verwaltungsakte bzw. verwaltungsrechtliche Willenserklärungen[522] als auch privatrechtliche Handlungsformen – sind vor allem die Grenzen des Hausrechts von besonderer Relevanz, da im Gegensatz zum realen Raum beim virtuellen Hausrecht andere Grundrechte der ausgeschlossenen Nutzer oder Urheber gelöschter Beiträge tangiert sind. Betreibt die öffentliche Hand eine E-Government-Plattform, so stellt sich die Frage, ob eine Befugnis zur Ausübung dieses virtuellen Hausrechts den Anforderungen des Schrankenvorbehalts des Art. 5 Abs. 2 GG gerecht werden kann, vor allem, da eine gesetzliche Grundlage nach überwiegender Meinung nicht erforderlich ist[523]. Durch die Sperrung eines Nutzers wird diesem die Möglichkeit genommen, seine Meinung auf der betroffenen Plattform zu äußern, wodurch ein Eingriff in die Meinungsfreiheit gegeben sein könnte. Können darüber hi-

---

520 LG München, ZUM-RD 2007, 261 (266).

521 *Roggenkamp* (Fn. 518), S. 238.

522 Nach *Ehlers*, DÖV 1977, 737 (740), ist das Verbot, zukünftig ein Gebäude nicht mehr zu betreten, welches sich an Personen außerhalb der Verwaltung wendet, als belastender Verwaltungsakt zu qualifizieren; dieser Einordnung folgend *Roggenkamp* (Fn. 518), S. 241.

523 Der VGH München (NJW 1980, 2722 [2723]) erhob die Forderung nach einer gesetzlichen Grundlage für die Ausübung des Hausrechts, welche sich allerdings nicht durchgesetzt hat, da sich die Befugnis zum Erlass eines Hausverbotes bereits aus der allgemeinen, kraft öffentlichen Rechts bestehenden Kompetenz einer jeden Behörde ergibt, für einen störungsfreien Dienstbetrieb innerhalb ihres räumlichen Verwaltungsbereichs zu sorgen, vgl. VG Ansbach, Urt. v. 27.9.2007 – AN 16 K 07.01823, zit. nach juris.

naus durch die Sperrung auf der Plattform verfügbare Informationen nicht mehr eigenständig abgerufen werden, könnte zusätzlich die Informationsfreiheit beeinträchtigt sein.

Allerdings kann das Bereitstellen einer Website durch die öffentliche Hand (in der Regel) als Leistungsverwaltung qualifiziert werden mit der Folge, dass ein Ausschluss von der Plattform bzw. von Teilen dieser nicht als Freiheitsbeschränkung, sondern als schlichte Nichtgewährung einer Leistung zu sehen ist[524]. Durch die Einrichtung einer Plattform und der damit oft verbundenen Möglichkeit des Meinungsaustausches eröffnet und betreibt die Verwaltung keinen neuen »virtuellen Freiheitsraum«, sondern schafft eine von vielen Kommunikations- und Interaktionsmöglichkeiten im Internet[525]. Der Ausschluss einzelner Nutzer stellt sich nicht als grundsätzliche Beschränkung der Freiheit der Kommunikationsabgabe oder -aufnahme dar, sondern als Nichtgewährung einer Leistung in Form der theoretischen Möglichkeit, seine Meinung über eine bestimmte Plattform zu verbreiten[526].

Dennoch ist zu betonen, dass die Verwaltung keineswegs willkürlich handeln darf und über den Grundsatz der Verhältnismäßigkeit an das Übermaßverbot und auch im Rahmen der Leistungs- und Fiskalverwaltung an Art. 3 Abs. 1 GG gebunden ist. Ähnlich wie bei allgemein zugänglichen realen Räumen müssen für die virtuellen Räume der öffentlichen Hand besondere Gründe vorliegen, die den Ausschluss von der Plattform oder die Sperrung bestimmter Teile rechtfertigen können[527]. Je nach inhaltlicher Ausgestaltung der Website und Grad der politischen Partizipationsmöglichkeiten sind aus Transparenzgründen die Gründe, unter welchen Voraussetzungen eine Sperrung oder ein virtuelles Hausverbot vollzogen werden kann, klar zu kommunizieren.

bb) »Zensur« durch soziale Netzwerke[528]

Schwieriger zu beurteilen sind hingegen die Konstellationen, in denen es an einer unmittelbaren Grundrechtsbindung fehlt. Die Debatte dürfte sich

---

524 *Roggenkamp* (Fn. 518), S. 245; anders *Schmehl/Richter,* JuS 2005, 817 (819).
525 *Roggenkamp* (Fn. 518), S. 245.
526 *Roggenkamp* (Fn. 518), S. 238; anders *Schmehl/Richter,* JuS 2005, 817 (819).
527 *Roggenkamp* (Fn. 518), S. 245 f.
528 Vgl. auch *Schliesky u. a.* (Fn. 1), S. 141 ff.

letztlich auf die Frage der Vereinbarkeit der Nutzungsbedingungen des Anbieters mit dem geltenden Recht und – sollten diese Geltung beanspruchen – den Grundrechten der Nutzer verlagern. Prominentester Fall in Deutschland ist der des Radiomoderators *Jürgen Domian*[529], der einen Kommentar zum neuen Papst bei *Facebook* publiziert hatte. *Facebook* hatte diesen Kommentar gelöscht. Daraufhin hat *Domian* mit einem kritischen Post den zweifelhaften Umgang von *Facebook* mit der Meinungsfreiheit seiner Nutzer angeprangert und eine öffentliche Diskussion ausgelöst. Inhaltlich geht es um eine Kollision des »digitalen Hausrechts«[530] des Seitenbetreibers mit der Meinungsfreiheit aus Art. 5 Abs. 1 GG. Insbesondere in diesem Kontext ist von Bedeutung, dass einzelne Dienste – und *Facebook* dürfte dazu gehören – mittlerweile die Funktion öffentlicher Räume eingenommen haben, was eine ggf. weiterreichende Verantwortung des Anbieters begründen kann[531]. Das virtuelle Hausrecht rechtfertigt in den allermeisten Fällen die Löschung von Posts, insbesondere wenn diese Löschung auf Grundlage von entsprechend konkretisierenden Nutzungsbedingungen erfolgt. Diese sind vom Nutzer bei der Anmeldung akzeptiert worden und bilden damit die (vertragliche) Grundlage der Plattformnutzung. Wer dagegen verstößt, wird in aller Regel auch die jeweiligen Folgen (Löschung, Ausschluss von der Plattform) hinnehmen müssen, soweit diese nicht gänzlich unverhältnismäßig, willkürlich oder diskriminierend erscheinen[532]. Ob dieser Grundsatz bei einer Monopolstellung der Anbieter zu überdenken wäre, bleibt abzuwarten[533].

---

529 Aus rechtlicher Perspektive http://www.rechtzweinull.de/archives/840-Zensur-bei-Facebook-Reichweite-des-virtuellen-Hausrechts.html.

530 Allgemein zum virtuellen Hausrecht *Karavas* (Fn. 227), S. 18 ff.; *Maume*, MMR 2007, 620 ff.; *Schmidl*, K&R 2006, 563 ff.; *Redeker*, CR 2007, 265 ff.; zu den Rechten gegenüber »Störern« in Chats, Foren und Ähnlichem LG München, CR 2007, 264 f.; OLG Köln, CR 2000, 843.

531 S. dazu auch im Kontext von etwaigen Ansprüchen zu Monopoldiensten oben Gliederungspunkt III. 7. a).

532 So die rechtliche Einschätzung auf http://www.rechtzweinull.de/archives/840-Zensur-bei-Facebook-Reichweite-des-virtuellen-Hausrechts.html.

533 Trotz vielfach hoher Nutzerzahlen in sozialen Netzwerken wird allerdings nicht davon ausgegangen, dass derzeit ein (faktisches) Monopol vorliegt. Darüber hinaus ist eine diesbezügliche Beurteilung eine Frage des einfachrechtlichen Kartellrechts, vgl. hierzu *Schliesky u. a.* (Fn. 1), S. 161 f.

10. Informationsfreiheit (Art. 5 Abs. 1 Satz 1 GG)

Das Internet und die dort verfügbaren Angebote sind in der Regel als »allgemein zugängliche Quelle« im Sinne der Informationsfreiheit anzusehen[534]. An der Allgemeinzugänglichkeit kann es fehlen, wenn die Angebote nur für einen bestimmten Personenkreis offenstehen, z. B. eine Registrierung erforderlich ist. Wo diese aber wiederum unproblematisch von jedermann erfüllt werden kann, es also nur eines »formalen« Aufnahmeprozesses bedarf (z. B. der Angabe einer E-Mail-Adresse, eines Benutzernamens und Passworts), keine materiellen Kriterien angelegt werden, bleibt die allgemeine Zugänglichkeit im Sinne des Art. 5 Abs. 1 Satz 1 GG bestehen. Auch eine Zahlungsverpflichtung steht der Einstufung als öffentlich zugängliche Quelle nicht entgegen[535]; dies zeigt schon der Vergleich mit Beispielen aus der analogen Welt (Zeitungs-Abonnements). Zu berücksichtigen ist aber, dass die Informationsfreiheit grundsätzlich keinen Anspruch auf weitere Informationsquellen[536] und im Kontext des Internets weitere Informationskanäle gibt. So ist es auf Grundlage des Art. 5 Abs. 1 Satz 1 GG nicht möglich, von öffentlichen Stellen zu verlangen, dass diese alle amtlichen Daten auch im Internet zur Verfügung stellen[537] oder Gremiensitzungen o. Ä. als Livestream ins Internet übertragen[538]. Einen erheblichen Eingriff in die Informationsfreiheit würden der im Kontext eines Rechts auf Internet dargestellte Internetführerschein sowie Internetsperren, sei es aus repressiven oder präventiven Gründen, darstellen[539].

11. Pressefreiheit (Art. 5 Abs. 1 Satz 2 GG)

Art. 5 Abs. 1 Satz 2 GG gewährleistet neben der Freiheit der Berichterstattung durch Rundfunk und Film auch die Pressefreiheit. Eine Zensur findet

---

534 *Schemmer* (Fn. 493), Art. 5 Rn. 26.
535 *Odendahl*, in: Schmidt-Bleibtreu/Hofmann/Henneke (Hrsg.), Kommentar zum Grundgesetz, 13. Aufl. 2014, Art. 5 Rn. 15; *Schemmer* (Fn. 493), Art. 5 Rn. 26.2.
536 *Schemmer* (Fn. 493), Art. 5 Rn. 32.
537 Studie »Open Government Data Deutschland«, 2012, abrufbar unter http://www.bmi.bund.de, S. 163; allgemein zu Open Data etwa *Hoffmann/Klessmann*, VM 2011, 306 ff.; *Beyer-Katzenberger*, DÖV 2014, 144 ff.
538 Dazu *Schulz/Jöns/Kuhlmann*, Die Gemeinde SH 2014, 206 ff.
539 *Greve/Schärdel*, ZRP 2009, 54 (55); vgl. auch *Marberth-Kubicki*, NJW 2009, 1792 ff.

gem. Art. 5 Abs. 1 Satz 3 GG nicht statt. Denn Aufgabe der Presse ist es, Informationen zu recherchieren, bestehende Meinungen wiederzugeben und dadurch das Bilden von eigenen Meinungen zu ermöglichen[540]. Merkmal des Pressewesens ist dabei die Existenz einer relativ großen Zahl »von selbständigen und nach ihrer Tendenz, politischen Färbung oder weltanschaulichen Grundhaltung miteinander konkurrierenden Presseerzeugnissen«[541].

Während mit Presse traditionell sämtliche Druckerzeugnisse wie Zeitungen, Bücher und Zeitschriften verbunden werden (a.), stellt sich vor allem die Frage, inwieweit auch ausschließlich im Internet veröffentlichte Texte zum Pressebegriff gezählt werden können. Wie auch bei Versammlungs- und Vereinigungsfreiheit kann differenziert werden zwischen Online-Aktivitäten klassischer Presseerzeugnisse (b.) und einer reinen Online-Variante (c.).

a) Beschränkung auf Druckerzeugnisse

Der Begriff der Presse wird grundsätzlich weit und entwicklungsoffen verstanden[542], sodass man meinen könnte, auch im Internet veröffentlichte Inhalte seien vom Schutzbereich der Pressefreiheit erfasst. Dass dem nicht so ist, liegt daran, dass die Presse im Sinne des Art. 5 Abs. 1 Satz 2 GG zugleich formal ausgelegt wird[543]. Diese historisch bedingte Auslegung hat zur Folge, dass der Schutz der Pressefreiheit zwar nicht von besonderen Eigenschaften der Veröffentlichungen abhängig gemacht wird, diese jedoch in Druckerzeugnissen verkörpert sein müssen. Zur »Presse« zählen daher nur zur Verbreitung geeignete und bestimmte Druckerzeugnisse, also vor allem Bücher, Zeitungen, Zeitschriften und sonstige Druckerzeugnisse aller Art[544]. Ein gewisser Bezug zur Informationstechnologie (aber nicht unbedingt zum Internet) ist jedoch denkbar, wenn etwa digitale Informationen auf Datenträgern wie DVD oder USB-Stick gespeichert und verbreitet werden. Diese sind dann von der Pressefreiheit umfasst, wenn

---

540 Vgl. *Schemmer* (Fn. 493), Art. 5 Rn. 37.
541 BVerfG, NJW 1961, 547 (548).
542 *Schulze-Fielitz* (Fn. 320), Art. 5 GG Rn. 90.
543 BVerfGE 66, 116 (134).
544 *Bethge*, in: Sachs (Fn. 50), Art. 5 Rn. 68, *Odendahl* (Fn. 535), Art. 5 Rn. 17; *Schemmer* (Fn. 493), Art. 5 Rn. 43.

sie zur Verbreitung eines Druckerzeugnisses dienen[545]. Ausschlaggebend ist jedoch nach herrschender Ansicht auch hier stets, dass sie in einem Trägermedium verkörpert sind[546].

b) Online-Betätigungsfreiheit klassischer Presseerzeugnisse

Ein Zusammenhang zum Internet besteht insbesondere in den Fällen, in denen sich Anbieter herkömmlicher Presseerzeugnisse hinsichtlich bestimmter Tätigkeiten im Internet auf die Pressefreiheit berufen können. So gewährleistet das Grundrecht der Pressefreiheit neben der reinen Veröffentlichung vorgelagerte Schritte, wie etwa das Beschaffen von Informationen durch Recherche[547]. Ebenfalls umfasst ist die (nachgelagerte) Werbung für Presseerzeugnisse[548]. Anerkannt ist, dass derartige Tätigkeiten (auch) im Internet stattfinden (können) und dabei ebenso geschützt sind wie auf herkömmlichen Wege.

c) Beispiel: Grundrechtsschutz von Online-Medien

Betrachtet man die Onlinemedien, zeigt sich ein ausdifferenziertes Bild: Es existieren Angebote im Internet, die eine analoge Entsprechung haben, sowie ausschließlich online publizierte journalistische Inhalte. So befindet sich die Verlagsbranche derzeit im Umbruch. Während die Musikindustrie den Übergang ins digitale Zeitalter geschafft zu haben scheint und mit Downloadangeboten nach einer langen von Umsatzeinbrüchen geprägten Phase nunmehr tragfähige Geschäftsmodelle entwickelt hat, ist die Zeitungsbranche noch auf der Suche nach Möglichkeiten, ihre Produkte im Internet gewinnbringend zu vermarkten. Die Verkaufszahlen von gedruckten Presseerzeugnissen gehen ebenso wie damit verbunden die Werbeeinnahmen stetig zurück; viele Verlage haben ernsthafte wirtschaftliche Probleme oder mussten bereits ihren Betrieb einstellen. Gleichzeitig informie-

---

545 *Clemens*, in: Umbach/Clemens (Hrsg.), GG, Bd. 1, 2002, Art. 5, Rn. 69 b.
546 *Jarass* (Fn. 109), Art. 5 Rn. 34; *Schemmer* (Fn. 493), Art. 5 Rn. 42; *Degenhart*, in: Bonner Kommentar (Fn. 46), Art. 5 Rn. 369 f.
547 Zur Recherche als Teilaspekt der Pressefreiheit vgl. BVerfGE 77, 346 (354).
548 Allgemein zur Zugehörigkeit werbenden Tätigkeiten zum Schutzbereich vgl. BGHZ 151, 26 ff.

ren sich so viele Menschen wie nie zuvor im Internet, vor allem auch bei den Online-Ablegern der »klassischen« Zeitungen. Daneben gehören Blogs zum festen Bestandteil des Informationsangebots im Internet[549]. Oft von Privatpersonen entweder als Hobby oder hauptberuflich betrieben, finden sich heute zu nahezu jedem Thema spezielle Blogs, in denen sich auch die Nutzer – im Sinne von Social Media – untereinander austauschen.

Allen diesen Medienangeboten ist jedoch gemein, dass sie zwar über das Internet aufrufbar sind, sie jedoch mangels Verkörperung in Form eines Druckerzeugnisses nach (wohl noch) herrschender Ansicht nicht unter den Pressebegriff des Art. 5 Abs. 1 Satz 2 GG fallen. Sie sind jedoch unter Umständen der Rundfunkfreiheit zuzuordnen[550]. Nach vorzugswürdiger Auffassung sollen dagegen auch Online-Medien den Schutz der Pressefreiheit genießen[551]. Begründet wird dies mit der Entwicklungsoffenheit sowie »der zunehmenden Konvergenz der Übertragungswege«[552]. Eine vermittelnde Ansicht will Online-Medien zumindest dann in den Schutzbereich der Pressefreiheit fallen lassen, wenn diese (auch) in gedruckter Form vorliegen[553]. Um die Chancengleichheit zu gewährleisten, sei es irrelevant, auf welche Weise (digital oder analog) das Werk verbreitet werde. Zuzustimmen ist diesen Ansichten dahingehend, dass die unterschiedliche Schutzbereichseinordnung von klassischen Presseerzeugnissen und Online-Medien angesichts der oft inhaltlichen Ähnlichkeit nicht sachgerecht erscheint, da die gleiche Betätigung von unterschiedlichen Schutzbereichen erfasst sein kann. Auf der anderen Seite kann eine derart weite Auslegung des Pressebegriffs der Rechtsprechung des BVerfG bisher nicht entnommen werden. So betont dieses ausdrücklich: »[…] Dementsprechend hat auch das Bundesverfassungsgericht den Schutz der Pressefreiheit nicht von besonderen Eigenschaften der Publikation abhängig gemacht, solange diese nur in gedruckter und zur Verbreitung geeigneter

---

549 Was jüngst zu der Diskussion führte, inwieweit Bloggern der Zugang zu Pressekonferenzen des Deutschen Bundestages und zu einzelnen Ausschusssitzungen gewährt werden muss, http://www.ruw.de/suche/kur/Verfassungskonf-Presse; vgl. dazu ausf. *Kahl*, K&R 2014, 483 ff.
550 S. dazu Gliederungspunkt III. 13. a).
551 *Mann/Smid*, in: Spindler/Schuster (Fn. 134), Siebter Teil, Rn. 6; *Kahl*, K&R 2014, 483 ff.
552 *Mann/Smid* (Fn. 551), Siebter Teil, Rn. 6.
553 *Degenhart* (Fn. 546), Art. 5 Rn. 369 f.

Form am Kommunikationsprozess teilnimmt.«[554] Zwar sind Online-Medien aufgrund der Zuordnung zur Rundfunkfreiheit keineswegs schutzlos gestellt[555]. Dennoch sollte der Begriff der Presse angesichts der Entwicklungsoffenheit nicht gleichgesetzt werden mit dem »gedruckten Wort« oder »gedrucktem Bild«[556]. Insbesondere vor dem Hintergrund, dass auf Papier gedruckte Presseerzeugnisse in Zukunft höchstwahrscheinlich eher die Ausnahme als die Regel darstellen werden, droht die Pressefreiheit beim klassischen Verständnis zu einer »leeren Hülse« zu werden.

12. Filmfreiheit (Art. 5 Abs. 1 Satz 2 GG)

Nach Art. 5 Abs. 1 Satz 2 GG wird auch die Freiheit der Berichterstattung durch Rundfunk und Film gewährleistet. Ebenso wie der Pressebegriff wird auch derjenige des »Films« entwicklungsoffen verstanden[557]. Film i. S. d. Art. 5 Abs. 1 Satz 2 GG ist ein Massenmedium, bei dem ein digitaler Bild- und ggf. Tonträger in der Öffentlichkeit vorgeführt wird[558]. Die Filmfreiheit umfasst dabei auch die Produktion, den Vertrieb und die Vorführung von Filmen. Der Unterschied zum Rundfunk besteht darin, dass keine Übertragungstechniken existieren, durch die eine Visualisierung durch dazu bestimmte Empfangsgeräte ermöglicht wird[559]. Medien, auf denen Filme gespeichert sind, fallen nur dann unter die Filmfreiheit, wenn sie öffentlich vorgeführt werden. Ansonsten unterfallen sie lediglich der Pressefreiheit[560].

Ein nicht mehr wegzudenkender Bestandteil der Internetangebote sind Videoportale. Insbesondere aufgrund der fortschreitenden Technik bzgl. der Bandbreiten und Videoproduktionsmittel können heute schon mittels eines Smartphones und eines Internetbreitbandanschlusses hochwertige Videos produziert und verbreitet werden. Wie groß der Erfolg von Videoplattformen ist, zeigen Zahlen des bekanntesten Anbieters: Mehr als eine Milliarde Nutzer weltweit besuchen *YouTube* jeden Monat. Jeden Monat

---

554 BVerfGE 95, 28 (35).
555 S. dazu ausf. unter Gliederungspunkt III. 13.
556 *Mann/Smid* (Fn. 551), Siebter Teil, Rn. 5.
557 *Degenhart* (Fn. 546), Art. 5 Rn. 903.
558 *Bethge* (Fn. 544), Art. 5 Rn. 118; *Schulze-Fielitz* (Fn. 320), Art. 5 I, II Rn. 111.
559 *Fink*, in: Spindler/Schuster (Fn. 134), C, Rn. 52.
560 *Fink* (Fn. 559), C, Rn. 52.

werden auf *YouTube* mehr als sechs Milliarden Stunden Videomaterial angesehen – also fast eine Stunde pro Erdbewohner. Und in jeder Minute werden 100 Stunden Videomaterial auf *YouTube* hochgeladen[561].

Jedoch fallen Videoportale wie *YouTube* nicht unter den Filmbegriff, da es an einem entsprechenden Bildträger mangelt[562]. Insofern wird bisher an dem formalen Begriff festgehalten, wonach stets ein (digitaler) Bild- oder Tonträger erforderlich ist. Insbesondere, da diese rein formale Unterscheidung nicht mehr zeitgemäß erscheint, gibt es bereits Ansätze, ein einheitliches »Grundrecht auf Internetdienstefreiheit« zu etablieren, das nicht nur die elektronische Presse, sondern auch Videodienste erfassen würde[563]. Eine derartige Auslegung hätte zweifelsohne wünschenswerte klarstellende Effekte, da bspw. der verfassungsrechtliche und der einfachgesetzliche Rundfunkbegriff wieder angenähert werden könnten[564]. Auf der anderen Seite wird der Bedarf nach derartigen »kosmetischen Korrekturen« dadurch beschränkt, dass auch nach derzeitiger Auslegung keine Schutzlücken bestehen. So kann z. B. das auf einem Videoportal veröffentlichte Werk der Rundfunkfreiheit unterfallen[565].

13. Rundfunkfreiheit (Art. 5 Abs. 1 Satz 2 GG)

Die in Art. 5 Abs. 1 Satz 2 GG gewährleistete Rundfunkfreiheit als weitere Garantie der Massenmedien wird in erheblichem Maße durch das Internet beeinflusst. Ebenso wie die Verlage sind auch Rundfunkveranstalter im Internet aktiv und verbreiten sowohl Text- als auch Audio- und Videodateien.

a) Gefahr der Entwicklung zum Supergrundrecht

Bereits die bisherige Unterscheidung der Schutzbereiche von Presse- und Rundfunkfreiheit als zur Zeit der Entstehung des Grundgesetzes einge-

---

561 Zahlen von *YouTube*: http://www.youtube.com/yt/press/de/statistics.html.
562 *V. Lewinski*, RW 2011, 70 (85).
563 *Holznagel/Schumacher*, Die Freiheit der Internetdienste, in: Kleinwächter (Hrsg.), Grundrecht Internetfreiheit, 2011, S. 14 ff.
564 *Holznagel/Schumacher* (Fn. 563), S. 14 (19).
565 Vgl. dazu sogleich unter Gliederungspunkt III. 13.

führte Massenmedien anhand des maßgeblichen Kriteriums der Verbreitungsform – verkörperte Verbreitung auf der einen und unverkörperte,
über elektronische Schwingungen drahtlos oder drahtgebunden übertrage-
ne Kommunikationsinhalte[566] auf der anderen Seite – ist als überkommene
Differenzierung kritisch zu betrachten[567]. Aufgrund der durch das Internet
hinzukommenden Möglichkeiten der Verbreitung von Nachrichteninhalten
und Informationen erscheint diese Einteilung erst recht überholt. Zu der
allgemeinen Kritik tritt der mitunter unbefriedigende Zustand, dass nahezu
jede an eine unbestimmte Personenzahl gerichtete Online-Anwendung
mangels passender Alternative auf verfassungsrechtlicher Ebene der
Rundfunkfreiheit zugeordnet wird (werden muss)[568]. Auch die Abgrenzung der Telemedien ist mitunter schwierig durchzuführen. Bei Angeboten von Verkehrs-, Wetter- oder Börsendaten, Telespielen, elektronischer
Presse und Teleshopping, die aufgrund ihres allgemein zugänglichen Charakters verfassungsrechtlich zum Rundfunk zu zählen sind[569], ist diese
Einordnung insofern zweifelhaft, da ihnen teilweise das Merkmal der mei-
nungsbildungsrelevanten Darbietung durch eine wesentliche redaktionelle
Bearbeitung mit der Folge der rundfunkspezifischen »Aktualität, Breitenwirkung und Suggestivkraft«[570] fehlt. Darüber hinaus helfen Ausnahmen
oder Verbote wie z. B. das Verbot nichtsendungsbezogener, presseähnli-
cher Telemedienangebote des öffentlich-rechtlichen Rundfunks gem.

---

566 *Bullinger*, in: Isensee/Kirchhof (Fn. 404), § 163 Rn. 5; *Schulze-Fielitz* (Fn. 320),
Art. 5 I, II Rn. 99. S. zur Entstehung des Begriffs Rundfunk und der ursprünglichen Verbreitungsform des Rundfunks, der analogen Terrestrik, ausf. *Schmidtmann*, Die verfassungsrechtliche Einordnung konvergenter Massenmedien, 2013,
S. 31 ff. sowie zur Abgrenzung von Presse und Rundfunk S. 63 f.

567 Die Kritik setzt vielfach bereits bei dem Konzept der Grundversorgung durch die
öffentlich-rechtlichen Rundfunkanstalten an, vgl. dazu BVerfGE 73, 118 ff.; 74,
297 ff.

568 *Klaes*, ZUM 2009, 135 (141). Nach *von Coelln*, in: Institut für Rundfunkrecht an
der Universität zu Köln (Hrsg.), Publizistischer und ökonomischer Wettbewerb
unter den Bedingungen der neuen Medienwelt, 2010, S. 17 (38), sei das Rundfunkrecht das Medienrecht der Zukunft.

569 *Bethge* (Fn. 544), Art. 5 Rn. 90 b; ausf. *Brand*, Rundfunk im Sinne des Art. 5
Abs. 1 Satz 2 GG, 2002, S. 227 ff., 266 f.

570 Sog. ABS-Kriterien nach der ständigen Auffassung des BVerfG, vgl. BVerfGE
90, 60 (87); 103, 44 (74); 114, 371 (387); 119, 181 (215). Nach *v. Lewinski*,
RW 2011, 70 (85 f.), fehlt den Telemedien – s. dazu §§ 54-61 RStV sowie das
TMG – das Merkmal der Massenkommunikation (1-zu-n-Kommunikation), da
diese zwar an die Allgemeinheit gerichtet sind, danach aber eine Individualkommunikation (1-zu-1-Kommunikation) zum Inhalt haben.

§ 11 d Abs. 2 Nr. 3 Rundfunkstaatsvertrag (RStV) nur bedingt zur Regulierung der Online-Konkurrenz weiter[571]. Dementsprechend wird am derzeitigen System bemängelt, dass sich die Rundfunkfreiheit durch die Menge der erfassten Sachverhalte, auch aufgrund der zunehmenden Bedeutung des Internets als beliebte Verbreitungsform sowie der stetig wachsenden Zahl der Internetnutzer, zu einer Art »Supergrundrecht« entwickelt[572]. Damit könnte jedoch der verfassungsrechtliche Rundfunkbegriff, wie er historisch ausgebildet wurde, überdehnt werden. Auf der anderen Seite darf nicht verkannt werden, dass das BVerfG den Rundfunkbegriff stets dynamisch und wandelbar aufgefasst und definiert hat, der moderne Entwicklungen berücksichtigt, die zum konkreten Lebenssachverhalt gehören, auf den das Grundrecht bezogen ist, und ohne dessen Einbeziehung eine die normierende Wirkung der Rundfunkfreiheit entfaltende Auslegung nicht möglich erscheint[573]. Die Art der technischen Verbreitung wird für den verfassungsrechtlichen Rundfunkbegriff grundsätzlich als zweitrangig betrachtet[574].

Zudem kann das Internet von einem zugelassenen Rundfunkveranstalter für Hilfs- oder Randtätigkeiten im Zusammenhang mit dem eigentlichen Rundfunkprogramm genutzt werden, da ein solches Angebot unter dem Gesichtspunkt der Annexfunktionen von Art. 5 Abs. 1 Satz 2 GG geschützt ist. So sind z. B. Programminformationen nach Ansicht des BVerfG eine unabdingbare Voraussetzung der Programmrezeption und damit Teil der Erfüllung der gesetzlichen Aufgabe der Rundfunkanstalten[575]. Nichtsdestotrotz können auch diese Ausgestaltungsspielräume angesichts der nahezu unbegrenzten Entfaltungsmöglichkeiten im Internet,

---

571 Vgl. am Beispiel der Einordnung der »heute«-App des ZDF als presseähnliches Angebot *Schmidtmann*, ZUM 2013, 536 (537 ff.); allgemein zu Nachrichten-Apps und ihrer verfassungsrechtlichen Einordnung als Rundfunk *Schmidtmann* (Fn. 566), S. 332 f., sowie ausf. zur Tagesschau-App *Vesting*, Die Tagesschau-App und die Notwendigkeit der Schaffung eines »Intermedienkollisionsrechts«, 2013, S. 7, der § 11 d Abs. 2 Nr. 3 RStV als intermediale Kollisionsregel für das neue Netzwerk der Medien identifiziert.

572 *Holznagel*, AfP 2011, 1 (1).

573 BVerfGE 73, 118 (154).

574 BVerfGE 74, 297 (350 f.); *Hartstein u. a.*, Rundfunkstaatsvertrag Kommentar, Loseblattsammlung (Stand: 56. Erg.-Lieferung Dezember 2013), § 2 Rn. 9 ff.; *Schulze-Fielitz* (Fn. 320), Art. 5 I, II Rn. 100; *Klaes*, ZUM 2009, 135 (137).

575 BVerfGE 83, 238 (312 ff); dazu auch *Klaes*, ZUM 2009, 135 (136).

das als Inbegriff der Medienkonvergenz gilt[576], an seine Grenzen stoßen und eine Neuorientierung erforderlich machen.

b) Beispiel: Google Hangout

Als aktuelles Beispiel einer problematischen rechtlichen Einordnung in die überkommene Klassifizierung der Massenmedien in Art. 5 Abs. 1 GG kann das Feature *Google Hangout* herangezogen werden. Dieses ermöglicht im sozialen Netzwerk *Google+* sowie im E-Mail-Dienst *GoogleMail* Videochatkonferenzen mit bis zu zehn Personen. Auch Bundeskanzlerin *Merkel* bediente sich – bisher einmal – dieser Funktion und schaltete am 19.4.2013 ein Live-Hangout zum Thema Integration[577], welcher über den *YouTube*-Kanal »Bundesregierung« veröffentlicht wurde. Hinsichtlich der rechtlichen Einordnung herrscht Uneinigkeit. So hat man sich auf einer Tagung der Kommission für Zulassung und Aufsicht und auf der Direktorenkonferenz der Landesmedienanstalten mit dem *Google Hangout* der Kanzlerin beschäftigt und diesen nach einer ersten Einschätzung nicht als Rundfunk, sondern lediglich als Abrufdienst klassifiziert, der die Anforderungen an den Rundfunkbegriff nicht erfülle, sodass insoweit kein Handlungsbedarf für etwaige Genehmigungsnotwendigkeiten oder eine (nicht mögliche) Rundfunklizenz[578] der Kanzlerin bestehe[579]. Der *Google Hangout* erfülle vor allem aufgrund der nur einmaligen Durchführung (noch) nicht die Anforderungen an den Rundfunk. Allerdings habe die Bundesregierung angekündigt, mit *Google Hangouts* der Bundeskanzlerin ein neues Online-Format zu starten und zu etablieren. Sofern sich dieses zu einem regelmäßigen Format entwickelt und durch Ankündigungen etc. eine höhere Breitenwirkung erzielt, sollte von der Einordnung als Rundfunk aus-

---

576 *Schmidtmann* (Fn. 566), S. 149 ff.
577 http://www.youtube.com/watch?v=ObH8EAovoeE.
578 Nach § 20 a Abs. 1 RStV ist die Erteilung einer Zulassung für Veranstalter von bundesweit verbreitetem Rundfunk von verschiedenen Voraussetzungen abhängig. Aufgrund des Grundsatzes der Staatsferne des Rundfunks ist gemäß § 20 a Abs. 3 RStV eine Zulassung juristischer Personen des öffentlichen Rechts nicht möglich, sodass auch der Bundesregierung eine Lizenz nicht erteilt werden könnte; vgl. auch *Bumke*, in: Hahn/Vesting (Hrsg.), Beck'scher Kommentar zum Rundfunkrecht, 3. Aufl. 2012, § 20 a RStV Rn. 22 ff.
579 http://ichsagmal.com/2013/04/16/live-hangouts-sind-eher-abrufdienste-und-kein-rundfunk-merkelhangout/.

gegangen werden. Allerdings bedarf es auch einer Diskussion, ob es sich bei derartigen Formaten nicht um (zulässige) Öffentlichkeitsarbeit und Informationstätigkeit der Bundesregierung handelt.

c) Beispiel: Internetdienste-/Medienfreiheit

Aufgrund des identifizierten unbefriedigenden Befunds, aus Alternativlosigkeit die meisten internetbasierten Kommunikationsinhalte auf verfassungsrechtlicher Ebene der Rundfunkfreiheit zuordnen zu müssen, wurde bereits vielfach eine Überarbeitung des Art. 5 Abs. 1 GG diskutiert[580]. Neben einer Anerkennung einer Internetfreiheit sui generis[581] sieht ein alternativer, von *Holznagel* und *Schumacher* entwickelter Lösungsansatz vor, die ursprüngliche Klassifizierung aus Art. 5 Abs. 1 Satz 2 GG aufzugeben, und stattdessen eine eigenständige sog. Internetdienstefreiheit[582] zu etablieren. Zum Rundfunk würden nach dieser Vorstellung Verteil- und Abrufdienste, mithin linear verkörperte Kommunikationsinhalte, zählen, alle sonstigen, insbesondere nicht-linearen elektronisch verbreiteten Kommunikationsinhalte unterfielen der neuen Internetdienstefreiheit[583]. Dazu würden Webseiten oder Blogs, aber auch *YouTube*, Mediatheken und sonstige audiovisuelle Mischdienste zählen. In der EU-Richtlinie über au-

---

580 *Jungheim*, ZUM 2008, 493 ff.; *Rumyantsev*, ZUM 2008, 33 (40); *Fechner*, in: Stern/Becker (Hrsg.), Grundrechte-Kommentar, 2010, Art. 5 Rn. 58; *Schemmer* (Fn. 493), Art. 5 I, II Rn. 43.1.

581 *Mecklenburg*, ZUM 1997, 525 ff. In jüngerer Zeit, aber im Ergebnis ablehnend auch *Bronsema*, Medienspezifischer Grundrechtsschutz der elektronischen Presse, 2008, S. 162 ff.; *Schmidtmann* (Fn. 566), S. 240 ff.

582 So ausdrücklich *Holznagel*, AfP 2011, 532 ff.; *ders.*, MMR 2011, 1 f.; *ders.*, NordÖR 2011, 205 (210); *ders.*, im Rahmen eines Vortrages auf der wissenschaftlichen Fachtagung »Netzneutralität in der Informationsgesellschaft« des Forschungszentrums Technikrecht der Humboldt-Universität Berlin am 15.12.2010; hierzu *Burbat*, DVBl 2011, 280 (282); *ders./Schumacher*, in: Kloepfer (Hrsg.), Netzneutralität in der Informationsgesellschaft, S. 47 (58); *dies.*, ZRP 2011, 74 (77); a. A. *Bronsema* (Fn. 581), S. 168 ff. Im Ergebnis ablehnend *Schmidtmann* (Fn. 566), S. 293, hinsichtlich eines de lege lata anzuerkennenden sowie S. 295 hinsichtlich eines de lege ferenda zu schaffenden Gesamtmediengrundrechts.

583 *Holznagel*, AfP 2011, 532 (534 f.); *ders.*, MMR 2011, 1 (2).

diovisuelle Mediendienste[584] werde die gleiche Differenzierung zwischen linearen und nicht-linearen Diensten[585] vorgenommen. Eine extensive Auslegung des Art. 5 Abs. 1 Satz 2 GG soll zum Erreichen der Unterscheidung ausreichend sein, aber auch eine Verfassungsänderung scheine nicht ausgeschlossen[586]. Ein Vorteil dieser Neukonzeption wird darin gesehen, dass sich auf diese Weise die real existierende Ausdifferenzierung der verschiedenen Angebote genauer am Verfassungsrecht abbilden ließe[587]. Als dogmatischer Anknüpfungspunkt dafür wird Art. 11 Abs. 2 der Grundrechtecharta der Europäischen Union herangezogen, der die generelle Freiheit der Medien sowie deren Pluralität gewährleisten soll, ohne sie dabei in weitere Teilfreiheiten einzuteilen[588]. Von der Internetdienste- oder auch Medienfreiheit können auch Mischdienste bzw. hybride Formen, wie sie für das Internet üblich sind, z. B. bestehend aus Text- und Video-Sequenzen erfasst werden, z. B. bei *Twitter* und auf *Facebook*, solange sie ohne festen Sendeplan bleiben. Livestreams von TV-Sendungen seien wiederum der Rundfunkfreiheit zuzuordnen.

Diese Erwägungen erscheinen sinnvoll; allerdings existieren auch kritische Stimmen zu dieser Verfassungsweiterentwicklung bzw. dem Vorschlag einer entsprechenden -änderung. Zum einen steht die Befürchtung im Raum, im Rahmen von Art. 5 Abs. 1 Satz 2 GG werde ähnlich wie bei Art. 2 Abs. 1 GG begonnen, vermehrt unbenannte Freiheitsrechte zu etablieren. Diese Praxis könne zu einer Überdehnung dessen führen, was grundgesetzlich normiert ist[589]. *Holznagel* und *Schumacher* berufen sich hinsichtlich der Weiterentwicklungsfähigkeit des Art. 5 Abs. 1 Satz 2 GG vergleichend u. a. auf die Schaffung des Rechts auf informationelle Selbstbestimmung und auf das Grundrecht auf Gewährleistung der Ver-

---

584 Richtlinie 2010/13/EU des Europäischen Parlaments und des Rates vom 10. März 2010 zur Koordinierung bestimmter Rechts- und Verwaltungsvorschriften der Mitgliedstaaten über die Bereitstellung audiovisueller Mediendienste (Richtlinie über audiovisuelle Mediendienste), ABl EU Nr. L 95, S. 1 ff.

585 Vgl. hierzu *Kleist/Scheuner*, MMR 2006, 127 ff. bereits im Vorfeld der Verabschiedung der Richtlinie. Kritisch hinsichtlich der Differenzierung *Stender-Vorwachs/Theißen*, ZUM 2007, 613 (616).

586 *Holznagel*, NordÖR 2011, 205 (210).

587 *Holznagel*, AfP 2011. 532 (534 f.).

588 *Holznagel*, NordÖR 2010, 205 (210); *ders.*, MMR 2011, 1 (2). Da die Grundrechtecharta Teil des europäischen Primärrechts ist, erschient eine europarechtskonforme Auslegung von Art. 5 Abs. 1 Satz 2 GG möglich.

589 S. dazu *Hain*, K&R 2012, 98 (100 ff.); *Degenhart*, CR 2011, 231 (235 f.).

traulichkeit und Integrität informationstechnischer Systeme. Diese sind zwar als Fortentwicklungen des allgemeinen Persönlichkeitsrechts zu sehen. Allerdings schützt Art. 2 Abs. 1 GG subsidiär auch die allgemeine Handlungsfreiheit, ist sehr weit gefasst und deshalb bereits naturgemäß für speziellere bundesverfassungsgerichtliche Weiterentwicklungen offener als der enge Wortlaut des Art. 5 Abs. 1 GG[590]. Zum anderen könne auch Art. 2 Abs. 1 GG im Wege der Auslegung als Auffanggrundrecht im Bereich der Internetdienste als ausreichend erachtet werden[591]. Die letzte Überlegung dürfe allerdings der enormen Bedeutung des Internets sowohl als Informations- als auch als Unterhaltungsquelle nicht in hinreichender Weise gerecht werden, wie auch im Bereich von Art. 2 Abs. 1 GG selbst die verfassungsrechtliche Normierung nicht ausreichte und unbenannte Freiheitsrechte vermehrt etabliert wurden. Sicherlich ist mit dieser Praxis äußerst restriktiv zu verfahren, was einem grundsätzlichen Umdenken im Rahmen der überkommenen Massenmedien jedoch nicht entgegenstehen sollte.

Mithin sprechen gute Gründe sowohl für eine Änderung des Art. 5 Abs. 1 Satz 2 GG als auch gegen eine solche und eine Beibehaltung der derzeitigen verfassungsrechtlichen Auslegung. Für einen tiefer greifenden Wandel im Medienverfassungsrecht könnte aus Gründen der Rechtssicherheit eine ausdrückliche Änderung des Grundgesetztextes *de lege ferenda* vorteilhaft sein[592].

14. Kunstfreiheit (Art. 5 Abs. 3 GG)

Die Kunstfreiheit des Art. 5 Abs. 3 GG schützt sowohl den Bereich der künstlerischen Betätigung (Werkbereich) als auch die Darbietung und Verbreitung des Kunstwerks (Wirkbereich), schützt also nicht nur den

---

590 *Schmidtmann* (Fn. 566), S. 252, sowie insgesamt die kritische Bewertung einer Internetdienstefreiheit S. 251 ff. Unbilligkeiten ließen sich durch Abstufungen im einfachen Recht lösen; dies sei jedoch keine verfassungsrechtliche Frage.
591 *Hain*, K&R 2012, 98 (100).
592 So im Ergebnis auch *Schmidtmann* (Fn. 566), S. 350. Allerdings müsste hierfür die Medienkonvergenz noch weiter voranschreiten, sodass die klassischen Massenmedien von den Telemedien vollständig substituiert würden, S. 354. *V. Lewinski*, RW 2011, 70 (94), hält ein Recht auf Internet und den damit einhergehenden verfassungsändernden Aktionismus rechtlich nicht für notwendig, sondern lediglich für eine »(politische) Geschmacksfrage«.

Künstler, sondern auch den Mittler sowie die Werbung[593]. Dass sich der Wirkbereich allein aufgrund der kostengünstigen und mit einem enormen Verbreitungsgrad verbundenen Möglichkeiten zunehmend (auch) im Internet entfaltet, liegt nahe. Das Ausstellen der eigenen Kunstwerke in virtuellen Galerien, Video- und Fotoportalen ist somit eine nicht nur von Art. 2 Abs. 1 GG, sondern auch von der digitalen Dimension des Art. 5 Abs. 3 GG geschützte Handlungsweise.

Es lässt sich zudem nicht in Zweifel ziehen, dass auch dem Werkbereich der Kunstfreiheit eine digitale Dimension innewohnt. So sind neue Kunstformen auszumachen, die originär auf das Internet angewiesen sind. Künstler bedienen sich der digitalen Netzkunstform *Web Art*[594], die als künstlerische Arbeit mit Webseiten über deren reine Gestaltung hinausweist, z. B., indem sie die Bedingungen für Wahrnehmung und Manipulation im Internet künstlerisch thematisiert. Kunst im Netz als mediale digitale Kunst benötigt Rechnernetze, Internetdienste wie Mailboxen oder Webseiten als unverzichtbare Mittel der Interaktion und der Bild-, Klang- und Texterzeugung. Dabei ist nicht entscheidend, ob die Kunst durch eine oder mehrere Personen entsteht, sondern dass wesentliche Aspekte und Aussagen der Werke nur in Verbindung mit einem Rechnernetz erfahrbar sind. Die überkommenen Kunstformen der Malerei, Bildhauerei, Dichtung usw. sind nur exemplarisch zu verstehen; sie schließen weitere Ausdrucksformen der Kunst nicht aus. Der Gewährleistungsgehalt der Kunstfreiheit ist entwicklungsoffen gehalten, liegt es doch ähnlich der Glaubensfreiheit vor allem im Ermessen des Grundrechtsträgers (und nebenbei im Auge des Betrachters), was Kunst darstellt[595]. Dem Internet kommt schließlich auch als – ebenfalls von Art. 5 Abs. 3 GG geschützte – »Inspirationsquelle für den Künstler«[596] Bedeutung zu.

---

593 *Kempen*, in: Epping/Hillgruber (Fn. 424), Art. 5 Rn. 173 f. m. w. N.

594 *Baumgärtel*, [net.art] Materialien zur Netzkunst, 1999; *Türstig*, Netzkunst als Kunstnetz. Kooperationen der Kreativität im Internet, 2003; *Weiß*, Netzkunst. Ihre Systematisierung und Auslegung anhand von Einzelbeispielen, 2009.

595 Das BVerfG hängt zumindest einem formal weitem Kunstbegriff an, E 30, 173 (189); 67, 213 (226); 81, 278 (291 f.); 83, 130 (138). *Bethge* (Fn. 544), Art. 5 Rn. 184 m. w. N., misst dem Selbstverständnis des »Autors« Bedeutung zu, plädiert aber für eine darüberhinausgehende Einbeziehung gesellschaftlicher Wertungen, Auffassungen der Kunstszene und anderer Implikationen einer pluralistischen, offenen Werteordnung.

596 *V. Lewinski*, RW 2011, 70 (86).

15. Wissenschaftsfreiheit (Art. 5 Abs. 3 GG)

Die Wissenschaftsfreiheit schützt »die auf Eigengesetzlichkeit beruhenden Prozesse, Verhaltensweisen und Entscheidungen bei der Suche nach Erkenntnissen, ihrer Deutung und Weitergabe«[597] (a.), also das Forschen (b.) sowie Lehren (c.) – auch über das Internet.

a) Schutzbereich der Wissenschaftsfreiheit

Art. 5 Abs. 3 Satz 1 GG stellt zwei Elemente individueller Handlungsfreiheit unter grundrechtlichen Schutz: die Forschungs- und die Lehrfreiheit der Wissenschaftler. Mit der Nennung der »freien Wissenschaft« kommt die Gewährleistung eines autonomen Sach- und Wirkensbereichs hinzu; die »Funktionsfähigkeit der Institution ›freie Wissenschaft‹ als solche« wird garantiert[598]. Die Freiheit der Forschung umfasst »insbesondere die Fragestellung und die Grundsätze der Methodik sowie die Bewertung des Forschungsergebnisses und seine Verbreitung«[599]. Mit der Lehrfreiheit ist das Recht geschützt, Gegenstand, Form, Inhalt, methodischen Ansatz und zu verwendendes Material für die Lehrveranstaltung frei zu wählen[600].

b) Beispiel: Forschen über, mit und durch das Internet

Wissenschaftsfreiheit und Internet weisen ganz unterschiedliche Bezugspunkte zueinander auf. Forschung hat einerseits das Internet als eigenes Forschungsgebiet für sich entdeckt[601], andererseits bieten das Internet und die dort angebotenen Dienste eine kaum überschaubare Vielzahl an Re-

---

597 BVerfGE 111, 333 (354); 47, 327 (367); 122, 89 (105).
598 *Britz*, in: Dreier (Fn. 47), Art. 5 III (Wissenschaft) Rn. 11, 15.
599 BVerfGE 35, 79 (113).
600 Vgl. BVerfG (K), NJW 1994, 1784 ff.
601 S. bspw. ZIM – Zentrum für Internetforschung und Medienintegration an der Ludwig-Maximilians-Universität München, http://www.zim.uni-muenchen.de/index.html; Institut für Internet und Gesellschaft an der Alexander-von-Humboldt-Universität Berlin, http://www.hiig.de; Stiftung Internetforschung in Osnabrück, http://www.stifo.de.

cherchemöglichkeiten[602]. Die technischen Optionen und digitalen Verbreitungswege können auch im Bereich der Lehre genutzt werden; es existieren zunehmend internetbasierte Lehrangebote von Universitäten. Livestreams von Vorlesungen, kollaborative Arbeitsplattformen, geschlossene Gruppen in sozialen Netzwerken und anderes lassen sich finden[603]. Schließlich ist das Internet – wie auch im Bereich der Kunst – mittlerweile ein entscheidendes Medium zur Veröffentlichung und Präsentation der eigenen Forschungsergebnisse[604]. Hinzu kommt, dass auch Nichtwissenschaftler direkte Zugangsmöglichkeiten erhalten, was den Verbreitungsgrad von Forschungsergebnissen deutlich erweitert und dem Gedanken von Forschungsergebnissen als (zumindest mittelbar steuerlich finanziertes) Gemeinschaftsgut nahekommt. So wird unter dem Stichwort »Open Access«[605] gefordert, Hochschullehrer, wissenschaftliche Mitarbeiter und andere Landesbedienstete gesetzlich zu verpflichten[606], im Rahmen ihrer öffentlich finanzierten Tätigkeit erstellte Werke der Öffentlichkeit über das Internet unentgeltlich und lizenzfrei zugänglich zu machen[607].

---

602 Für den juristischen Bereich seien nur die marktführenden Internetportale »juris« und »Beck-Online« genannt. Zutreffend ordnet *v. Lewinski*, RW 2011, 70 (86), die Rolle des Internets als »Erkenntnisquelle für den Wissenschaftler« dem Schutzbereich des Art. 5 Abs. 3 GG zu.

603 Bspw. Vorlesungen des Lehrstuhls für Förder- und Lagerwesen (FLW) der Technischen Universität Dortmund, abrufbar unter: http://www.podcast.flw.mb.tu-dortmund.de; oder die »Forschungsgruppe Untertage« bei *Facebook*, http://www.facebook.com/pages/Forschungsgruppe-Untertage/94476211480.

604 So existieren Disziplinen, in denen Forschungsergebnisse und Zeitschriften fast ausschließlich online publiziert werden.

605 Im Alltagssprachgebrauch von Bibliothek und Wissenschaft wird unter Open Access schlicht die freie und ungehinderte Zugänglichkeit von wissenschaftlichen Publikationen im Internet verstanden. In der Berliner Erklärung über den offenen Zugang zu wissenschaftlichem Wissen vom 22.10.2003 werden über den freien Zugang hinaus auch die Befugnis, das im Internet frei zugängliche Werk weiterzuverbreiten und zu bearbeiten, als Merkmale von Open Access definiert. *Steinhauer*, Das Recht auf Sichtbarkeit, 2010, S. 12 f. m. N.; s. zum Thema auch *Sosnitza*, RW 2010, 225 ff.

606 Zu entsprechenden Reformvorschlägen für das Urheberrecht *Hansen*, GRUR Int. 2005, 378 ff.; modifizierte Übernahme in BR-Drs. 257/06, S. 6; *Pflüger/Ertmann*, ZUM 2004, 440 ff.; *Sosnitza*, RW 2010, 225 ff.

607 S. bspw. die Pressemitteilung der Piratenfraktion des Schleswig-Holsteinischen Landtages, Nov. 2012, abrufbar unter: http://www.piratenfraktion-sh.de/2012/11/05/open-access-gutachtenauftrag-zur-offentlichen-bereitstellung-offentlich-finanzierter-werke-geplant.

Mehr und mehr gesellschaftlich relevante Informationen werden nur noch im Internet, nicht aber in anderen Medien bereitgestellt. Nicht zufällig standen Forschungsnetze am Anfang der Entwicklung des Internets[608]. Wissenschaftliche Rechercheergebnisse werden inzwischen zu einem nicht unerheblichen Teil ausschließlich elektronisch verfügbar gemacht, eine konventionelle Veröffentlichung über Zeitschriften erfolgt entweder gar nicht mehr, sog. Vorabdrucke von Veröffentlichungen *(preprints)* werden wegen der Zeitverzögerung durch Druck und Verteilung zur Hauptquelle der Information. Die Veröffentlichung in Zeitschriften dient weitgehend nur noch dem Nachweis, dass Arbeiten hinreichend qualifiziert sind. Der Bezug von Zeitschriften stellt zudem eine nicht zu vernachlässigende finanzielle Belastung dar. Preprint-Verteilung hing früher vom Postweg ab, und davon, dass ein Institut auch tatsächlich bedient wurde. Beides führte dazu, dass speziell Drittwelt-Institute, aber auch weniger privilegierte Institute der Industriestaaten erhebliche Nachteile beim rechtzeitigen Zugang zu relevanten Informationen hatten. Vor diesem Hintergrund entwickelt sich der Zugang zum Internet zu einer »condition of existence«[609] für wissenschaftliches Arbeiten. Dieses Beispiel zeigt, dass die Frage des Zugangs zum Internet erhebliche soziologische Folgen haben kann[610].

c) Beispiel: E-Learning

Aber auch der Bereich der Lehrfreiheit wird von zahlreichen technischen Möglichkeiten im Internet beeinflusst. E-Learning- oder Blended Learning[611]-Angebote können den Hochschulalltag neu definieren. »E-University« kann als besondere Ausprägung von E-Government, E-Commerce und E-Learning verschiedene Funktionalitäten für die Studierenden bündeln[612]. Zur Vereinheitlichung der Lehrangebote, aber auch zwecks Einsparung von Ressourcen stellt sich die Frage, ob Hochschul-

---

608 *Mecklenburg*, ZUM 1997, 525 (531).
609 *Mecklenburg*, ZUM 1997, 525 (531).
610 *Mecklenburg*, ZUM 1997, 525 (531).
611 Blended Learning ist ein integriertes Lernkonzept, das die heute verfügbaren Möglichkeiten der Vernetzung über Internet oder Intranet in Verbindung mit »klassischen« Lernmethoden und -medien in einem sinnvollen Lernarrangement optimal nutzt. Dazu *Sauter/Sauter*, Blended Learning, 2002, passim.
612 Dazu *Heckmann*, MMR 2006, 3 (4).

professoren verpflichtet werden können, E-Learning-Angebote zu erstellen bzw. an solchen mitzuwirken. Die Grenzen zulässiger Eingriffe durch die Hochschulverwaltung und -organe gibt § 4 Abs. 3 Satz 2 HRG als verfassungskonforme Konkretisierung der Wissenschaftsfreiheit vor. Verbindliche Beschlüsse oder Entscheidungen sind nur insoweit zulässig, als sie sich auf die reine Organisation des Lehr- und Studienbetriebs beziehen und dadurch die Lehrfreiheit als solche nicht beeinträchtigt wird. Zu den Verwaltungsfragen, die von dieser Organisationshoheit umfasst sind, zählen u. a. die Bereitstellung von Personal, von Sachmitteln und von Lehrräumen[613]. Professoren können insofern zentral verpflichtet werden, webbasiertes Hörsaal-Facility-Management, das die in Zeiten »Bologna-bedingter« Modularisierung und fachbereichsübergreifender Lehrangebote immer komplexer werdende Aufgabe der Vergabe von Hörsälen unterstützt, zu nutzen; ebenso kann verlangt werden, dass Seminar und Klausuranmeldungen über zentrale IT-Lösungen abgewickelt werden. Eine Verpflichtung, vorgegebene E-Learning-Konzepte im Rahmen der eigenen Lehrangebote zu nutzen, würde hingegen in den Kernbereich der Lehrfreiheit eingreifen und wäre damit als inhaltliche Gestaltungsvorgabe unzulässig[614].

16. Schutz der Familie (Art. 6 GG)

Das Grundrecht aus Art. 6 GG bildet eine wertentscheidende Grundsatznorm für das gesamte Ehe- und Familienrecht. Die Gewährung »besonderen« Schutzes in Art. 6 Abs. 1 GG erlegt dem Staat positiv die Aufgabe auf, Ehe und Familie vor Drittbeeinträchtigungen zu schützen und ihren Zusammenhalt durch geeignete Maßnahmen zu fördern.

a) Elternverantwortung

In seiner Eigenschaft als Grundrecht verstärkt die Verfassungsbestimmung des Art. 6 Abs. 1 GG die Entfaltungsfreiheit des Art. 2 Abs. 1 GG im privaten (familiären) Lebensbereich. Geschützt wird das ungestörte Zusammenleben in Ehe und Familie nach familiären Eigengesetzlichkeiten als

---

613 *Reich*, Hochschulrahmengesetz, 10. Aufl. 2007, § 4 Rn. 22 f., 24.
614 *Heckmann*, MMR 2006, 3 (5).

Institutsgarantie und Grundsatznorm[615]. Dies erfasst auch die Kontaktpflege innerhalb der Familie, sodass z. B. bei der Ermittlung des Bedarfs von Leistungsempfängern zu berücksichtigen ist, dass Kinder getrennt lebender Eltern regelmäßig besucht werden können. *Lex specialis* zu Art. 6 Abs. 1 GG ist Art. 6 Abs. 2 GG, der gesondert die Eltern-Kind-Beziehung vertieft[616]. Das Elternrecht ist Abwehrrecht gegen staatliche Eingriffe in das Erziehungsgeschehen[617]. Dieses Recht ist auf der anderen Seite als Pflicht zur Pflege und Erziehung zu verstehen, wobei das BVerfG diesen Komplex aus Grundrecht und Grundpflicht zur sog. Elternverantwortung zusammenzieht[618]. Neben gesetzlich fixierten Existenzsorgepflichten, vor allem der Unterhaltspflicht, ergeben sich aus der Elternverantwortung ggf. auch Pflichten zum Ergreifen von Schutzmaßnahmen vor digitalen Bedrohungen des Kindes, die letztlich auch auf den Staat zurückfallen können. Die Vermittlung von Medienkompetenz ist gesamtgesellschaftliche, aber gerade auch elterliche Aufgabe[619].

b) Beispiel: Online-Besuchszeiten

Insbesondere hinsichtlich des Besuchsrechts können auch anderweitige – neben die tatsächlich und real stattfindenden Besuche tretende – Kommunikationsformen in den Schutzbereich einbezogen werden. Das nach § 1684 Abs. 1, 2. HS BGB zu gewährende und durch Art. 6 Abs. 2 Satz 1 GG begründete Umgangs- und Besuchsrecht für den nicht mit dem Kind zusammenlebenden Elternteil, welches sich genau genommen gem. § 1684 Abs. 1, 1. HS BGB zunächst als ein Recht des Kindes darstellt, geht durch Trennung und Scheidung nicht verloren[620]. Weite Entfernungen zwischen Umgangsberechtigtem und Kind sind in der Praxis ein häufig anzutreffen-

---

615 *V. Coelln*, in: Sachs (Fn. 50), Art. 6 Rn. 19, 22 m. w. N., 31, 34.
616 *Brosius-Gersdorf*, in: Dreier (Fn. 47), Art. 6 Rn. 145; *v. Coelln* (Fn. 615), Art. 6 Rn. 53.
617 BVerfGE 31, 194 (204); 68, 256 (269). Konkrete Leistungsansprüche gegen den Staat verleiht Art. 6 Abs. 2 GG hingegen nicht, so auch *v. Coelln* (Fn. 615), Art. 6 Rn. 53.
618 BVerfGE 24, 119 (143); 107, 150 (169); 108, 82 (102); ebenso *Brosius-Gersdorf* (Fn. 616), Art. 6 Rn. 100 ff.; *v. Coelln* (Fn. 615), Art. 6 Rn. 53.
619 Zu Medienkompetenz vgl. *Schliesky u. a.* (Fn. 1), S. 171 ff.
620 *V. Coelln* (Fn. 615), Art. 6 Rn. 55. Zur Herleitung des Umgangs- und Besuchsrechts aus Art. 6 Abs. 2 Satz 1 GG allgemein BVerfG, NJW 1983, 2491 f.

des Problem im Bereich des Besuchsrechts, da der Berechtigte zu dem Kind und damit seinem Umgang reisen muss und nicht verlangt werden kann, dass das Kind gebracht wird oder dass der andere, betreuende Elternteil die Reisekosten des Kindes übernimmt. Obschon freiwillige Vereinbarungen möglich sind, kann es dem Umgangsberechtigten aufgrund beruflicher, gesundheitlicher oder finanzieller Gründe dennoch nicht möglich sein, das Umgangsrecht wahrzunehmen. Dabei ist das Umgangsrecht durch das Kindschaftsrechtsreformgesetz bereits in der Form geändert worden, dass nicht mehr der »persönliche Umgang«, sondern lediglich der »Umgang« an sich gesetzlich vorgegeben ist, sodass neben Besuchen auch briefliche oder telefonische Kontakte anerkannt wurden[621]. In einer Fortführung dieser Entwicklung ließe sich aus § 1864 Abs. 1 BGB und über Art. 6 Abs. 2 GG verfassungsrechtlich abgesichert ein Recht auf Besuchszeiten, die auch online – vor allem sofern ein tatsächlicher Besuch aus verschiedenen Gründen nicht möglich ist – verwirklicht werden können, anerkennen[622]. Diese sollten zwar keinesfalls als vollständiger Ersatz für persönliche Treffen angesehen, umgekehrt aber als zumutbare zusätzliche virtuelle Besuchsmöglichkeiten in Betracht gezogen werden. Auf den ersten Blick mag dies befremdlich klingen. Der Befund, dass ganze Familien die weltweite Vernetzung mittels Internet nutzen, um trotz häufiger Ortsabwesenheit regelmäßigen Kontakt und Austausch zu pflegen, lässt sich aber kaum noch bestreiten. Jede über *Skype* oder eine andere Vernetzungsmöglichkeit erzählte »Gute-Nacht-Geschichte« für das eigene Kind eröffnet insofern den Anwendungsbereich des Art. 6 Abs. 2 GG.

c) Beispiel: Jugendmedienschutz

Eine andere Betrachtungsweise, nach welcher das Kind vor Einflüssen aus dem Internet geschützt werden muss, liegt dem Jugendmedienschutz zugrunde. Die Institutsgarantie des elterlichen Erziehungsrechts, verfas-

---

621 Zum Gesetzentwurf BT-Drs 13/4899, S. 104 f.; s. auch *Veit*, in: Bamberger/Roth (Fn. 340), § 1684 BGB Rn. 10.

622 Vgl. dazu jüngst SG Berlin, Beschl. v. 21.8.2013 – S 201 AS 19424/13 ER. Gegenstand war die Frage, ob ein Anspruch auf Übernahme von 6.500 € Reisekosten für einen Besuch der in Australien lebenden Kinder, auch gestützt auf Art. 6 GG, bestehe. Diese Entscheidung verdeutlicht, dass neue Telekommunikationsformen zumindest als Abwägungsfaktor, wenn auch nicht als vollständiger Ersatz eines »realen« Besuchs einzubeziehen sind.

sungsrechtlich abgesichert durch Art. 6 Abs. 2 Satz 1 GG, dient maßgeblich dem Wohl des Kindes und kann daher als Recht im Interesse des Kindes aufgefasst werden[623]. Damit korrespondierend erhebt es auch den Jugendschutz in Verfassungsrang[624] (vgl. auch Art. 5 Abs. 2 GG). Gleiches muss dementsprechend für den speziellen Unterfall des Jugendmedienschutzes als Protektionsmaßnahme vor schädlichen Einflüssen durch digitale Medien gelten, um Erziehungsrecht und -pflicht im Internet weiter zu stärken. Der Staat muss dann regulierend eingreifen können, wenn die Eltern nicht mehr in der Lage sind, ihren Schutzauftrag zu erfüllen[625]. So wie der Schutzauftrag vor jugendgefährdenden analogen Inhalten[626] bereits aus Art. 6 Abs. 2 GG – Satz 1 für die Eltern und Satz 2 im Hinblick auf das staatliche Wächteramt[627] – abgeleitet wurde, gilt dies für digitale Gefährdungsszenarien, da sich eine große Anzahl von Kindern und Jugendlichen im Internet bewegt[628]. Die EU-Initiative für mehr Sicherheit im Internet »klicksafe«, die mit dem Werbespot »Wo ist Klaus?« bewusst die Eltern anspricht und auf die Gefahren von unkontrolliertem Internetkonsum der Kinder hinweist, versucht, für das Thema zu sensibilisieren[629]. Die einfachgesetzliche Ausprägung stellt neben dem Jugendschutzgesetz des Bundes[630] vor allem der Jugendmedienschutz-Staatsvertrag

---

623 *Pieroth*, in: Jarass/Pieroth (Fn. 109), Art. 6 Rn. 36.
624 BVerfGE 83, 130 (139); *Berger*, MMR 2003, 773 (775); *Langenfeld*, MMR 2003, 303 (305); *Holznagel*, ZUM 2000, 1007 (1008).
625 *Langenfeld*, MMR 2003, 303 (305); *Schulz*, MMR 1998, 182 (183).
626 Prominent dazu das Mutzenbacher-Urteil, vgl. BVerfGE 130, 130 ff. Zwar wurde die Indizierung vom BVerfG aufgehoben, allerdings nur, da die Bundesprüfstelle für jugendgefährdende (damals noch) Schriften (seit 1.4.2003: Medien) eine Abwägung mit der Kunstfreiheit versäumt hatte. Diese wurde in einem neuen Verfahren durchgeführt, in dessen Anschluss der Roman indiziert wurde. Auch hiergegen wurde geklagt, allerdings wurde das Verfahren letztlich bereits beim BVerwG gestoppt, welches die Revision nicht zur Entscheidung annahm.
627 Zum staatlichen Wächteramt umfassend *Brosius-Gersdorf* (Fn. 616), Art. 6 Rn. 175 ff.; *Uhle*, in: Epping/Hillgruber (Fn. 424), Art. 6 Rn. 60 ff.
628 Vgl. insoweit die Erhebungen des SINUS-Instituts in der aktuellen DIVSI-Publikation »U25-Studie: Kinder, Jugendliche und junge Erwachsene in der digitalen Welt«, 2014, S. 11, in welcher als zentraler Punkt herausgestellt wird, dass mittlerweile 98 Prozent der Jugendlichen und jungen Erwachsenen online sind; auch bei den Kindern sind es bereits 86 Prozent.
629 http://www.klicksafe.de.
630 Das JSchG bezieht sich lediglich in § 16 auf die Telemedien, indem es diese dem Landesrecht vorbehält. Darüber hinaus sind die Telemedien in die Liste der jugendgefährdenden Medien nach § 18 JuSchG aufgenommen.

(JMStV) aus dem Jahre 2002 dar. Eine Novellierung des JMStV ist 2010 allerdings aufgrund der Vorbehalte gegen die geplanten Änderungen, die unter anderem die freiwillige Einführung einer Alterskennzeichnung von Inhalten im Internet in Anlehnung an die Kennzeichnung von Trägermedien sowie eine grundsätzliche Stärkung des Systems der regulierten Selbstregulierung vorsahen, gescheitert[631]. Die Schwierigkeiten einer Regulierung im Internet zugunsten des Jugendschutzes werden an dieser verfehlten Novellierung offensichtlich, da die bisherigen Maßnahmen des JMStV insbesondere für Web-2.0-Angebote zwar unzureichend sind, eine weitere Verpflichtung mitunter allerdings unverhältnismäßig, wenig wirksam und nicht praktikabel sein kann. Nichtsdestotrotz werden die Verknüpfungs- und Bedeutungsebenen zwischen Internet und verfassungsrechtlich anerkanntem Jugendschutzauftrag nach Art. 6 Abs. 2 GG deutlich.

d) Beispiel: Sperrung von Homepages

Dass es aber mitunter schwierig ist, den Jugendschutzauftrag effektiv durchzusetzen, ohne die grundsätzliche Freiheit des Internets oder Grundrechte anderer zu beeinträchtigen, zeigt das umstrittene Zugangserschwerungsgesetz des Bundes (ZugErschwG)[632]. Das Gesetz sah vor, Domains, IP-Adressen und URLs von Webseiten, die Kinderpornografie i. S. d. § 184 b StGB enthalten oder verlinken, zu indizieren und durch ein vom BKA entworfenes Stopp-Schild zu sperren[633]. Zu diesem Zweck sollte beim BKA eine entsprechende Sperrliste geführt werden.

Das ZugErschwG wurde jedoch aufgrund eines Erlasses des Bundesministeriums des Innern gegenüber dem BKA nicht angewendet. Darüber hinaus bestanden Zweifel an dessen Verfassungsmäßigkeit, die sich vor allem formell in der Frage nach der Gesetzgebungskompetenz und materiell in Verstößen gegen andere Grundrechte wie Art. 5 Abs. 1, 10 oder 12 GG äußerten[634]. Ferner wurde auch die die tatsächliche Realisierung in Zwei-

---

631 Zum Entwurf ausf. *Braml/Hopf*, ZUM 2010, 645 ff.

632 Vgl. bereits Fn. 42.

633 Vgl. zu den Regelungsmechanismen des Gesetzes und den Gründen des Scheiterns ausf. *Heliosch*, Verfassungsrechtliche Anforderungen an Sperrmaßnahmen von kinderpornografischen Inhalten im Internet, 2012, S. 256 ff.

634 Eine gegen das ZugErschwG eingereichte Verfassungsbeschwerde wurde aufgrund der Tatsache, dass sie nicht den Begründunganforderungen des § 23 Abs. 1 Satz 2 HS 1 und § 92 BVerfGG genügte, als unzulässig abgewiesen, vgl. BVerfG,

fel gezogen, da § 2 Abs. 1 ZugErschwG den Diensteanbietern zwar nach § 8 TMG die Verpflichtung auferlegte, geeignete und zumutbare technische Maßnahmen zu ergreifen, um den Zugang zu Telemedienangeboten, die in der Sperrliste aufgeführt sind, zu erschweren. Für die technische Umsetzung gab es allerdings keine Anhaltspunkte[635]. Das Gesetz wurde daher letztendlich durch Art. 1 des Gesetzes zur Aufhebung von Sperregelungen bei der Bekämpfung von Kinderpornografie in Kommunikationsnetzen aufgehoben. Unter dem politischen Schlagwort »Löschen statt Sperren« und nach Maßgabe des Art. 25 Abs. 1 der RL 2011/92/EU[636], der einen Löschansatz verbindlich vorsieht, der darauf gerichtet ist, im eigenen Hoheitsgebiet gelegene kinderpornografische Webseiten unverzüglich zu entfernen und darauf hinzuwirken, dass derartige Seiten von Servern außerhalb ihres Hoheitsgebietes entfernt werden, aber keinen gesetzlich verbindlichen Sperrrahmen vorgibt, wurden Löschungen von diesen Websites mit großem Erfolg durchgeführt[637]. Hierin wird auch eine Bestätigung darin gesehen, dass Löschungen den Websperren vorzuziehen seien und die Aufhebung des ZugErschwG damit die richtige Entscheidung gewesen sei.

17. Schulfreiheit (Art. 7 GG)

Die in der Schulfreiheit des Art. 7 GG verbürgten Grundrechte dienen dem Ziel, den staatlichen Auftrag zur Gewährleistung eines hochwertigen Bildungs- und Ausbildungswesens zu realisieren, welches für den gesellschaftlichen Fortschritt und das Wachstum der Wirtschaft, für die Selbstverwirklichung und Daseinsbehauptung des Einzelnen sowie für die Ge-

---

Beschl. v. 29.3.2011 – 1 BvR 508/11, zit. nach juris. Zur formellen Verfassungsmäßigkeit *Heliosch*, CR 2010, R5; zur materiellen *Kahl*, SächsVBl 2010, 180 ff.

635 Dazu *Heliosch*, CR 2010, R5.

636 Richtlinie 2100/92/EU des Europäischen Parlamentes und des Rates zur Bekämpfung des sexuellen Missbrauchs und der sexuellen Ausbeutung von Kindern sowie der Kinderpornografie sowie der Ersetzung des Rahmenbeschlusssses 2004/68/JI des Rates vom 13.12.2011, Abl EU, Nr. L 335, S. 1.

637 *Heliosch*, CR 2012, R6; http://www.heise.de/newsticker/meldung/Provider-Loeschen-statt-Sperren-funktioniert-1060092.html sowie http://www.heise.de/newsticker/meldung/Bundesregierung-Loeschen-statt-Sperren-von-Online-Kinderporno-funktioniert-2123725.html.

samtentwicklung eines Landes enorme Bedeutung aufweist[638]. Aufgrund dessen sollten bei Optimierungsüberlegungen des Schulwesens digitale Online-Lösungen keinen nur untergeordneten Stellenwert in der Diskussion einnehmen, da sie sich als derartige hochwertige Gewährleistung des beschriebenen staatlichen Auftrags erweisen können.

a) Digitale Medien in der Schule

Der Bezug der Grundrechte aus Art. 7 GG zum Internet ist zunächst nicht offensichtlich – diskutiert wird allenfalls über die Zulässigkeit von Lehrerbewertungsportalen im Internet[639]. In der Zeit von 1996 bis 2012 war der Verein »Schulen ans Netz e. V.« aktiv, der als gemeinsame Initiative des Bundesministeriums für Bildung, Wissenschaft, Forschung und Technologie und der Deutschen Telekom gegründet wurde und dessen erklärtes Ziel es war, die Schulen in Deutschland mit kostenlosem Internetzugang auszustatten. Der Verein stellte seine Arbeit zum 31.12.2012 ein, da man das vorgegebene Ziel erreicht habe[640]. Für die alltägliche Praxis ebenfalls von Bedeutung sind Rechtsfragen hinsichtlich der Nutzung von Multimedia und Internet in den Schulen, wobei weniger die verfassungsrechtlich verankerte allgemeine Schulpflicht als urheberrechtliche Fragestellungen in diesem Zusammenhang im Vordergrund stehen[641]. Abseits davon könnten an dieser Stelle noch E-Learning-Angebote an Schulen in den Fokus der Betrachtung geraten. Unter E-Learning versteht man die Unterstützung von Lehr- und Lernprozessen mittels digitaler Medien. Diese haben z. B. im Rahmen der Wissenschaftsfreiheit Bedeutung, da Art. 5 Abs. 3 GG als Abwehrrecht von Professoren (nicht: Lehrern) gegen einen Zwang zur Bereitstellung von E-Learning-Angeboten in Stellung gebracht werden kann[642]. Aus Art. 7 Abs. 1 GG lässt sich allerdings kein Recht der Schüler auf Bereitstellung solcher Online-Angebote entnehmen. Art. 14 Grundrechtecharta enthält ein – auf den ersten Blick expliziter formuliertes –

---

638 *Badura*, in: Maunz/Dürig (Fn. 2), Art. 7 Rn. 1 ff.
639 Dazu im Kontext des Art. 5 Abs. 1 GG s. Gliederungspunkt III. 9. a).
640 http://bildungsklick.de/pm/86276/mission-erfuellt-schulen-ans-netz-stellt-ende-2 012-seine-arbeit-ein/.
641 Die Website http://www.lehrer-online.de/268734.php?sid=135895155233948004 40500150015590 bspw. stellt Lehrern Informationen zu rechtlichen Aspekten hinsichtlich des Einsatzes digitaler Medien in der Schule zur Verfügung.
642 S. dazu bereits Gliederungspunkt III. 15. c).

Recht auf Bildung, welches vor allem aufgrund der Allgemeingültigkeit sowie der Ausgestaltungsmöglichkeiten durch die Mitgliedstaaten keine unmittelbaren Anforderungen an die Art der Lernmaterialien sowie deren Bereitstellungsart stellt. Der vermehrte Einsatz digitaler Medien sowie auch die Forderung der Enquete-Kommission »Internet und digitale Gesellschaft«, alle Schüler der Sekundarstufe mit einem eigenen Laptop auszustatten[643], können allerdings als Argumente zur Verwirklichung des staatlichen Auftrags aus Art. 7 GG zur Gewährleistung eines bestmöglichen Bildungs- und Ausbildungswesens verstanden werden und finden damit eine verfassungsrechtliche Verankerung.

b) Beispiel: Online-Schule

Vergegenwärtigt man sich die rasanten Innovationszyklen im Bereich der Informations- und Kommunikationstechnik, auch und gerade was den Bildungsbereich betrifft, sowie Entwicklungen in anderen Staaten, ist es wünschenswert, digitale Optimierungsansätze verstärkt in die aktuellen Diskussionen um die Verbesserung des Schulwesens einfließen zu lassen. Digitale Medien erhalten zwar Einzug in den Schulalltag; allerdings ist dies bisher weit weniger ausgeprägt, als es in der privaten Lebensführung der Fall ist[644]. An dieser Stelle könnte die Entwicklung weiter vorangetrieben werden. Doch selbst die »Online-Schule« erscheint als eine durchaus denkbare Alternative zum klassischen Angebot. Art. 7 Abs. 4 Satz 1 GG gewährleistet jedermann – deutschen und nicht-deutschen, natürlichen und juristischen Personen[645] – ein Grundrecht, Privatschulen zu errichten und zu betreiben[646]. Geschützt wird auch die Freiheit der Eltern, ihre Kinder eine private Ersatzschule besuchen zu lassen[647]. Ob eine ohne physische

---

643 Vgl. die Zwischenberichte der Enquete-Kommission zu Bildung und Forschung: BT-Drucks 17/12029, S. 110, und zur Medienkompetenz: BT-Drucks 17/7286, S. 4, 38; s. hierzu auch http://www.zeit.de/digital/internet/2012-01/internet-enquete-laptops-schueler.

644 S. hierzu bspw. die Studie »Bildung 2.0 – Digitale Medien in Schulen«, 2010, die im Auftrag von BITKOM erstellt wurde, http://www.bitkom.org/files/documents/BITKOM-Studie_Bildung_2.0.pdf.

645 BVerwGE 40, 347 (349).

646 Sog. Grundrecht der Privatschulfreiheit, vgl. nur BVerfGE 27, 195 (200 f.); 88, 40 (46); 90, 107, (114).

647 BVerfGE 34, 165 (197 f.).

Präsenz realisierte Schule schon heute geeignet ist, alle Anforderungen, die auch an Ersatz- und Ergänzungsschulen formuliert werden, zu erfüllen, erscheint fraglich, aber perspektivisch nicht ausgeschlossen.

So findet in dünn besiedelten Gegenden Australiens bereits seit jeher der Unterricht über Rundfunktechnologien, zunehmend auch unter Nutzung des Internets, von Videokonferenzsystemen, Anwendungen zum kollaborativen Bearbeiten von Dokumenten und anderem statt[648]. Darüber hinaus ist ein Modellversuch zu einer »virtuellen Schule« im November 2012 an einer Schule in Deutschland – dem Niedersächsischen Internatsgymnasium Esens – in eine Testphase gestartet. Schülern der Schulen auf den ostfriesischen Inseln sowie vom Festland in Esens ist es möglich, sich für den Unterricht bis einschließlich zur zehnten Klasse in einem virtuellen Klassenzimmer zusammenzuschalten. Über Videokonferenz- und Online-Technik können die Schüler auf den Inseln den Englischunterricht im Gymnasium in Esens mitverfolgen. Neben einer allgemeinen Unterrichtsverbesserung und der besseren Vorbereitung auf die gymnasiale Oberstufe soll dieses Angebot perspektivisch für dauerhaft erkrankte Schüler nutzbar gemacht werden, sodass verpasste Lerninhalte z. B. im Krankenhaus nachgeholt werden können[649]. Das Modellprojekt ist zunächst bis Mitte 2015 befristet.

Ein anderes, in einigen Punkten von der »virtuellen Schule« abweichendes Beispiel ist die »Web-Individual-Schule« aus Bochum[650], bei welcher die Schüler einzeln via *Skype* unterrichtet werden. Die Schüler lernen in einer Eins-zu-eins-Betreuung mit ihren Lehrern über das Netz; physische Präsenz ist nur zu den Prüfungen erforderlich. Die Web-Individual-Schule ist keine Ergänzungsschule, sodass sich die Schüler von der Schulpflicht befreien lassen und dafür wiederum Gründe vorbringen müssen, wie z. B. Schulangst, chronische Krankheiten, ein Leben im Ausland oder auch eine angehende Profisport- oder sonstige Karriere[651]. Allerdings wird der Ausnahmecharakter dieser Schulform und die Wichtigkeit des Kontaktes zu anderen Schülern betont. Der größte Unterschied zwischen der Web-Individual-Schule in Bochum und der virtuellen Schule in Esens ist darin zu

---

648 Weitere Informationen auf deutsch bspw. unter www.australien-info.de/school-of-the-air.html#KLASSENZIMMER.

649 http://www.abendblatt.de/region/niedersachsen/article111387989/Niedersachsens-erste-virtuelle-Schule-geht-an-den-Start.html.

650 http://www.web-individualschule.de/ueber_uns.php.

651 http://www.web-individualschule.de/files/Pressebericht_Zeit_2013-02-14.pdf.

erblicken, dass in Esens der Online-Unterricht als zusätzliches Element in die Regelschule integriert wird, während die Web-Individual-Schule einen nahezu umfassenden Ersatz darstellt.

In einer langfristigen Perspektive erscheint es auch möglich, gerade aus der Kombination von Art. 6 und 7 GG herzuleiten, dass vermehrt Fernunterrichtsmöglichkeiten zu etablieren sind, um dem modernen ortsflexiblen Familienbild Rechnung zu tragen und die Vereinbarkeit von Familie und Beruf zu fördern, ohne dass die Schulbildung der Kinder ernsthaft in Mitleidenschaft gerät.

18. Versammlungsfreiheit (Art. 8 Abs. 1 GG)

Art. 8 Abs. 1 GG garantiert allen Deutschen das Recht, sich ohne Anmeldung oder Erlaubnis friedlich und ohne Waffen zu versammeln.

a) Schutzbereich der Versammlungsfreiheit

Eine Versammlung ist eine Personenmehrheit[652], die durch einen gemeinsamen Zweck oder Willen innerlich verbunden ist[653]. Hinsichtlich des Schutzumfangs sind zeitliche und inhaltliche Dimensionen zu unterscheiden. Inhaltlich erfasst der grundrechtliche Schutz die Veranstaltungsteilnahme sowie die Veranstaltung und Leitung einer Versammlung. Geschützt ist insbesondere die Selbstbestimmung hinsichtlich Ort, Zeitpunkt, Art und Inhalt einer Versammlung[654]. Erfasst sind damit alle versammlungsbezogenen Verhaltensweisen, vor allem auch solche, die auf eine größtmögliche Aufmerksamkeit der Öffentlichkeit gerichtet sind. Hierzu gehören Reden, Transparente, Handzettel sowie grundsätzlich auch die Fortbewegung auf allgemein zugänglichen Straßen und Wegen[655]. Die Versammlungsfreiheit erfasst in der zeitlichen Dimension neben der ei-

---

652 Zum Streit über die erforderliche Anzahl vgl. *Müller-Franken*, in: Schmidt-Bleibtreu/Hofmann/Henneke (Fn. 535), Art. 8 Rn. 10 m. w. N.
653 *Depenheuer*, in: Maunz/Dürig (Fn. 2), Art. 8 Rn. 44.
654 BVerfGE 69, 315 (343); s. auch BVerfG (K), NJW 2007, 2167 (2168 f.); BVerfG (K), NVwZ 2013, 570 (571).
655 *Schneider*, in: Epping/Hillgruber (Fn. 424), Art. 8 Rn. 17.

gentlichen Versammlungsdurchführung auch alle vorbereitenden Maßnahmen[656].

Für die Eröffnung des Schutzbereichs muss die Zusammenkunft einen Zweck haben[657]. Die Meinungen gehen auseinander, ob die Versammlungsfreiheit nur bestimmte Zwecke erfasst[658]. Auf der einen Seite steht die Fokussierung und Begrenzung der Versammlungsfreiheit auf den – zweifellos wichtigen – politischen und demokratischen Bezug und die öffentliche Meinungsbildung (was insbesondere bei Veranstaltungen wie der Loveparade[659] sowie im Kontext des Internets sog. Flashmobs[660] und *Facebook*-Parties[661] problematisch sein kann). Auf der anderen Seite wird die soziale Funktion der Versammlungsfreiheit gesehen. Der Mensch ist nicht nur Individuum, sondern auch Gemeinschaftswesen. Die Versammlungsfreiheit dient der »Persönlichkeitsentfaltung in Gruppenform«[662] und dem Schutz »geistiger Gemeinschaft«[663]. Für die Bejahung des Versammlungscharakters einer Zusammenkunft ist daher ein weites Verständnis des gemeinsamen Zwecks vorzuziehen[664].

Die Zusammenkunft muss intentional sein, damit eine innere Verbundenheit der Akteure vorliegt[665]. Der gemeinsame Wille, der die Anwesenden verbindet, dient der Abgrenzung der Versammlung zur einfachen Ansammlung. An einer solchen inneren Verbundenheit fehlt es etwa bei Einkäufern in einem Kaufhaus oder »Gaffern« an einem Unfallort[666]. Das Ge-

---

656 *Jarass* (Fn. 109), Art. 8 Rn. 5 m.w.N.

657 *Gusy*, in: v. Mangoldt/Klein/Starck (Fn. 86), Art. 8 Rn. 16.

658 Zur Diskussion und historischen Entwicklung s. *Sachs*, in: Stern (Fn. 109), § 107, S. 1199 ff.; *Depenheuer* (Fn. 653), Art. 8 Rn. 46 ff. m.w.N.

659 BVerfG, NJW 2001, 2459 ff.; dazu *Wiefelspütz*, NJW 2002, 274 ff.; anders die »Fuckparade« BVerwGE 129, 42 ff.; dazu *Bredt*, NVwZ 2007, 1358 ff.

660 Zur rechtlichen Beurteilung *Stalberg*, KommJur 2013, 169 ff.; *Ernst*, DÖV 2011, 537 ff.

661 Aus rechtlicher Perspektive etwa *Neumann*, NVwZ 2011, 1171 ff.; *Levin/Schwarz*, DVBl 2012, 10 ff.

662 *Wiefelspütz*, NJW 2002, 274 (274 f.); *Kniesel*, NJW 2000, 2857 (2857 f.).

663 *Mann*, in: Heselhaus/Nowak (Hrsg.), Handbuch der europäischen Grundrechte, 2006, § 27 Rn. 6, *Frenz*, Handbuch Europarecht, Bd. IV, 2009, Rn. 2160. *Möhlen*, MMR 2013, 221 (224).

664 So auch *Sachs* (Fn. 658), § 107, S. 1209; bereits RGSt 21, 71, 73 zu einem sehr weiten Verständnis »[mit dem Zweck,] sich etwas vorlesen zu lassen«. Zum Ganzen *Möhlen*, MMR 2013, 221 (224).

665 *Sachs* (Fn. 658), § 107, S. 1209 f.; *Jarass* (Fn. 109), Art. 8 Rn. 3.

666 *Möhlen*, MMR 2013, 221 (225).

schehen muss den Charakter eines gewollten Gruppengeschehens annehmen.

Für den Versammlungscharakter ist nicht konstitutiv, dass die Veranstaltungsteilnehmer ihr Anliegen verbalisieren. Der Schutz von Art. 8 Abs. 1 GG ist nicht auf Veranstaltungen beschränkt, auf denen argumentiert und gestritten wird, sondern umfasst vielfältige Formen gemeinsamen Verhaltens bis hin zu nicht verbalen Ausdrucksformen[667].

Unfriedlichen Charakter nimmt eine Versammlung erst an, »wenn Handlungen von einiger Gefährlichkeit wie etwa aggressive Ausschreitungen gegen Personen oder Sachen oder sonstige Gewalttätigkeiten stattfinden, nicht schon, wenn es zu Behinderungen Dritter kommt«[668]. Aus der Rechtswidrigkeit eines Verhaltens allein kann noch nicht auf die Unfriedlichkeit der Versammlung geschlossen werden[669]. Ansonsten wären die jeweiligen Gesetzesvorbehalte in den Schrankenregelungen funktionslos. An die Friedlichkeit dürfen daher keine übersteigerten Anforderungen gestellt werden. Versammlungen sind gerade durch physische Präsenz, Unruhestiftung und Störung überkommener Ordnungen gekennzeichnet[670]. Passives Blockieren – wie bei Sitzblockaden – ist friedlich, jedenfalls solange die Teilnehmer schlicht präsent sind und keinen aktiven Widerstand leisten[671]. Auch ein bewusstes Behindern von Dritten ist noch nicht unfriedlich, wenn die Teilnehmer damit auf ihre Anliegen aufmerksam machen[672].

---

667 BVerfGE 69, 315 (345); mit einem instruktiven Beispiel ferner BVerfG, LKV 2011, 77 (78); *Schneider* (Fn. 655), Art. 8 Rn. 9.
668 BVerfGE 104, 92 (106).
669 *Hoffmann-Riem*, in: Merten/Papier (Hrsg.), Handbuch der Grundrechte, Bd. IV, 2011, § 106 Rn. 56; *Gusy* (Fn. 657), Art. 8 Rn. 22; *Jarass* (Fn. 109), Art. 8 Rn. 8.
670 *Schneider* (Fn. 655), Art. 8 Rn. 13.
671 EGMR, Az. 13079/87, Ziff. 2; EGMR, Az. 39013/02; BVerfGE 87, 399 (406); BVerfGE 104, 92 (104 f.); *Grabenwarter/Pabel*, Europäische Menschenrechtskonvention, 5. Aufl. 2012, § 23 Rn. 69; *Höfling* (Fn. 50), Art. 8 Rn. 30; *Vedder*, in: Merten/Papier (Hrsg.), Handbuch der Grundrechte, Bd. VI/2, 2009, § 174 Rn. 67; *Jarass* (Fn. 109), Art. 8 Rn. 8.
672 BVerfGE 87, 399 (406).

b) Beispiel: Online-Aufrufe zur Versammlungsteilnahme

Wie auch im Rahmen der Vereinigungsfreiheit lässt sich bei Art. 8 Abs. 1 GG differenzieren zwischen der Nutzung des Internets im Zusammenhang mit »echten« (körperlichen) Versammlungen auf der einen und »Online-Versammlungen bzw. -Demonstrationen«, also neuen Protestformen im Internet, auf der anderen Seite.

Der Einsatz moderner Kommunikationsmittel im Kontext klassischer Demonstrationen wird vom Schutzbereich des Art. 8 GG ebenso erfasst wie schon seit jeher die Nutzung der jeweils zur Verfügung stehenden Medien (Zeitungen, Flugblätter, Radio etc.). Die Versammlungsfreiheit erfasst in der zeitlichen Dimension neben der eigentlichen Versammlungsdurchführung alle vorbereitenden Maßnahmen[673]. Dazu gehören die Ankündigung der Veranstaltung, Teilnahmeaufrufe oder sonstige Einladungsformen[674], insbesondere auch in Form der Organisation sog. Flashmobs oder *Facebook*-Parties über die sozialen Netzwerke, soweit diese nicht ausschließlich einen Vergnügungszweck verfolgen, sondern auch auf die Teilhabe an der öffentlichen Meinungsbildung gerichtet sind[675]. Diese Online-Verbreitungswege eignen sich vor allem aufgrund der sog. viralen Effekte, also der Möglichkeit, schnell viele Adressaten zu erreichen. Als Kommunikationsmedium bietet das Internet den Veranstaltern von Versammlungen neue und wirksamere Möglichkeiten der Mobilisierung. Die korrespondierende Internet-Recherche der Behörde als Mittel der Gefahrenprognose nimmt bei der Vorbereitung der behördlichen Entscheidung über ein Versammlungsverbot oder Auflagen eine entsprechend herausgehobene Stellung ein[676].

---

673 *Jarass* (Fn. 109), Art. 8 Rn. 5 m.w.N.
674 *Schneider* (Fn. 655), Art. 8 Rn. 19.
675 BVerfGE 104, 92 (104); BVerfG (K), NJW 2001, 2459 (2460); BVerwGE 129, 42 Rn. 15. *Stalberg*, KommJur 2013, 169 (171), betont, dass »allenfalls die erwähnten Smartmobs [...] unter den Schutzbereich des Art. 8 GG [fallen]. Sie stellen eine moderne Form des Protests dar, durch den zu einem gesellschaftlichen, wirtschaftlichen oder politischen Thema Stellung bezogen und somit i.d.R. an der öffentlichen Meinungsbildung teilgenommen wird«; Flashmobs verfolgten hingegen einen reinen Unterhaltungszweck und seien daher keine Versammlung.
676 *Depenheuer* (Fn. 653), Art. 8 Rn. 88; vgl. bspw. OVG Münster, NJW 2001, 1441 (1442); OVG Lüneburg, NdsVBl 2006, 226 ff.; zur Online-Recherche von Sicherheitsbehörden auch Gliederungspunkt III. 2. b).

c) Beispiel: »Webseiten-Besetzung«

Per Knopfdruck und bequem vom heimischen Schreibtisch aus bekunden heute Menschen ihren Missmut über Politik und Wirtschaft[677]. In einem »virtuellen Marsch auf Washington« protestierten im Frühjahr 2003 Zehntausende mit E-Mails, Telefaxen und Anrufen gegen die Haltung der USA zum drohenden Irak-Krieg[678]. Bereits 2001 fand die Aktion »Lufthansa goes offline«[679] statt. Verschiedene Initiativen hatten zu einer »Internet-Demonstration« gegen die Deutsche Lufthansa AG aufgerufen, um gegen deren Mitwirkung bei der Durchsetzung staatlicher Abschiebungen zu protestieren. Sie veröffentlichten dazu eine »Protest-Software«, die massenhafte automatische Zugriffe auf die Internetseite der Deutschen Lufthansa AG innerhalb kürzester Zeit ermöglichte. Mehr als eine Million Zugriffe binnen zwei Stunden führten zu einer Serverüberlastung. Die Internetseite konnte nur mit minutenlanger Verzögerung oder gar nicht aufgerufen werden[680].

Hierbei handelt es sich zwar um massenhaften Online-Protest (sog. Distributed-Denial-of-Service-Attacken – »DDoS«). Bei solchen Webseiten-Besetzungen in Form des Massenzugriffs in obstruktiver Absicht fehlen jedoch wichtige Eigenschaften, die eine Versammlung charakterisieren. Der Massenzugriff geschieht lediglich durch elektronische Signale, die von räumlich getrennten Menschen an unterschiedlichen Orten ausgelöst werden und sich dann in einem Server zusammenfinden[681].

Der grundgesetzliche Versammlungsbegriff meint eine Zusammenkunft, der die wissentliche Präsenz mehrerer Personen an einem Ort voraussetzt[682]. Während bei einer Diskussion in einem Chatroom die Teilnehmer unmittelbare Kenntnis voneinander haben und sich austauschen, entzieht es sich der Kenntnis der DDoS-Aktivisten, ob sich weitere Personen

---

677 Überblick zu Onlinekampagnen und virtuellen Protesten bei *Bieber*, in: Holznagel/Grünwald/Hanßmann (Hrsg.), Elektronische Demokratie, 2001, S. 124 ff.; *Medosch*, in: Schulzki-Haddouti (Hrsg.), Bürgerrechte im Netz, 2003, S. 261 ff.

678 Vgl. »Virtueller Marsch auf Washington«, http://www.heise.de/newsticker/meldung/34703.

679 Zur Aktion »Lufthansa goes offline« AG Frankfurt/Main, NStZ 2006, 399 (400); OLG Frankfurt/Main, Beschl. v. 22.5.2006 – 1 Ss 319/05. Zum Problem auch *Kraft/Meister*, MMR 2003, 366 ff.

680 *Kitz*, ZUM 2006, 730.

681 Vgl. *Depenheuer* (Fn. 653), Art. 8 Rn. 45.

682 *Möhlen*, MMR 2013, 221 (224).

am gleichen virtuellen Ort aufhalten. Von einer Zusammenkunft kann keine Rede sein; vielmehr stellt sich die konzertierte Aktion vergleichbar der »Offline«-Protestform einer herkömmlichen Postkartenaktion dar[683]. Auch dort handeln mehrere Teilnehmer zwar koordiniert, aber unabhängig voneinander. Die einzelnen Protesthandlungen manifestieren sich in beiden Fällen an einem Ort, ohne dass die Beteiligten unmittelbare Kenntnis vom Zusammenkommen der einzelnen Handlungen erlangen oder über eine Austauschmöglichkeit verfügen würden[684].

Zwar werden DDoS auch als »virtuelle Sit-ins« bezeichnet, was eine Parallele zu traditionellen Straßenblockaden nahelegt. Wichtiger Unterschied der beiden Konstellationen ist aber bereits die Tatsache, dass Sitzblockaden für jeden Außenstehenden unmittelbar als willentliche Zusammenkunft zu erkennen sind, wohingegen Nutzer, die eine »besetzte« Homepage aufrufen, nicht unterscheiden können, ob gerade mehrere Personen auf dem angegriffenen Server in einer DDoS zusammenkommen oder ob die Website aus anderen technischen Mängeln nicht erreichbar ist[685]. DDoS bleibt somit der grundrechtliche Schutz des Art. 8 Abs. 1 GG verwehrt.

d) Beispiel: Online-Demonstrationen

Das Ministerkomitee des Europarates hat in einer Erklärung im Jahr 2012 eine ausdrückliche Verbriefung einer digitaler Versammlungsfreiheit gefordert[686]. Auch der UN-Sonderberichterstatter für Versammlungs- und Vereinigungsfreiheit appellierte zeitgleich an die UN-Mitgliedstaaten, anzuerkennen, »that the rights to freedom of peaceful assembly and of association can be exercised through new technologies, including through the Internet«[687]. Ein Recht, sich mit anderen friedlich zu versammeln, habe jeder Mensch, gleich ob er sich dazu entscheide, das Recht auf einem öf-

---

683 *Kraft/Meister*, MMR 2003, 366 (368); *Klutzny*, RDV 2006, 50 (52); *Depenheuer* (Fn. 653), Art. 8 Rn. 45.

684 AG Frankfurt/Main, MMR 2005, 863 ff. m. Anm. *Gercke*.

685 *Möhlen*, MMR 2013, 221 (224).

686 Declaration of the Committee of Ministers on human rights and the rule of law in the Information Society vom 23.5.2005, CM (2005) 56, unter I.8 (Freedom of assembly).

687 UN-Menschenrechtsausschuss, A/HRC/20/27, Report of the Special Rapporteur on the rights to freedom of peaceful assembly and association, Rn. 84 k.

fentlichen Platz in einer Stadt oder in einem Chatroom im Internet wahr-zunehmen[688].

Der Begriff »Online-Demonstration« hat bereits Eingang in den allge-meinen Sprachgebrauch gefunden, ohne dass dies Einigkeit in der juristi-schen Lehre begründet hätte, dass solche Veranstaltungen in den Schutz-bereich des Art. 8 Abs. 1 GG fielen. Vielmehr wird betont: »Mangels Kör-perlichkeit sind virtuelle Versammlungen keine im Sinne des Art. 8 GG. Unabdingbar erfordert eine Versammlung die gleichzeitige *körperliche* Anwesenheit mehrerer Personen an einem Ort.«[689] Dies werde schon durch die Wendung »sich versammeln« impliziert; der Zusammenhang mit dem Subjekt »alle Deutschen« mache klar, dass *Menschen* körperlich *präsent* sein müssten[690]. Auch die übrigen in der Verfassung genannten Attribute wie »friedlich«[691] und »ohne Waffen« oder der speziell in Art. 8 Abs. 2 GG geregelte Bereich der Versammlungen unter freiem Himmel vermitteln auf den ersten Blick den Eindruck, es gehe ausschließlich um »Wohl und Wehe« von größeren physischen Menschenansammlungen an einem realen Ort.

Online-Anwendungen erleichtern heutzutage nicht nur den Zugang zur Masse, um große Gruppen kostengünstig im Vorfeld einer Versammlung zu mobilisieren (z. B. Flashmobs) – Vorbereitungshandlungen, die in je-dem Fall von Art. 8 GG erfasst werden. Klassische Straßendemonstranten nutzen ihre Mobiltelefone auch, um sich *während* der Versammlung zu in-formieren, zu koordinieren, das Vorgehen der Polizeikräfte vor Ort zu do-kumentieren und live das Geschehen im Netz zu kommentieren. Die Über-gänge zwischen realer und virtueller Welt sind fließend und keinesfalls trennscharf abzugrenzen. Manche Protestaktionen sind von vornherein hy-brid angelegt. Es finden Straßendemonstrationszüge statt, an denen örtlich entfernte Personen über Videokonferenzen o. Ä. teilnehmen. Diese virtu-

---

688 *Clinton*, On Internet Freedom, Vortrag bei der Conference on Internet Freedom am 8.12.2011 in Den Haag; *Westerwelle*, Die Freiheit im Netz, in: Frankfurter Rundschau v. 27.5.2011.

689 *Depenheuer* (Fn. 653), Art. 8 Rn. 45; *Kraft/Meister*, MMR 2003, 366 (368); vgl. auch *Seidel*, DÖV 2002, 283 (285).

690 *Klutzny*, RDV 2006, 50 (51 ff.).

691 Zur Relevanz des Merkmals »friedlich« auch im Rahmen virtueller Versammlun-gen *Möhlen*, MMR 2013, 221 (229), der darauf hinweist, dass zwar das Phäno-men des »Drucks der Straße« im virtuellen Raum entfalle, dennoch aber bspw. der gemeinsame politische Protest in Form der Zerstörung kritischer Infrastruktur wie Kraftwerke oder Wasserversorgung als unfriedlich einzustufen wäre.

ellen Teilnehmer haben ebenso Einfluss auf Ablauf und Inhalt der Versammlung wie die körperlich Anwesenden. Occupy-Camps werden parallel in der virtuellen Welt von *Second Life* durchgeführt (z. B. »Occupy-Wall-Street«)[692]. Der realen Zusammenkunft den grundrechtlichen Schutz der Versammlungsfreiheit zuzugestehen, während die digitale Veranstaltung aus diesem speziellen Gewährleistungsgehalt ausgeschlossen wird, bedeutet eine Aufspaltung eines letztlich einheitlichen Lebenssachverhalts[693].

Neben solchen Hybridveranstaltungen sind auch reine Online-Protestaktionen zu finden, die klassischen Versammlungen quasi »Eins-zu-eins« nachempfunden sind. So finden sowohl Menschenketten als auch Straßendemonstrationen mit Transparenten in Online-Welten wie *Second Life* statt, bei denen die Nutzer ihren digitalen Stellvertreter (»Avatar«) durch die virtuelle Parallelwelt steuern. In offenen oder auch geschlossenen Chatforen finden Diskussionsrunden statt, bei denen live über das geschriebene oder auch gesprochene Wort ein politischer oder gesellschaftlicher Diskurs geführt wird.

Selbst wenn einiges dafür sprechen mag, dass der historische Verfassungsgeber ausschließlich physische Zusammenkünfte von mehreren Menschen an einem realen Ort zu einem gemeinsamen Zweck unter besonderen Grundrechtsschutz stellen wollte, ist zu berücksichtigen, dass in der Entstehungszeit des Grundgesetzes der technische Fortschritt und der Wandel der Möglichkeiten sozialer Zusammenkünfte nicht vorherzusehen waren. Der Gesetzgeber hat darauf verzichtet, einen bestimmten *numerus clausus* an Versammlungsformen unter Schutz zu stellen[694]. Vielmehr obliegt es den Versammlungsteilnehmern, über Art und Ort einer Versammlung frei zu entscheiden.

Es ist der Rechtsprechung des BVerfG durchgängig zu entnehmen, dass der Grundrechtskatalog zeitgemäß und anhand der veränderten Lebensverhältnisse interpretiert werden muss[695]. Absolute Grenze des Zulässigen bildet dabei der jeweilige Wortlaut. Art. 8 Abs. 1 GG garantiert allen

---

692 Zu den Beispielen *Möhlen*, MMR 2013, 221 (227).
693 So auch *Möhlen*, MMR 2013, 221 (228). S. auch *Roßnagel*, in: FAZ v. 1.6.2011, S. 7. *Kraft/Meister*, K&R 2005, 458 (461), gehen noch von klar trennbaren Parallelwelten der physischen und der virtuellen Sphäre aus.
694 So auch *Möhlen*, MMR 2013, 221 (228).
695 S. dazu nur *Sachs*, in: ders. (Fn. 50), vor Art. 1 Rn. 61; *Kraft/Meister*, MMR 2003, 366 (367); *Pötters/Werkmeister*, ZJS 2011, 222 (226).

Deutschen im Kern das Recht, sich zu versammeln. Ein Schwerpunkt muss insofern auf der Frage eines gemeinsamen Zwecks und einer intentionalen Verbundenheit ruhen. Versammlungsteilnehmer können sich auf virtuellen Plattformen miteinander austauschen (was bei offenen Foren auch von Dritten als Zusammenkunft wahrgenommen werden kann[696]). Maßgeblich ist insofern lediglich, dass auch in der Welt des Internets die Teilnehmer gleichzeitig (synchron[697]) und willentlich (intentional[698]) mit dem Wissen um die anderen Teilnehmer zusammenkommen, um einen gemeinsamen Versammlungszweck zu verfolgen. Auch der alltägliche Sprachgebrauch macht das veränderte Verständnis und die erweiterte Nutzung des Begriffs »versammeln« deutlich: Man trifft sich in *Google Hangouts*, anderen Videokonferenzen, Gruppenchats in Messenger-Diensten oder im *Second Life*[699]. Auch der einfache Gesetzgeber hat den digitalen Wandel in Form von unterschiedlichen Regelungen in bestimmte Rechtsbereiche integriert, indem die Teilnahme ohne physische Präsenz an Versammlungen im Aktien- und Genossenschaftsrecht (siehe § 118 Abs. 1 Satz 2 AktG, § 43 Abs. 7 Satz 2 GenG) normiert worden ist. Die virtuelle Mitgliederversammlung im Vereinsrecht ist ebenso anerkannt wie virtuelle Parteitage[700], obwohl auch das Vereins- und das Parteienrecht auf dem Gedanken des realen Zusammenkommens beruhen[701].

Häufig wird darauf hingewiesen, es entstehe keine Schutzlücke, wenn für virtuelle Versammlungen der Schutzbereich des Art. 8 Abs. 1 GG nicht eröffnet sei[702]. Alle relevanten Handlungen seien über die Meinungs- und Informationsfreiheit, ggf. die Vereinigungsfreiheit und in jedem Fall über

---

696 Ein Merkmal, das i. d. R. auch bei Versammlungen in geschlossenen Räumen entfallen wird und für die Eröffnung des Schutzbereichs des Art. 8 GG nicht maßgeblich ist.

697 Dazu ausf. *Möhlen*, MMR 2013, 221 (229).

698 Dazu ausf. *Möhlen*, MMR 2013, 221 (229).

699 *Möhlen*, MMR 2013, 221 (227).

700 Zu virtuellen Parteitagen *Sandowski*, MIP 2008, 60 (65 f.); *Wissenschaftliche Dienste des Deutschen Bundestages*, Online-Parteitage, WD 3 – 3000 – 327/11, S. 9.

701 Zur virtuellen Mitgliederversammlung *Schöpflin*, in: Bamberger/Roth (Fn. 340), § 32 Rn. 44 a; *Reuter*, in: MüKo-BGB, 6. Aufl. 2012, § 32 Rn. 70; *Fleck*, DNotZ 2008, 245 ff.; *Erdmann*, MMR 2000, 526 ff.; *Schwarz*, MMR 2003, 23 ff.; OLG Hamm, NJW 2012, 940 f. S. auch sogleich Gliederungspunkt III. 19. b).

702 *Bröhmer*, in: Dörr/Grote/Marauhn (Fn. 437), Kap. 19 Rn. 25; *Kraft/Meister*, K&R 2005, 458 (461); *Sachs* (Fn. 658), § 107, S. 1198; *Blanke*, in: Stern/Becker (Fn. 580), Art. 8 Rn. 20.

die allgemeine Handlungsfreiheit abgesichert. Grundrechtsdogmatisch ist aber festzuhalten, dass die Normierung unterschiedlicher Schutzbereiche durchaus eigenständige Rechtspositionen begründet, die sich zwar häufig in bestimmten Fällen überschneiden, dennoch aber insbesondere vor dem Hintergrund unterschiedlicher Schrankenregelungen von Relevanz sind. Andernfalls wäre auch für die meisten Straßendemonstrationen der Verweis auf Art. 5 oder Art. 2 Abs. 1 GG ausreichend. Während die Meinungsfreiheit auf den Einzelnen ausgerichtet ist, der seine Meinung finden und bekunden möchte, ist die Versammlungsfreiheit auf den Meinungsaustausch und die gemeinsame Kundgebung ausgerichtet. Ein solcher »Augenblicksverband« unterscheidet sich aber wiederum im Organisationsgrad und durch die fehlende Dauerhaftigkeit maßgeblich von den über Art. 9 GG geschützten Vereinigungen in Form von Dauerverbänden[703]. Vor dem Hintergrund der unterschiedlich ausgestalteten Schrankenregelungen ist zu berücksichtigen, dass sich durch die Möglichkeiten der Überwachung und Speicherung von Datenverkehrsinformationen im Mobilfunknetz oder Internet neue Gefährdungslagen für Versammlungsteilnehmer ergeben (z. B. nachträgliche Identifizierung von Demonstranten)[704].

Zu Recht wird darauf hingewiesen, dass die folgenden Fragestellungen mit der weiteren Zunahme von politischen Aktivitäten im Internet relevant werden: »Inwieweit ergeben sich im Verhältnis zwischen Privaten aus den Grund- und Menschenrechten, insbesondere durch die Entwicklung des Internet zu einer zentralen Sphäre neuer Öffentlichkeit, neue Grenzen und gegenseitige Duldungspflichten? Wo liegen z. B. für Service-Provider Grenzen beim Ausschluss von ungewollten Versammlungen auf ihren Plattformen?[705] Wie verhält es sich mit den positiven Schutzpflichten des Staates bei Versammlungen im Internet? Könnte sich in Zukunft eine staatliche Gewährleistungspflicht ergeben, im Internet öffentlichen Raum für Versammlungen bereitzustellen? Welches Rechtsregime findet auf vir-

---

703 So auch *Möhlen*, MMR 2013, 221 (228), unter Verweis auf *Depenheuer* (Fn. 653), Art. 9 Rn. 65, 67; *Determann*, Kommunikationsfreiheit im Internet, 1999, Kap. 4, S. 465 ff.

704 *Möhlen*, MMR 2013, 221, weist darauf hin, dass teilweise durch das Abschalten von Mobilfunknetzen und des Internet an einem Demonstrationsort die Koordination der Teilnehmer verhindert werden soll.

705 Vergleichbar die Debatte um Ansprüche auf Zulassung zu Monopoldiensten; dazu oben Gliederungspunkt III. 7. a).

tuelle Versammlungen mit Teilnehmern aus verschiedenen Ländern im Einzelfall Anwendung?«[706]

19. Vereinigungsfreiheit (Art. 9 Abs. 1 GG)

Wie auch im Rahmen der Versammlungsfreiheit des Art. 8 Abs. 1 GG lässt sich zwischen einer Online-Betätigungsfreiheit klassischer Vereinigungen und einer vollständig online realisierten Variante differenzieren.

a) Online-Betätigungsfreiheit

Art. 9 Abs. 1 GG schützt nicht nur die Bildung einer Vereinigung einschließlich der zeitlichen, lokalen und modalen Gründungsaspekte sowie den Beitritt zu einer Vereinigung und das Verbleiben in derselben[707], sondern auch vereinigungsspezifische Betätigungen einschließlich der nach außen wirkenden Tätigkeiten[708]. Diese sind unabhängig davon geschützt, über welches Medium sie realisiert werden: dies gilt z. B. für die Mitgliederwerbung und die Selbstdarstellung[709], die sich zunehmend auch ins Netz verlagert. Insofern existiert eine »Online-Betätigungsfreiheit« aus Art. 9 Abs. 1 GG.

b) Beispiel: Virtuelle Vereine

Fraglich ist, ob darüber hinaus eine echte »Online-Vereinigungsfreiheit« existiert. Dies wird vor allem als Frage des einfachen (Vereins-)Rechts diskutiert, weil dieses rein virtuellen Zusammenschlüssen mit virtuellen

---

706 *Möhlen*, MMR 2013, 221 (230); zu ergänzen wäre bspw. auch die Frage, ob sich Polizeibeamte, die an einer Online-Versammlung teilnehmen, entsprechend § 12 VersG beim Veranstalter anmelden müssen; s. dazu im Kontext der Online-Streife unter Gliederungspunkt III. 2. b).

707 *Cornils*, in: Epping/Hillgruber (Fn. 424), Art. 9 Rn. 9.

708 Auch wenn die Einzelheiten umstritten sind; vgl. statt Vieler *Cornils* (Fn. 707), Art. 9 Rn. 12 m. w. N.

709 Die unzweifelhaft von der Garantie des Art. 9 Abs. 1 GG erfasst wird; dazu BVerfG, NJW 1992, 549 f.

Gremiensitzungen ggf. die Anerkennung versagt[710]. Im Jahr 2012 wurde die satzungsmäßige Option von Online-Mitgliederversammlungen erstmals in der Rechtsprechung anerkannt. Das OLG Hamm führt zutreffend aus[711], dass »die Ansicht [...], dass eine Versammlung eine räumliche Zusammenkunft erfordert«, nicht überzeugt. »Dies ergibt sich weder aus dem Wortlaut noch der Systematik des Gesetzes. In den §§ 27, 36, 37, 41 BGB einerseits und dem § 32 BGB andererseits wird zwischen dem Organ der Mitgliederversammlung und dem Verfahrensmodus unterschieden. Da § 32 BGB[712] den Verfahrensmodus regelt, unterliegt er nach § 40 BGB der Disposition des Satzungsgebers. Dagegen spricht auch nicht, dass im Falle einer Onlineversammlung die Geschäftsfähigkeit der Mitglieder nicht eindeutig festgestellt werden kann. Soweit es keine entgegenstehenden Anhaltspunkte gibt, kann der Versammlungsleiter von der Geschäftsfähigkeit der Vereinsmitglieder ausgehen. Es ist nicht erforderlich, dass diese vor jeder Versammlung erneut geprüft wird. Auch im Falle einer schriftlichen Zustimmung gemäß § 32 Abs. 2 BGB hat der Versammlungsleiter keinen persönlichen Eindruck vom Vereinsmitglied.« Sicherzustellen ist hingegen, dass nur Vereinsmitglieder mitwirken; ein Aspekt, der die Bedeutung von leicht handhabbaren, aber hinreichend sicheren Identifizierungsdiensten im Internet untermauert[713]. Es reiche aber auch aus, so das OLG Hamm weiter, wenn die Satzung vorsehe, »dass die Mitgliederversamm-

---

710 Rechtliche Hinweise zur Ausgestaltung sowie eine Dokumentation von virtuellen Vereinssitzungen finden sich auf der Seite des wikivoyage e. V. unter http://www.wikivoyage.org.
711 OLG Hamm, MMR 2012, 420 f.; zum Problemkreis auch *Fleck*, DNotZ 2008, 245 ff.; *Scheuch*, ZStV 2012, 141 ff.; *Piper*, NZG 2012, 735 ff.; *Mecking*, ZStV 2011, 161 ff.; *Schöpflin* (Fn. 701), § 32 Rn. 44 a. Die Linie des OLG Hamm bestätigt jüngst *Beck*, RNotZ 2014, 160 (167 f.). Die Forderung, Online-Versammlungen als gleichwertig anzusehen, findet sich bereits bei *Erdmann*, MMR 2000, 526 ff., sowie *Schwarz*, MMR 2003, 23 ff.
712 § 32 BGB lautet:
»(1) Die Angelegenheiten des Vereins werden, soweit sie nicht von dem Vorstand oder einem anderen Vereinsorgan zu besorgen sind, durch Beschlussfassung in einer Versammlung der Mitglieder geordnet. Zur Gültigkeit des Beschlusses ist erforderlich, dass der Gegenstand bei der Berufung bezeichnet wird. Bei der Beschlussfassung entscheidet die Mehrheit der abgegebenen Stimmen.
(2) Auch ohne Versammlung der Mitglieder ist ein Beschluss gültig, wenn alle Mitglieder ihre Zustimmung zu dem Beschluss schriftlich erklären.«.
713 Dazu *Luch/Schulz*, in: Schliesky (Hrsg.), Technikgestütztes Identitätsmanagement (Fn. 8), S. 1 (10 ff.).

lung in einem nur für Mitglieder mit ihren Legitimationsdaten und einem gesonderten Zugangswort zugänglichen Chat-Raum durchgeführt« werde, dass »das nur für die aktuelle Versammlung gültige Zugangswort […] erst mit einer gesonderten E-Mail unmittelbar vor der Versammlung bekannt gegeben« und dass den »Mitgliedern […] die Verpflichtung« auferlegt werde, »ihre Legitimationsdaten und das Zugangswort keinem Dritten zugänglich zu machen und unter strengem Verschluss [zu] halten«.

Von weitergehender Bedeutung könnten die Ausführungen des Gerichts zu einer ggf. aus der Beschränkung auf Internetzusammenkünfte resultierenden Benachteiligung von Vereinsmitgliedern sein, da die öffentliche Verwaltung stets zurückhaltend mit Beschränkungen der klassischen Zugangskanäle umgeht[714]. Das OLG Hamm führt aus: »Es liegt auch keine unangemessene Benachteiligung der Vereinsmitglieder vor, die über keinen eigenen Computer verfügen. Abgesehen davon, dass der Verein seinen Satzungszweck insbesondere durch die Präsenz im Internet verwirklicht, muss ein Verein nicht einem beliebigen Personenkreis offen stehen. Er muss daher auch nicht Kommunikation auf jede erdenkliche Weise anbieten. Darüberhinaus gibt es auch öffentliche Internetzugänge, auf die die Vereinsmitglieder zumutbar zurückgreifen können.« Letztgenannter Aspekt verdeutlicht zum einen wiederum die Bedeutung eines jedermann – zumindest potenziell – offenstehenden Zugangs zum Internet[715], zum anderen aber auch die sich langsam, aber stetig gesellschaftlich wandelnde Vorstellung der Zumutbarkeit des Einsatzes von Internettechnologie durch jedermann.

Selbst wenn man unter Geltung des § 32 BGB noch zu einer anderen Sichtweise gelangt, führt die grundrechtliche Gewährleistung der Vereinigungsfreiheit aus Art. 9 Abs. 1 GG, deren Inhalt – wie alle Grundrechte – einem den tatsächlichen Gegebenheiten geschuldeten (Verfassungs-)Wandel[716] unterliegt, zwangsläufig zu einer erweiterten Sichtweise. Entgegenstehende Vorschriften aus dem einfachen Recht wären verfassungskon-

---

714 Anerkannt bspw. nur bei der elektronischen Abgabe von Lohnsteuer-Anmeldungen und Umsatzsteuer-Voranmeldungen, Online-Bewerbungen für Stellen, die IT-Kenntnisse voraussetzen, oder im Bereich der E-Vergabe; vgl. dazu *Schulz/Hoffmann/Tallich*, Die Verwaltung 45 (2012), 207 (214).

715 Dazu oben Gliederungspunkt III. 4. b).

716 Ausf. zum Verfassungswandel *Stern*, Das Staatsrecht der Bundesrepublik Deutschland, Bd. I, 2. Aufl. 1984, § 5 III 2 (S. 160 ff.); *Leisner*, Der Staat 8 (1969), 273 ff.

form auszulegen, da sich Art. 9 Abs. 1 GG, wie auch Art. 8 Abs. 1 GG, keine näheren Anforderungen an eine Vereinigung und den Modus des (regelmäßigen) Zusammenkommens entnehmen.

20. Brief- und Postgeheimnis (Art. 10 Abs. 1 GG)

Gemäß Art. 10 Abs. 1 GG sind das Briefgeheimnis sowie das Post- und Fernmeldegeheimnis unverletzlich. Der Schutz der Vertraulichkeit der individuellen Kommunikation ist eine der wichtigsten verfassungsrechtlichen Garantien. Art. 10 GG will die freie Entfaltung der Persönlichkeit durch einen privaten Austausch von Informationen gewährleisten[717]. Da der Einzelne die von ihm genutzten Kommunikationsmittel nicht vollständig beherrschen kann[718] und auf die Einschaltung von dritter Seite betriebener Infrastruktur angewiesen ist, ergibt sich ein besonderes Risiko für nicht legitimierte Zugriffe. Dem daraus resultierenden gesteigerten Schutzbedürfnis trägt Art. 10 GG durch besondere Zugriffsschranken Rechnung[719]. Art. 10 GG schützt deshalb die Vertraulichkeit und Integrität von Kommunikationsmedien. Es erfolgt eine Verlagerung der Schutzwirkungen auf das Vorfeld der eigentlichen Kommunikation im Sinne eines Systemschutzes – nämlich auf die hierzu notwendigen Infrastrukturen. Vom Schutz des Art. 10 GG sind neben dem nach h. M. geschützten Inhalt ebenfalls die Art und Weise bzw. die Umstände der Kommunikation erfasst[720]. Diese erweiterte Schutzwirkung liegt darin begründet, dass bereits aus den bloßen Kommunikationsumständen, unabhängig vom Inhalt, Schlussfolgerungen gezogen werden können[721].

---

717 BVerfGE 67, 157 (171); 106, 28 (35 f.); 110, 33 (53); 124, 43 (54).
718 Die (fehlende) Beherrschbarkeit »informationstechnischer Systeme« war auch Hintergrund der Ausdehnung des grundrechtlichen Schutzes auf deren »Vertraulichkeit und Integrität«; dazu oben Gliederungspunkt III. 3. c) aa).
719 BVerfGE 85, 386 (396); 106, 28 (36); 115, 166 (184); *Hermes*, in: Dreier (Fn. 47), Art. 10 Rn. 15, 56.
720 *Jarass* (Fn. 109), Art. 10 Rn. 9; *Gusy* (Fn. 657), Art. 10 Rn. 24.
721 Vgl. dazu etwa *Schaar*, ZRP 2013, 214 ff.

a) Mangelnder Onlinebezug des Brief- und Postgeheimnisses

Das Briefgeheimnis begründet ein Abwehrrecht gegenüber der Öffnung von Briefen und der Einsichtnahme in diese[722]. Es schützt den brieflichen Nachrichtenverkehr gegen die Kenntnisnahme durch die öffentlichen Gewalt, insbesondere vom Inhalt des Briefes[723]. Entscheidend für die Einschlägigkeit des Schutzbereichs ist, dass eine Kommunikation in Form des Kommunikationsmittels »Brief« stattfindet. Darunter wird »jede den mündlichen Verkehr ersetzende körperliche schriftliche Nachricht in beliebiger Schrift- und Vervielfältigungsart« verstanden[724]. Aufgrund dieses engen papierbasierten Schutzbereichs sowie aufgrund der Tatsache, dass mit dem ebenfalls in Art. 10 GG geregelten Fernmeldegeheimnis ein näherer Bezug zur Informationstechnologie vorliegt, ist dem Briefgeheimnis ein Online-Bezug abzusprechen.

Der Schutzbereich des Postgeheimnisses ist hingegen umstritten. Es schützt alle Sendungen, die sich im Beförderungsvorgang der Post befinden[725]. Im Gegensatz zum Briefgeheimnis umfasst es nicht nur Briefe, sondern alle einem Postdienstleister übergebenen Sendungen, wie Pakete, Päckchen oder sonstige Sendungen. Nach richtiger Ansicht muss die Beförderung jedoch körperlich stattfinden; erfolgt sie dagegen elektronisch, greift erneut das speziellere Fernmeldegeheimnis[726]. So ist z. B. die Faxkommunikation mangels Verkörperung nicht vom Schutzbereich des Postgeheimnisses, sondern des Telekommunikationsgeheimnisses umfasst.

b) Beispiel: Grundrechtsschutz hybrider Briefe

Wie die verschiedenen Schutzbereiche des Art. 10 Abs. 1 GG zusammenwirken und sich gleichzeitig als zukunftstauglich erweisen, zeigt die Beurteilung der hybriden Briefkommunikation. Einen derartigen Dienst bietet z. B. die Deutsche Post AG mit dem sog. E-Postbrief an. Merkmal der hybriden Kommunikation ist die Möglichkeit, eine ursprünglich elektronisch

---

722 BVerfGE 67, 157 (171 f.).
723 BVerfGE 33, 1 (11); 67, 157 (171).
724 *Durner*, in: Maunz/Dürig (Fn. 2), Art. 10 Rn. 66.
725 *Gusy* (Fn. 657), Art. 10 Rn. 33.
726 *Gusy* (Fn. 657), Art. 10 Rn. 33; *Jarass* (Fn. 109), Art. 10 Rdnr. 4; *Pagenkopf,* in: Sachs (Fn. 50), Art. 10 Rn. 14; a. A. *Durner* (Fn. 724), Art. 10 Rn. 66.

verschickte Nachricht durch den Postdienstleister ausdrucken, kuvertieren, frankieren und schließlich dem Empfänger klassisch – also mittels Briefpost – zustellen zu lassen[727]. Fraglich erscheint, ob bei hybriden Briefen durch den Medienbruch in Form des Ausdruckens, Kuvertierens und Frankierens eine Lücke im vom Art. 10 GG gewährleisteten Schutz entsteht, die über das datenschutzrechtliche Auffanggrundrecht des Rechts auf informationelle Selbstbestimmung zu füllen wäre.

Während des ersten Teils des Versendens, also von der elektronischen Eingabe der Nachricht bis zum Erreichen der Server des Diensteerbringers ist die (zu diesem Zeitpunkt noch elektronische) Nachricht vom ebenfalls in Art. 10 GG enthaltenen Fernmeldegeheimnis geschützt. Der Schutz des Fernmeldegeheimnisses endet aber grundsätzlich in dem Moment, in dem die Nachricht beim Empfänger angekommen und der Übertragungsvorgang beendet ist. Ab diesem Zeitpunkt – so das BVerfG[728] – unterscheiden sich die gespeicherten Inhalte und Verbindungsdaten in ihrer Schutzwürdigkeit nicht mehr von Dateien, die der Nutzer selbst – etwa auf einer Computerfestplatte oder einer ausgelagerten Datei – angelegt hat; der Betroffene habe es »in erheblichem Umfang selbst in der Hand, ob die bei ihm vorhandenen Daten dauerhaft gespeichert werden«[729]. Nachrichten, die auf einer Voicebox oder einer Mailbox des Providers zwischengespeichert sind, unterfallen somit noch dem Schutz des Art. 10 GG, die Nachricht auf dem heimischen Anrufbeantworter hingegen nicht mehr[730].

Insofern könnte man argumentieren, dass die Schutzwirkung des Fernmeldegeheimnisses ende, sobald ein Hybridbrief auf dem Mailserver des jeweiligen Diensteanbieters abgelegt wird. Der Normzweck des Art. 10 GG – die Vertraulichkeit der Kommunikation – beschränkt den Schutzbereich zeitlich aber auf die Dauer des Kommunikationsvorgangs. Nach der Rechtsprechung des BVerfG endet die Reichweite des Schutzes von Art. 10 GG »nicht in jedem Fall mit der Kenntnisnahme des Kommunikationsinhalts durch den Empfänger«, sondern ist »unter Berücksichtigung

---

727 Umfassend zur Funktionsweise *Hoffmann u. a.*, Der E-Postbrief in der öffentlichen Verwaltung – Chancen, Einsatzoptionen, rechtliche Handlungsspielräume, 2011, S. 117 ff.

728 BVerfGE 115, 166 (184).

729 BVerfGE 115, 166 (185).

730 *Durner* (Fn. 724), Art. 10 Rn. 97 m. w. N.

der spezifischen Gefährdungslage zu bestimmen«[731]. Zum einen ist die Übermittlung eines elektronischen Briefes mit klassischer Zustellung mit der Übersendung eines Telefaxes über das Faxgerät einer dritten Person, die den Faxausdruck dem Adressaten zuleitet, vergleichbar. Auch bei der Faxübermittlung kann aber von einem Abschluss des Übermittlungsvorgangs erst nach Ausdruck der Nachricht ausgegangen werden. Der Ausdruck des Briefes wird bei den Anbietern ebenfalls automatisiert nach Zugang der Nachricht erfolgen. Zum anderen ist zu berücksichtigen, dass der Hybridbrief von vornherein auf eine Weiterleitung durch den Dienstleister angelegt ist. Empfänger des Kommunikationsinhaltes soll der Adressat des Briefs sein. Der Übermittlungsvorgang über Ausdruck und Weiterleitung des Briefs durch den Dienstleister bildet insoweit einen notwendigen Zwischenschritt wie die Zwischenspeicherung einer E-Mail auf einer Mailbox eines Providers. Die Bedeutung der Gewährleistungen des Art. 10 GG ergibt sich nicht nur aus der ausgeprägten Persönlichkeitsrelevanz, sondern insbesondere aus den spezifischen Gefahren, denen der Kommunikationsvorgang ausgesetzt ist. Da der räumlich distanzierte Nachrichtenverkehr auf Vermittlungsleistungen Dritter angewiesen ist, die die Kommunikationsteilnehmer nur beschränkt beeinflussen können, unterliegt er einer gesteigerten Gefahr der Preisgabe von Geheimnissen[732].

Insofern greift bei der Weiterleitung eines Hybridbriefes der Schutzgedanke der sicheren Kommunikation über eine gewisse Entfernung mittels eines zwischengeschalteten Dritten. Der Ausdruck ist daher als Bestandteil des Fernmeldevorgangs innerhalb der hybriden Kommunikationssituation einzuordnen und als vom Telos des grundrechtlichen Gewährleistungsgehalts des Fernmeldegeheimnisses geschützt anzusehen. Im Anschluss an das Ausdrucken dient das Briefgeheimnis dem Schutz der (nunmehr) verkörperten Kommunikation, die als klassische Briefsendung dem Adressaten zugesendet wird. Da der Grundrechtsschutz nicht das Verschlossensein der Nachricht verlangt, setzt der Geheimnisschutz auch nicht erst ab Abschluss des Vorgangs des Kuvertierens ein. Nach dem maßgeblichen Normzweck – der Vertraulichkeit des brieflichen Kommunikationsvorgangs – erfasst der Begriff des Briefs jede schriftliche Nachricht, die eine

---

731 BVerfG, NJW 2009, 2431 (2432 f.); zustimmend etwa *Brodowski*, JR 2009, 402 (405); vgl. auch *Härting*, CR 2009, 581 (582 f.).
732 *Durner* (Fn. 724), Art. 10 Rn. 43 m. w. N.

Form individueller Kommunikation darstellt, und damit auch Postkarten[733]. Eine Lücke im Grundrechtsschutz ist bei der Hybridbriefkommunikation daher nicht festzustellen[734].

21. Fernmeldegeheimnis (Art. 10 Abs. 1 GG)

Art. 10 GG umfasst neben dem Brief- und Postgeheimnis auch das Fernmeldegeheimnis. Im Gegensatz zu den beiden anderen Ausprägungen schützt es die Vertraulichkeit der unkörperlichen Übermittlung von Informationen an individuelle Empfänger mithilfe des Telekommunikationsverkehrs[735].

a) Entwicklungsoffenheit des Fernmeldegeheimnisses

Aufgrund der Entwicklungsoffenheit des Grundrechts ist nicht nur die Kommunikation mittels traditioneller Medien erfasst, sondern jegliche Kommunikation mittels der jeweils verfügbaren Telekommunikationstechniken[736]. Damit sind neben herkömmlichen E-Mails auch Nachrichten geschützt, die innerhalb eines sozialen Netzwerks versendet und empfangen werden. Gleiches gilt für Echtzeit-Kommunikation, z. B. im Rahmen von Chats oder Videokonferenzen, darüber hinaus für »Verbindungsdaten«, also z. B. den Umstand, von welcher IP-Adresse[737] zu welchem Zeitpunkt auf ein bestimmtes Profil eines sozialen Netzwerkes zugegriffen wurde. Das Fernmeldegeheimnis übernimmt für die Individualkommunikation eine vergleichbare Funktion als Auffangtatbestand wie die Rundfunkfreiheit für die Massenkommunikation. Insofern sind eigentlich vergleichbare Überlegungen zu einer Reform des Art. 10 GG in Form einer weiteren Ausdifferenzierung anzustellen[738]; auch die Gefahr der Fortentwicklung

---

733 *Durner* (Fn. 724), Art. 10 Rn. 68; *Löwer* in: v. Münch/Kunig (Fn. 330), Art. 10 Rn. 16; *Jarass* (Fn. 109), Art. 10 Rn. 3.

734 Ausf. *Hoffmann u. a.* (Fn. 727), S. 117 ff.; *Schulz*, DuD 2011, 263 (266).

735 BVerfGE 120, 274 (306 f.).

736 BVerfGE 46, 120 (144); 115, 166 (182).

737 Überblick zur Personenbezogenheit von IP-Adressen bei *Krüger/Maucher*, MMR 2011, 433 ff.

738 Dazu oben Gliederungspunkte III. 2., 3. und 4. bezgl. der Ausdifferenzierungen des Art. 2 Abs. 1 GG.

zu einem »konturenlosen Supergrundrecht« ist nicht von der Hand zu weisen[739].

b) Beispiel: Beschlagnahme von E-Mails und von Inhalten von Dokumentensafes

Beschränkt wird der durch Art. 10 GG gewährte Schutz durch die Eingrenzung auf Inhalte und Umstände der *laufenden* Kommunikation. Nicht erfasst sind solche Inhalte und Umstände, die sich nach Abschluss des Kommunikationsvorgangs im Herrschaftsbereich des Nutzers befinden[740]. Dies führt bspw. bei E-Mails dazu, dass diese nach dem Herunterladen auf ein lokales Endgerät nicht mehr dem Schutz von Art. 10 GG, sondern lediglich dem Recht auf informationelle Selbstbestimmung bzw. dem Grundrecht auf Gewährleistung der Vertraulichkeit und Integrität informationstechnischer Systeme unterliegen[741]. Dieser Ansicht ist zuzustimmen.

Wie weit der Schutz des Art. 10 GG mittlerweile reicht, zeigt der Fall, in dem E-Mails (aber auch andere Daten) nicht auf dem lokalen Endgerät, sondern beim Provider bzw. in der Cloud[742] des Providers gespeichert bleiben. Erfolgt in diesen Fällen eine Beschlagnahme der Daten, ist diese nach Ansicht des BVerfG an Art. 10 Abs. 1 GG zu messen[743]. Da sich die

---

739 Dazu im Rahmen der Rundfunkfreiheit Gliederungspunkt III. 13. a).

740 BVerfGE 115, 166 (183 ff.); 120, 274 (307 f.); *Pieroth/Schlink*, Grundrechte, 25. Aufl. 2009, Rn. 838.

741 Vgl. zur Abgrenzung *Luch*, MMR 2011, 75 (76 f.); ausf. *Hoffmann* (Fn. 81), S. 89 ff.

742 Unter Cloud Computing versteht man die gemeinsame Nutzung von Hard- und Software- sowie Rechenkapazitäten, die nicht mehr lokalisierbar, sondern weltweit auf verschiedenen Servern nachfrage- und einzelfallabhängig zur Verfügung gestellt werden, durch verschiedene Organisationseinheiten; zu Einsatzoptionen für die öffentliche Verwaltung *Schulz*, MMR 2010, 75 ff.; *ders.*, VM 2010, 36 ff.

743 BVerfGE 124, 43 ff.; dazu *Albrecht*, jurisPR-ITR 25/2009, Anm. 4; *Brodowski*, JR 2009, 402 ff.; *Brunst*, CR 2009, 591 ff.; *Härting*, CR 2009, 581 ff.; *Keller*, Kriminalistik 2009, 491 ff.; *Klein*, NJW 2009, 2996 ff.; *Krüger*, MMR 2009, 680 ff.; *Störing*, CR 2009, 475 ff.; *Szebrowski*, K&R 2009, 563 ff.; *Durner*, JA 2010, 238 ff.; *Gurlit*, NJW 2010, 1035 (1036 f.); beachte auch BGH, NJW 2009, 1828; LG Hamburg, K&R 2008, 122 f.; hier wurde ein Schutz durch Art. 10 Abs. 1 GG noch verneint, sodass die E-Mails nach § 99 StPO beschlagnahmt werden konnten; vgl. dazu *Bär*, NStZ 2009, 398 f.; *Jahn*, JuS 2009, 1048 f.; *Kudlich*, JA 2009, 658 f.; *Szebrowski*, MMR 2009, Heft 7, V.

auf dem Server eines Anbieters gespeicherten E-Mails nicht im Herrschaftsbereich des Kommunikationsteilnehmers, sondern des Providers
befinden, leide der Kommunikationsteilnehmer an einem Mangel der Beherrschbarkeit. Er könne sein E-Mail-Postfach zwar mittels eines Passwor-
tes schützen, dies schließe technisch jedoch nicht aus, dass der Provider
und damit auch die Strafverfolgungsbehörden jederzeit in der Lage seien,
auf die gespeicherten Inhalte zuzugreifen. Dies begründe ein Schutzbedürfnis durch das Fernmeldegeheimnis[744].

Irrelevant sei es dabei zum einen, ob die E-Mails nur zwischen- oder
endgespeichert sind, und zum anderen, ob sie bereits gelesen wurden oder
nicht[745]. Der Schutzzweck des Art. 10 GG bestehe fort, wenn die Nachrichten bereits zur Kenntnis genommen wurden, da sie nach wie vor in der
Sphäre des Providers abgelegt und daher nicht beherrschbar seien.

Da z. B. auch in den sozialen Netzwerken klassischerweise die Nachrichten nicht auf das eigene Endgerät heruntergeladen werden, führt die
Rechtsprechung des BVerfG dazu, dass alle Nachrichten, die innerhalb eines sozialen Netzwerks versendet und empfangen werden und anschlie-
ßend im eigenen Nutzerkonto abrufbar sind, stets als »laufende Kommunikation« betrachtet werden müssen und dem Schutz von Art. 10 GG unterliegen. Allerdings ist die Wirkung des Art. 10 GG – wie auch diejenige
des Art. 13 Abs. 1 GG und die des Art. 2 Abs. 1 GG in Form des Grundrechts auf Gewährleistung der Integrität und Vertraulichkeit informationstechnischer Systeme – auf das System selbst und somit auf den Schutz vor
Beeinträchtigungen der Integrität und Vertraulichkeit der Kommunikati-
onsinfrastruktur beschränkt.

---

744 BVerfGE 124, 43 (54).
745 Für diese Differenzierung vgl. etwa noch LG Mannheim, StV 2002, 242 ff. mit
Anm. *Jäger*; so auch *Bär*, (Fn. 127), Rn. 104; hier wird jeweils vertreten, durch
das Zur-Kenntnis-Nehmen der Nachricht sei der Kommunikationsvorgang beendet, es handele sich insoweit lediglich um eine »Konservierung« der Nachrichten
beim Provider, sodass es keinen Unterschied machen könne, ob sie auf dem eigenen Rechner oder auf dem Server des Providers gespeichert bleiben.

	Daten / Inhalte	Infrastruktur
Räumliche Infrastruktur	**Art. 2 Abs. 1 GG** ggf. beim Menschenwürdegehalt i. V. m. Art. 1 Abs. 1 GG	Art. 13 Abs. 1 GG Begrenzung des Systemschutzes auf Wohnräume
Telekommunikations- infrastrukturen	**Art. 2 Abs. 1 GG** ggf. beim Menschenwürdegehalt i. V. m. Art. 1 Abs. 1 GG	Art. 10 Abs. 1 GG Begrenzung des Systemschutzes auf die Kommunikation zwischen zwei Personen
Computerinfrastruktur	**Art. 2 Abs. 1 GG** ggf. beim Menschenwürdegehalt i. V. m. Art. 1 Abs. 1 GG	Art. 2 Abs. 1 GG (Grundrecht auf Vertraulichkeit und Integrität informationstechnischer Systeme) Begrenzung des Systemschutzes auf komplexe Systeme, die auch personenbezogene Daten enthalten

Eine Auslegung, die den Schutz des Art. 10 GG auch auf den Inhalt der Kommunikation bezieht, mag zwar dem Schutzbedarf derartiger Nachrichten gerecht werden, führt aber dazu, dass der grundrechtliche Schutz von der technischen Ausgestaltung und zum Teil von Zufälligkeiten abhängt. So müssten Daten- und Dokumentensafes bzw. Clouds, die eine Freigabe vorsehen und damit den erforderlichen potenziellen Kommunikationsbezug aufweisen, von solchen abgegrenzt werden, deren Inhalte ausschließlich dem Nutzer zur Verfügung stehen sollen. Zielführender erscheint es zwischen den geschützten Inhalten (die immer dem Recht auf informationelle Selbstbestimmung unterliegen) und der geschützten Infrastruktur im Sinne eines Systemschutzes zu differenzieren. Dieser wird entweder von Art. 10 GG (im Falle des Kommunikationsbezugs) oder von Art. 2 Abs. 1 GG in Form des Rechts auf Vertraulichkeit und Integrität informationstechnischer Systeme vermittelt. Angesichts der Vorfeldwirkungen dieser beiden Ausprägungen von Systemschutz müssen Eingriffe an beiden Grundrechten, die in Idealkonkurrenz nebeneinander stehen (da unterschiedliche Schutzobjekte erfasst werden), gemessen werden, zumal ohne Beeinträchtigung der Integrität von Infrastruktur bzw. System kein Zugriff auf die personenbezogenen Daten möglich ist. Umgekehrt hat aber nicht jede Integritätsbeeinträchtigung zugleich auch die Erhebung personenbezogener Daten zum Gegenstand.

22. Freizügigkeitsrecht (Art. 11 GG)

Die Grundrechtsgarantie des Art. 11 Abs. 1 GG umfasst das Recht, an jedem Ort innerhalb des Bundesgebietes Aufenthalt und Wohnung zu nehmen; dazu zählt auch die zum Zwecke der Wohnsitznahme erfolgende Einreise nach Deutschland sowie die Freizügigkeit zwischen Ländern, Gemeinden und innerhalb einer Gemeinde[746]. Aufenthalt und Wohnung nehmen dabei Bezug auf analoge Begebenheiten[747] ohne eine Entsprechung in der digitalen Welt. Rückzugsräume im Internet, die vergleichbare Funktionen wahrnehmen wie der räumliche Rückzugsraum der Wohnung, werden auch von Art. 13 Abs. 1 GG nicht erfasst[748]. Gleichwohl existieren Bezugspunkte zwischen Art. 11 GG und Internetsachverhalten. Bereits verschiedentlich wurde darauf hingewiesen, dass bestimmte Dienste im Internet zunehmend die Rolle eines öffentlichen Raums einnehmen können (z. B. im Kontext des Anspruchs auf Zugang zu Monopoldiensten[749] oder bei der Versammlungsfreiheit[750]). So wie eine räumlich-gegenständliche Dimension der Grundrechte allgemein diskutiert wird[751], bedarf es einer Analyse, ob nicht ein entsprechendes digitales Äquivalent existiert (a.). In einem engen Kontext dazu steht die Frage, ob sich aus Art. 11 GG Leistungsrechte, bspw. auf eine Verkehrsinfrastruktur, die Freizügigkeit tatsächlich erfahrbar macht, ableiten lassen, was sich ebenfalls auf »digitale Verkehrsinfrastrukturen« übertragen ließe (b.). Und schließlich erscheint es zumindest erwägenswert, aufgrund dieser Parallelen den Schrankenvorbehalt des Art. 11 Abs. 2 GG auf die Online-Freizügigkeit zu übertragen (c.). Strukturell erscheint die Freizügigkeit des Art. 11 GG – bei »methodischer Großzügigkeit«[752] – hinsichtlich des grundrechtlichen Schutzes des Internets nämlich besser geeignet als Art. 5 GG, »weil sie auf den individuell sich Bewegenden, nicht auf den statischen Anbieter abstellt«[753]. Allerdings darf bei der (Wieder-)Entdeckung des Art. 11 GG als Grundrecht

---

746 *Baldus*, in: Epping/Hillgruber (Fn. 424), Art. 11 Rn. 2; BVerfGE 110, 177 (190 f.).

747 Zum maßgeblichen Wohnungsbegriff statt Vieler *Durner* (Fn. 724), Art. 11 Rn. 76, zum Aufenthalt ebd., Rn. 77.

748 Dazu unten Gliederungspunkt III. 24. a).

749 S. Gliederungspunkt Gliederungspunkt III. 7. a).

750 S. Gliederungspunkt Gliederungspunkt III. 18.

751 *Ernst* (Fn. 23), S. 79 (89 f.).

752 *V. Lewinski*, RW 2011, 70 (93).

753 *V. Lewinski*, RW 2011, 70 (93 f.).

der Online-Freizügigkeit »nicht übersehen werden, dass es sich zum einen um ein bloßes Deutschengrundrecht handelt, und zum anderen auf das Bundesgebiet beschränkt wäre, was dem weltumspannenden Internet nicht gerecht wird«[754].

a) Digitale Räume und die räumlich-gegenständliche Dimension der Grundrechte

Vielfach wird eine individual-, wirtschafts- oder staatszentrierte Sichtweise auf das Internet zugrunde gelegt und so die besondere Bedeutung ausgehend von den Bedürfnissen einer bestimmten Nutzergruppe begründet. Das Erfordernis einer übergreifenden Struktur, die Basis aller individuellen Zugänge und Nutzungen ist, lässt sich jedoch auch auf einen übergreifenden Ansatz zurückführen, der Parallelen zu den »öffentlichen Räumen« aufweist. Dies bringen die Metaphern des »Cyber*space*«[755], der »Digital Natives« für die erste Generation, die bereits vollständig in der Zeit des dauerhaft auch mobil verfügbaren Internets sozialisiert wurde[756], und des »globalen Dorfes«, das der Kommunikationswissenschaftler *Marshall McLuhan* bereits 1962 postulierte[757] und das mittlerweile Wirklichkeit geworden sein dürfte, zum Ausdruck. Eine Analogie zu den konventionellen »öffentlichen Räumen« – Straßen, Plätze, Einkaufszentren, Dörfer bzw. ganz allgemein Orte des menschlichen Zusammenkommens, aber auch des Aufeinandertreffens unterschiedlicher Lebensentwürfe und -ansichten – kann ggf. staatliche Gewährleistungsansprüche begründen.

Die räumlich-gegenständliche Dimension der Grundrechte[758] ist bisher (wie auch die digitale Dimension) nicht als eigenständige Funktion anerkannt[759], vielmehr handelt es sich um einen Teilaspekt der objektiven Grundrechtsfunktion[760], die die Aufgabe besitzt, die tatsächlichen Voraus-

---

754 *V. Lewinski*, RW 2011, 70 (94).
755 *Ellrich*, in: Maresch/Werber (Hrsg.), Raum Wissen Macht, 2002, S. 92 ff.
756 Vgl. zum Begriff auch die DIVSI Milieu-Studie zu Vertrauen und Sicherheit im Internet, 2012, S. 58.
757 *McLuhan*, Gutenberg Galaxy, 1962; *McLuhan/Powers*, The Global Village – Der Weg der Mediengesellschaft in das 21. Jahrhundert, 1995.
758 Ausf. *Ernst* (Fn. 23), S. 79 ff.
759 S. bereits oben Gliederungspunkt II. 1.
760 *Ernst* (Fn. 23), S. 79 (89), vergleicht sie daher zutreffend mit der »verfahrens- oder organisationsrechtlichen Dimension« der Grundrechte.

setzungen einer effektiven Grundrechtsausübung bzw. Grundrechtsaus-übungsmöglichkeit zu garantieren. Zu diesen tatsächlichen Voraussetzungen zählt bei vielen, insbesondere den auf Kommunikation angelegten Grundrechten ein räumliches Substrat, welches das Zusammentreffen mit Anderen ermöglicht. Hintergrund der räumlichen Komponente der Grundrechte ist die Idee der griechischen Agora[761]. Aus demokratischer Perspektive ist es erst die Öffentlichkeit, die dem Einzelnen und dem Volk die Möglichkeit gibt, eine Position einzunehmen, durch die eine Auseinandersetzung mit staatlichem Handeln und dessen Beeinflussung möglich wird[762]. Im Mittelpunkt steht dabei weniger das Ergebnis der Meinungsbildung als die Freiheit des Meinungsbildungsprozesses und der entsprechenden Verfahren[763], »bildhaft also die Abfolge von Rede und Replik, wie sie auch schon die griechische Agora beherrscht hat«[764]. Der öffentliche Raum wird so zum Ort, an dem eine Legitimationsrückkopplung, ein »systemtheoretisches Feedback«[765], erfolgt[766]. Neben die demokratische Komponente tritt gleichberechtigt auch eine für die Persönlichkeitsbildung und -entfaltung unabdingbare Funktion: Der öffentliche Raum ist wie kein anderer gesellschaftlicher Faktor darauf ausgerichtet, das Zusammentreffen mit anderen Menschen zu ermöglichen, er dient seit jeher der menschlichen Selbstdarstellung[767]. Dies zeigt sich nicht nur in den vielfältigen Entfaltungsmöglichkeiten durch Grundrechtsausübung im öffentlichen Raum und in der gleichgerichteten, übereinstimmenden Inanspruchnahme, sondern auch daran, dass der öffentliche Raum ein Ort ist, »an dem man

---

761 *Ernst* (Fn. 23), S. 79 (85 ff.); ausf. zur digitalen Agora *Graudenz u. a.* (Fn. 17); *Luch/Schulz*, VM 2011, 104 ff.
762 Vgl. *Ernst* (Fn. 23), S. 79 (87); *Kugelmann*, Die informatorische Rechtsstellung des Bürgers, 2001, S. 8.
763 *Kloepfer*, in: Isensee/Kirchhof (Hrsg.), Handbuch des Staatsrechts, Bd. III, 3. Aufl. 2005, § 42 Rn. 12.
764 *Ernst* (Fn. 23), S. 79 (87 f.).
765 Vgl. hierzu *Thiery*, in: Mols/Lauth/Wagner (Hrsg.), Politikwissenschaft, 4. Aufl. 2003, S. 220; *Naßmacher*, Politikwissenschaft, 5. Aufl. 2004, S. 126; *Waschkuhn*, in: Nohlen (Hrsg.), Wörterbuch Staat und Politik, 3. Aufl. 1995, S. 761.
766 Vgl. *Ernst* (Fn. 23), S. 79 (88).
767 *Ernst* (Fn. 23), S. 79 (90); s. zur These »Homo homini ad hominem medium est«, also des Angewiesenseins des Menschen auf andere Menschen und Kommunikationsbeziehungen, *Luch* (Fn. 79), S. 3 f.

lernen muss, sich auf andere Menschen einzulassen und mit ihnen umzu-gehen«[768].

Vor diesem Hintergrund lassen sich für den – klassischen – öffentlichen Raum verschiedene Aufträge für das staatliche Handeln formulieren. »Ers-tens darf der öffentliche Raum, der sowohl eine formelle und eine materi-elle Komponente aufweist und damit nicht nur materiell der Allgemeinheit zur Nutzung zur Verfügung steht, sondern dabei auch formell einem öf-fentlich-rechtlichen Nutzungsregime unterfällt, nicht vollständig abge-schafft werden. […] Zweitens muss ungeachtet dessen, je mehr dieser […] öffentliche Raum durch einen lediglich materiell geprägten öffentlichen Raum ersetzt wird, die Ausstrahlungswirkung der Grundrechte stärker auf etwaige private Nutzungsverhältnisse einwirken. Die grundrechtsverpflich-tete Staatsgewalt trifft insofern eine Gewährleistungsverantwortung.«[769]

Überträgt man diese Betrachtung der räumlich-gegenständlichen Di-mension der Grundrechte auf die Online-Grundrechte, werden die Paralle-len zur klassischen Grundrechtsausübung deutlich. Nicht nur einzelne der Online-Handlungsfreiheiten sind auf einen virtuellen öffentlichen Raum angewiesen, vielmehr ist die Existenz eines solchen Raums sowie der indi-viduelle Zugang zu diesem Raum unabdingbare Entstehensvoraussetzung der Online-Grundrechte (in einem ersten Schritt) und einer digitalen Per-sönlichkeit (in einem zweiten Schritt): ohne virtuellen Raum keine virtuel-len Grundrechte. Je mehr sich also das Internet zu einem System ent-wickelt, in und mithilfe dessen sich gesellschaftliche Teilhabe vollzieht, sich zunehmend Partizipations-, Meinungsbildungs-, Wirtschafts- und Ver-waltungsprozesse, aber auch persönlichkeitsrelevante Aktivitäten ins Netz verlagern, das Internet also zur digitalen Agora im ursprünglichen und umfassenden Verständnis wird, umso bedeutsamer wird es also, staatli-cherseits die Existenz und den Zugang zu sichern.

Aufgrund des Gleichlaufs der Bedeutung der analogen und digitalen Agora für das demokratische Gemeinwesen, die Entfaltung des Einzelnen und wirtschaftliche Abläufe passen sich auch die daraus ableitbaren Ver-pflichtungen des Staates an. Es geht also einerseits um Abwehrrechte (ge-genüber staatlichen Maßnahmen, die den Zugang zu diesen öffentlichen Räumen beeinträchtigen[770]) und andererseits um die Gewährleistung des

---

768 *Huning*, Politisches Handeln in öffentlichen Räumen, 2006, S. 12; *Zöller*, in: Wiegandt (Hrsg.), Öffentliche Räume – öffentliche Träume, 2006, S. 73 (75).
769 *Ernst* (Fn. 23), S. 79 (89).
770 Zur Internetsperre bereits oben Gliederungspunkt III. 4. c) sowie III. 16. d).

öffentlichen Raums, wobei das beim klassischen Raum bestehende Verbot der »Vollprivatisierung« aufgrund des von Anfang an nicht-staatlichen, sondern ausschließlich privaten Charakters des Internets keine Entsprechung findet (es sei denn, man diskutiert aus umgekehrter Zielrichtung, ob in Zukunft eine staatliche Gewährleistungspflicht existiert, im Internet öffentlichen Raum z. B. für Versammlungen bereitzustellen[771]). Da der virtuelle öffentliche Raum überwiegend ein lediglich materiell geprägter öffentlicher Raum ist, steht die Ausstrahlungswirkung der Grundrechte auf etwaige private Nutzungsverhältnisse im Mittelpunkt bzw. muss vom Staat (z. B. durch Regulierungsmaßnahmen in Form eines Kontrahierungszwanges zur Sicherung des Zugangs – nicht nur zum Netz, sondern ggf. auch zu bestimmten Diensten[772]) aktiviert und unterstützt werden. Auch geht es – anders als bei den realen Räumen – weniger darum, die Grundrechtsbetätigung in privat beherrschten, funktional aber öffentlichen Räumen, wie z. B. Flughäfen[773], Einkaufspassagen etc., sicherzustellen. Es soll vielmehr der Zugang im Sinne der drei erforderlichen Komponenten (individuelle und übergreifende Infrastruktur sowie individueller Zugang) ermöglicht werden, da aufgrund der Vielfalt der Angebote und Dienste eigentlich jeder einen virtuellen Raum, dessen Betreiber ihn zulässt, für seine Grundrechtsentfaltung finden dürfte. Insbesondere stehen ausreichend nicht (im klassischen Sinn) kommerzialisierte Angebote zur Verfügung[774].

b) Recht auf (Online-)Mobilität

Art. 11 GG werden für die analoge, klassische Freizügigkeit objektiv-rechtliche Grundrechtsgehalte zugebilligt. Dem Recht auf Freizügigkeit kommt über seinen subjektiv-rechtlichen Gehalt hinaus Bedeutung als objektives Prinzip der gesamten Rechtsordnung zu[775]. So soll dem Grund-

---

771 *Möhlen*, MMR 2013, 221 (230).
772 Dazu oben Gliederungspunkt III. 4. b) cc) (1).
773 Grundlegend BVerfG, NJW 2011, 1201 ff.; dazu *Enders*, JZ 2011, 577 ff.; *Payandeh*, JR 2011, 421 ff.; *Schaefer*, Der Staat 51 (2012), 251 ff.
774 Gleichwohl erhalten die Diensteanbieter in der Regel eine Gegenleistung, bspw. in Form personenbezogener Daten, die dann auf andere Weise kommerzialisiert werden.
775 Vgl. *Kunig*, in v. Münch/Kunig (Fn. 330), Art. 11 Rn. 5; *Wollenschläger*, in: Dreier (Fn. 47), Art. 11 Rn. 62 ff.

recht aus Art. 11 Abs. 1 GG die Pflicht des Staates entnommen werden können, Private vor Behinderungen ihrer Freizügigkeit durch andere Private zu schützen, wobei den staatlichen Organen angesichts der konkreten Maßnahmen ein weites Ermessen zusteht[776].

aa) Leistungsrechtliche Gehalte des Art. 11 GG

Hinsichtlich der Anerkennung von Leistungsansprüchen aus Art. 11 GG aufgrund der »Abhängigkeit von der Bereitstellung von Verbindungswegen« ist jedoch Zurückhaltung erkennbar. Diese werden kontrovers diskutiert, aber überwiegend abgelehnt[777]. Der Schutzbereich des Art. 11 GG erfasst nach der Rechtsprechung des BVerfG keine Ansprüche auf die Bereitstellung der für einen freien Zug geeigneten Wege[778]. Mangels Anhaltspunkten im Verfassungstext und in der Entstehungsgeschichte sprechen die besseren Gründe dafür, die Pflichten des Staates zur Bereitstellung von Verkehrswegen auf die in den Verkehrskompetenzen der Art. 87 ff. GG enthaltene Infrastrukturverantwortung zu begrenzen[779], aus der sich wiederum für den Einzelnen Teilhaberechte ergeben können[780].

Gleiches gilt für Versuche, die Existenz eines ungeschriebenen »Grundrechts auf Mobilität« aus Art. 11 GG zu begründen[781]. Maßgeblicher Gesichtspunkt ist bei diesem Ansatz die Bedeutung der Mobilität als Voraussetzung der Wahrnehmung der Grundrechte und insbesondere des Rechts aus Art. 11 GG, wobei die meisten Vertreter dieses Ansatzes zusätzlich auf weitere Grundrechte verweisen[782]. Die Wahrnehmung des Freizügigkeitsrechts setze »ein hohes Maß an Mobilität und Bewegungsfreiheit«

---

776 *Baldus* (Fn. 746), Art. 11 Rn. 29.
777 Ablehnend: OVG Weimar, SächsVBl 1996, 41 (42); OVG Bremen, Beschl. v. 24.11.2008 – S 2 B 558/08, zit. nach juris; bejahend: *Ziekow*, in: Friauf/ Höfling (Hrsg.), Berliner Kommentar zum GG, Loseblattsammlung (Stand: 42. Erg.-Lieferung August 2013), Art. 11 Rn. 122; zurückhaltend: *Gusy* (Fn. 657), Art. 11 Rn. 49; *Kunig* (Fn. 775), Art. 11 Rn. 5, 19; *Wollenschläger* (Fn. 775), Art. 11 Rn. 62.
778 BVerfGE 80, 137 (150).
779 *Durner* (Fn. 724), Art. 11 Rn. 94.
780 Vgl. BVerfGE 35, 79 (114).
781 Vgl. etwa *Ronellenfitsch*, JöR 44 (1996), 167 ff.; tendenziell auch *Röthel*, NZV 1999, 63 (66 f.).
782 *Durner* (Fn. 724), Art. 11 Rn. 93.

voraus und ebendiese Mobilität werde daher »von der Freizügigkeit mitge-schützt«[783]. Der allgemeine Mobilitätsschutz – insbesondere im Straßen-verkehr – erfolgt aber in erster Linie durch die allgemeine Handlungsfrei-heit des Art. 2 Abs. 1 GG[784].

bb) Gewährleistungsverantwortung des Staates für Telekommunikationsinfrastrukturen

Beide Ansätze ließen sich auf eine Online-Freizügigkeit übertragen, mit der Folge, dass die übergreifende Telekommunikationsinfrastruktur als ein Teilelement des Rechts auf Internet[785] aus der digitalen Dimension der Freizügigkeit hergeleitet werden könnte. Aus systematischen Gründen er-scheint es aber zutreffend, diesen Aspekt grundrechtlich in Art. 2 Abs. 1 GG, zudem in der Infrastrukturverantwortung der Art. 87 ff. GG, speziell in Art. 87 f GG zu verorten. Die Parallelen zur im Rahmen des Art. 11 GG geführten Diskussion sind aber geeignet, als Argumentationshilfe zu die-nen. Ohne eine übergreifende Telekommunikationsinfrastruktur ist eine Internet-Nutzung nämlich von vornherein ausgeschlossen. Die Versorgung mit leitungsgebundenen oder Funknetzen ist Teilelement des Rechts auf Internet – die Breitbanddebatte der letzen Jahre hat dies gezeigt[786]. Sie il-lustriert auch, dass in diesem Bereich die staatliche oder staatlich initiierte Bereitstellung durch Private den Schwerpunkt bilden muss – niemand kann selbst für diese Infrastrukturen sorgen. Insofern bestehen weitgehen-de Parallelitäten zur analogen Verkehrsinfrastruktur, bei der Bau und Un-terhalt der Autobahnen, Bundes-, Landes- und kommunalen Straßen zwar das Vorhandensein einer übergreifenden Infrastruktur sichern, die jedoch zunächst für den Endnutzer wenig Funktionalitäten bietet und ihre beson-dere Funktion nicht erfüllen kann. Die übergreifende Infrastruktur verfügt ihrerseits daher über zwei zu differenzierende Komponenten, nämlich ei-nerseits die Erbringung von Diensten auf den Netzen, andererseits vorge-

---

783 *Röthel*, NZV 1999, 63 (67); *Pieroth*, JuS 1985, 81 (83).
784 *Durner* (Fn. 724), Art. 11 Rn. 93.
785 *Luch/Schulz* (Fn. 4), S. 69 ff.
786 Aus juristischer Perspektive *Ritgen*, NdsVBl 2011, 97 ff.; *Koenig*, N&R 2011, 168 ff.; *Kühling*, WiVerw 2010, 135 ff.; *Holznagel/Deckers*, DVBl 2009, 482 ff.; *Holznagel/Deckers/Schramm*, NVwZ 2010, 1059 ff.

lagert Aufbau, Pflege und Betrieb der Netzinfrastrukturen als solcher[787]. Neben Bau und Unterhalt des Straßennetzes ist somit auch der Vergleich mit der Schaffung des öffentlichen Personennahverkehrs in seiner Gesamtheit angebracht – er entspricht dem Angebot von Diensten »auf den Netzen«, die auch bei der Telekommunikation erst die Nutzung für den Einzelnen ermöglichen.

Welche Möglichkeiten stehen dem Staat also zur Verfügung, diese Verpflichtung zu erfüllen und eine dieser Bedeutung gerecht werdende Infrastruktur zu sichern. Aufgrund der ausdrücklichen verfassungsrechtlichen Anordnung in Art. 87 f GG sind Gesetzgebung und Verwaltung hinsichtlich der Telekommunikation auf eine Gewährleistungsfunktion begrenzt, die staatliche Erfüllung ist hier – anders als in anderen Bereichen, wie bspw. hinsichtlich von Verkehrsinfrastrukturen und im öffentlichen Personennahverkehr – *de constitutione lata* ausgeschlossen. Allerdings ist diese verfassungsrechtliche Vorgabe ihrerseits nicht zum unantastbaren Essential der grundgesetzlichen Ordnung (vgl. Art. 79 Abs. 3 GG) zu zählen; sollte das erforderliche Versorgungsniveau nicht gesichert werden können, entstünde ein verfassungsimmanenter Konflikt zwischen den grundrechtlich oder sozialstaatlich begründeten Pflichten auf der einen und dem Privatisierungsgebot des Art. 87 f GG auf der anderen Seite[788].

Art. 87 f GG enthält aber nicht nur Vorgaben zu den Modalitäten der Sicherstellung einer hinreichenden Versorgung – unabhängig von weiteren Begründungsansätzen, sondern darüber hinaus auch eine unmittelbare Gewährleistungsverpflichtung des Bundes[789]. Sowohl Infrastrukturauftrag als auch Privatwirtschaftlichkeitsgebot beziehen sich nicht allein auf ausreichende Dienstleistungen auf bereits vorhandenen Netzen, sondern – gleichsam reflexartig – auch auf die logisch vorgelagerte Frage der staatlichen Gewährleistung des ausreichenden Vorhandenseins und nötigenfalls Aus- und Aufbaus von Netzinfrastrukturen, wie sie für ein ausreichendes Dienstleistungsniveau notwendig sind[790]. Die Gewährleistungsverpflich-

---

787 *Schulz* (Fn. 6), S. 269 (275).
788 *Schulz* (Fn. 6), S. 269 (280 ff.).
789 Zu Kompetenzfragen beim Aufbau auch *v. Lewinski*, RW 2011, 70 (71, Fn. 12); *Windthorst*, in: Sachs (Fn. 50), Art. 87 f Rn. 28 a; zur Rolle der kommunalen Selbstverwaltung bei der Realisierung der »E-Daseinsvorsorge« auch *Schulz*, in: Schliesky (Hrsg.), Selbstverwaltung im Staat der Informationsgesellschaft (Fn. 8), S. 101 ff.
790 *Lepsius*, in: Fehling/Ruffert (Fn. 398), § 4 Rn. 95; *Kugelmann*, VerwArch 95 (2004), 515 (521).

tung des Art. 87 f GG bezieht sich allerdings nur auf die explizit genannte »Minimalgarantie« flächendeckender, angemessener und ausreichender Dienstleistungen im Bereich der Telekommunikation. Was insoweit im Einzelnen erforderlich ist, unterliegt der Einschätzungsprärogative des Gesetzgebers[791]; Art. 87 f GG dürfte – in verfassungsgemäßer Weise – insofern von der Universaldienstverpflichtung der §§ 78 ff. TKG ausgefüllt sein. Eine weitergehende Infrastrukturverantwortung des Staates ausgehend vom objektiven Gehalt der (Online-)Grundrechte oder über das Sozialstaatsprinzip, die z. B. breitbandiges Internet oder perspektivisch bestimmte mobile Dienstleistungen erfasst, wird von Art. 87 f GG nicht ausgeschlossen[792]; allerdings dürfte die Vorschrift hinsichtlich der Erfüllungsmodalitäten ebenfalls Anwendung finden.

Die Vorgabe des Art. 87 f GG ist aus mehreren Gründen aber auch ambivalent zu bewerten: Einerseits betont sie durch die unmittelbar und explizit formulierte Gewährleistungsverpflichtung die besondere Bedeutung der Telekommunikation, zugleich verhindert diese ausdrückliche Normierung den Blick auf andere, ggf. weitergehende Begründungsansätze. Andererseits ist das Privatwirtschaftlichkeitsgebot grundsätzlich zu begrüßen; sinnvolle staatliche Maßnahmen neben dem definitiv unzulässigen »verwaltungsmäßigen, unmittelbar daseinsvorsorgerisch motivierten Netzbetrieb durch den Staat oder Kommunen selbst«[793] sind aufgrund dessen jedoch einer erhöhten Rechtfertigungsbedürftigkeit ausgesetzt.

In erster Linie wird Art. 87 f GG also durch gesetzliche Regelungen zur Regulierung des Marktes und zu seiner Beaufsichtigung realisiert[794]; dennoch geht es nicht ausschließlich um hoheitliche Eingriffsverwaltung[795]. Statthaft sind vielmehr auch Formen der indirekten (externen) Steuerung durch finanzielle Förderung[796]. Als eine zulässige (d. h. vom Gebot privatwirtschaftlicher Leistungserbringung nicht erfasste, aber am EU-Beihilfenregime zu messende) Form eines verwaltungsmäßigen Netzausbaus wird man es daher ansehen können, wenn der Staat oder eine Kommune Übertragungswege, die der Markt nicht bereitstellt, in Eigenregie errichtet, nicht um diese dann selbst technisch zu betreiben und auf ihnen Telekom-

791 *Remmert*, in: Epping/Hillgruber (Fn. 424), Art. 87 f Rn. 8.
792 So ausdrücklich auch *v. Lewinski*, RW 2011, 70 (73 f.).
793 *Möstl*, in: Maunz/Dürig (Fn. 2), Art. 87 f Rn. 33.
794 *Remmert* (Fn. 791), Art. 87 f Rn. 9.
795 *Möstl* (Fn. 793), Art. 87 f Rn. 77.
796 *Cornils*, AöR 131 (2006), 377 (411 ff.).

munikationsdienstleistungen anzubieten, sondern um diese (im Wege der Vermietung, Veräußerung oder auf sonstige Weise) einem Betreiber und Anbieter zur Verfügung zu stellen, der seinerseits dem Privatwirtschaftlichkeitsgebot genügt[797]. Hinzu kommen vormals eher als randständig betrachtete Regulierungsinstrumente, etwa die Frequenzordnung; so wurde die Versteigerung des aus der »Digitalen Dividende« hervorgegangenen Frequenzspektrums ausdrücklich an Versorgungsauflagen in Bezug auf den bislang unterversorgten ländlichen Raum geknüpft[798]. Auch die EU drängt die Mitgliedstaaten, ihre Breitbandstrategien und Förderaktivitäten zu einer regelrechten »Breitbandplanung« auszubauen[799]. Auf diese Weise halten Elemente der staatlichen Planung und Bezuschussung Eingang ins Telekommunikationsrecht, die in anderen Regulierungssektoren (z. B. Schienenwegeausbauplanung) üblich sind, während der (einer Netzzugangsregulierung logisch vorgelagerte) Gesamtkomplex der Netzausbau- und Netzinfrastrukturregulierung im TKG bislang nur unzureichend ausgeprägt ist[800].

Je mehr weitere Dienstleistungen (Breitband, mobile Dienste etc.) zu einer als unverzichtbar empfundenen Grundversorgung werden[801], desto mehr besteht ausgehend von Art. 87 f GG eine Verpflichtung, durch geeignete Maßnahmen – und sei es auch außerhalb des Universaldienstkonzepts – auf einen ausreichenden Versorgungsgrad hinzuwirken. Aber auch jenseits dieses Bereichs folgt aus Art. 87 f GG eine Direktive, in einer zukunftsgerichteten Weise neue Technologien, die vielleicht erst in einigen Jahren zum Standard werden (z. B. Next Generation Networks[802]), bereits

---

797 *Stephan*, Die wirtschaftliche Betätigung der Gemeinden auf dem privatisierten Telekommunikationsmarkt, 2009, S. 107 f.

798 *Möstl* (Fn. 793), Art. 87 f Rn. 80; s. auch *Böhm*, Konzeptionelle Frequenzplanung im Telekommunikationsrecht, 2010.

799 Mitteilung der Kommission »European Broadband: investing in digitally driven growth«, COM (2010) 472, S. 6 ff.; s. auch bereits »Digitale Agenda«, KOM (2010) 245 endg/2, S. 25. Die EU selbst trifft lediglich eine Verpflichtung, »zum Auf- und Ausbau transeuropäischer Netze« beizutragen; vgl. Art. 170 Abs. 1 AEUV. Zur konkreten Reichweite *Calliess*, in: ders./Ruffert (Hrsg.), EUV/AEUV, 4. Aufl. 2011, Art. 170 AEUV Rn. 11 f.

800 *Möstl* (Fn. 793), Art. 87 f Rn. 80; *Höppner*, Die Regulierung der Netzstruktur, 2009, S. 396.

801 *Möstl* (Fn. 793), Art. 87 f Rn. 72.

802 *Kühling*, WiVerw 2010, 135 ff.; *Fetzer*, WiVerw 2010, 145 ff.

in der Gegenwart entsprechend zu fördern und einer geeigneten Regulierung zuzuführen (Optimierungsgebot)[803].

c) Beispiel: Schranken des Art. 11 Abs. 2 GG als Schranken der Online-Freizügigkeit

Die klassische Freizügigkeit weist von ihrer Struktur deutliche Parallelen zu einer Online-Freizügigkeit auf, da beide die freie Bewegung in einem Raum, sei er real oder virtuell, sichern. Die Vergleichbarkeit virtueller und herkömmlicher Räume besteht vor allem in ihrer Bedeutung für die Persönlichkeitsentfaltung und für die demokratische Willensbildung. Auch wenn es angesichts der Auffangwirkung des Art. 2 Abs. 1 GG, der allgemeinen Online-Handlungsfreiheit, die auch eine Online-Freizügigkeit beinhaltet, nicht erforderlich ist, den Schutzbereich des Art. 11 GG erweiternd auf Internetsachverhalte auszudehnen, erscheint eine Debatte, ob nicht die Schranken des Freizügigkeitsrechts (zulässig sind Eingriffe zum Schutz der freiheitlichen demokratischen Grundordnung, der Jugend vor Verwahrlosung, zur Bekämpfung einer Seuchengefahr sowie bei besonderen Lasten der Allgemeinheit) weitaus besser auch auf Eingriffe in die Online-Handlungsfreiheiten passen als der allgemeine Schrankenvorbehalt des Art. 2 Abs. 1 GG, durchaus zielführend[804]. »Obwohl die Schrankenbestimmungen der Freizügigkeit deutlich von den Problemen der unmittelbaren Nachkriegszeit geprägt sind, passen sie überraschend gut auf Internetsachverhalte, teilweise auch besser als die des Art. 5 GG. So würde über den Schutz der freiheitlichen demokratischen Grundordnung extremistische Propaganda abgedeckt werden. Die Beschränkbarkeit bei besonderen Lasten der Allgemeinheit würde eine Fair Use-Policy etwa hinsichtlich der Bandbreitennutzung ermöglichen. Der Schutz der Jugend vor Verwahrlosung würde besser als der bloße Jugendschutz des Art. 5 Abs. 2 GG die Bekämpfung der Kinderpornographie erfassen. Und die Seuchengefahr

---

803 *Möstl* (Fn. 793), Art. 87 f Rn. 72.
804 Soweit ersichtlich, ist dieser Gedanke bisher lediglich von *v. Lewinski*, RW 2011, 70 (93), aufgeworfen worden. Er verweist in diesem Kontext auf die vergleichbare Diskussion zur Erfassung virtueller Räume durch das Wohnungsgrundrecht des Art. 13 GG; dazu unten Gliederungspunkt III. 24.

lässt – wenngleich nur im übertragenen Sinne – die Bekämpfung von Computerviren als Schrankenbestimmung möglich erscheinen.«[805]

23. Berufsfreiheit (Art. 12 Abs. 1 GG)

Eine enge Verbindung der Berufsfreiheit aus Art. 12 Abs. 1 GG zum Internet besteht zunächst hinsichtlich derjenigen Personengruppe, deren berufliche Tätigkeiten originär auf das Internet angewiesen sind, also Berufe und Branchen, deren Existenz das Internet erst hervorgebracht hat. Dies gilt für die Provider, für die Betreiber sozialer Netzwerke, von Videoplattformen, Online-Shops und viele mehr. Ein aktuelles Beispiel für die erheblichen Auswirkungen auf berufliche Tätigkeiten sind die Maßnahmen, die *Google* gegen Suchmaschinenoptimierer ergriffen hat[806]. Websites, deren Betreiber sich durch Verlinkungen und Werbung auf ordnungsgemäße Art und Weise finanzieren und entgegen der Annahmen der Software die Suchalgorithmen nicht »auszutricksen« versuchen, können so unbeabsichtigterweise in den beruflichen und finanziellen Ruin getrieben werden[807]. Im Fokus der Betrachtung sollen jedoch die Nutzer und deren Online-Freiheiten stehen, sodass anbieterbezogenen Maßnahmen (z. B. die Verpflichtung zur Kennzeichnung von Homepages[808], zur Einführung von Altersverifikationssystemen[809] oder die Sperrung von Homepages[810]) an dieser Stelle ausgeblendet bleiben.

a) Nutzerbezogene Perspektive

Die Bedeutung des Internets für die Berufsfreiheit reicht über die anbieterbezogene Perspektive hinaus: Für eine breite Masse beruflicher Tätigkei-

---

805 *V. Lewinski*, RW 2011, 70 (93).
806 Zuletzt auf den Markt kam hierzu die Software »Panda 4.0«.
807 So soll der Norddeutsche Rundfunk 20 Prozent seines *Google*-Ranks infolge von Panda 4.0 verloren haben und auch Bloggingplattformen wie z. B. MetaFilter sind erheblichen Verlusten ausgesetzt, vgl. zum Ganzen http://www.welt.de/wirtschaft/webwelt/article128358203/Macht-Google-jetzt-das-Internet-kaputt.html.
808 Bspw. in Form der Impressumspflichten nach dem TMG; dazu *Schulte*, CR 2004, 55 ff.; *Klute*, MMR 2003, 107 f.
809 Dazu *Engels/Jürgens*, NJW 2008, 1887 f.; *Liesching*, MMR 2008, 802 ff.
810 Dazu bereits oben Gliederungspunkt III. 4. c) sowie III. 16. d).

ten ist die Nutzung des Internets und seiner Informations-, Weiterleitungs-, Werbe- und sonstigen Möglichkeiten nicht mehr aus dem Alltag wegzudenken; auch diese Nutzungsformen werden insofern von der Berufsfreiheit des Art. 12 Abs. 1 GG grundrechtlich abgesichert[811].

Betrachtet man eine generische Wertschöpfungskette, zeigt sich recht schnell, dass IT und Internet auf allen Ebenen und für eine Vielzahl von Unternehmen mittlerweile entscheidende Funktionen wahrnehmen[812]. Selbst bei der Berufswahlentscheidung vieler junger Menschen ist das Internet kaum wegzudenken: Nicht nur die Information[813] und Stellenvermittlung erfolgt online[814], vielmehr gehen zahlreiche Unternehmen mittlerweile zur ausschließlich elektronischen Bewerbung über[815]. Über die Online-Berufsfreiheit sind demnach sowohl die Jobsuche über Internetportale, Online-Bewerbungsverfahren als auch die Nutzung von Internetangeboten zur Werbung, Information oder des Vertriebs im Zuge der Berufsausübung geschützt. Da Art. 12 Abs. 1 GG über den Wortlaut hinaus nicht allein die freie Wahl der Ausbildungsstätte, sondern die gesamte Freiheit der berufsbezogenen Ausbildung, insbesondere das Studium oder die Teilnahme am Unterricht sowie an Prüfungen gewährleistet[816], kommen ggf. auch eine internetgestützte Fernausbildung, ein Online-Fernstudium oder Online-Lehrgänge im Bereich der Online-Berufsfreiheit in Betracht[817].

---

811 Zutreffend *v. Lewinski*, RW 2011, 70 (80, 84).
812 *Cronin*, Doing More Business on the Internet, 1995, S. 55 ff.; *Alpar*, Kommerzielle Nutzung des Internet – Unterstützung von Marketing, Produktion, Logistik und Querschnittsfunktionen durch Internet, Intranet und kommerzielle Online-Dienste, 2. Aufl. 1998, S. 217 ff.
813 Beispiel: http://www.ich-bin-gut.de.
814 Beispiel: http://jobboerse.arbeitsagentur.de.
815 Zu Einsatzmöglichkeiten im öffentlichen Dienst *Hartmann/Nöllenburg*, ZBR 2007, 242 ff.
816 *Jarass* (Fn. 109), Art. 12 Rn. 93, 95.
817 Vgl. insoweit auch die Ausführungen zur Online-Wissenschafts- und -Lehrfreiheit unter Gliederungspunkt III. 15. sowie zu »Online-Schulen« unter Gliederungspunkt III. 17.

b) Beispiel: Berufsbedingte Verpflichtung zur Nutzung elektronischer
   Kommunikationsmittel

Vielfach existieren bereits einfachgesetzliche Normen, die Vorgaben zur
Nutzung bestimmter Kommunikationsdienste machen und so die Berufsfreiheit tangieren können. Als Beispiel soll im Folgenden die Rechtsanwaltschaft herangezogen werden, welche durch das Gesetz zur Förderung
des elektronischen Rechtsverkehrs mit den Gerichten[818] spätestens ab dem
1.1.2022 zur ausschließlichen Nutzung elektronischer Mittel für die Kommunikation mit den Gerichten verpflichtet wird. Der neue § 130a ZPO erweitert und vereinfacht den elektronischen Zugang zu den Gerichten.
Während der private Rechtsverkehr weitgehend über elektronische Kom-
munikationswege abgewickelt werde, kommunizieren im Gegensatz dazu
Bürger und Justiz sowie Rechtsanwaltschaft und Justiz bisher nahezu ausschließlich in Papierform. Als Gründe können die mangelhafte Etablierung der qualifizierten elektronischen Signatur auf der einen sowie die un-
zureichende Bundeseinheitlichkeit für das Einreichen elektronischer Do-
kumente, also Rechtsunsicherheit bezüglich der elektronischen Kommunikation mit den Gerichten auf der anderen Seite, herangezogen werden[819].
§ 130a Abs. 4 ZPO stellt hierfür verschiedene Möglichkeiten zur Realisierung einer sicheren Dokumentenübermittlung anheim. Neben der De-Mail,
dem elektronischen Gerichts- und Verwaltungspostfach EGVP sowie weiteren, mittels Rechtsverordnung als rechtssicher anzuerkennenden Kom-
munikationsmöglichkeiten, zu denen auch der E-Postbrief der Deutschen
Post AG zu zählen sein wird, nennt § 130a Abs. 4 Nr. 2 ZPO ein noch ein-
zurichtendes besonderes elektronisches Anwaltspostfach[820] (beAP) als
einen solchen sicheren Weg.

   Derartige gesetzlich begründete Nutzungspflichten elektronischer Kommunikationsmittel können mit dem Recht auf Berufsfreiheit nach Art. 12
Abs. 1 GG nicht vereinbar und damit verfassungswidrig sein. Allerdings
ist zu beachten, dass die Beeinträchtigung durch die Pflicht zur Benutzung
der zum elektronischen Rechtsverkehr erforderlichen Infrastruktur sowie
deren Finanzierung lediglich die Berufsausübungsfreiheit betrifft und somit bereits vernünftige Erwägungen des Allgemeinwohls als ausreichend

---

818 Kurz: FördElRV vom 10.10.2013 (BGBl I, S. 3786).
819 BT-Drucks 17/12634, S. 24.
820 *Hoffmann/Borchers*, CR 2014, 62 ff.; *Müller-Teckhof*, MMR 2014, 95 (97).

erachtet werden[821]. Auf der einen Seite ist die Schwere des Eingriffs nicht besonders intensiv, da zum einen eine relativ lange Übergangsfrist bis zum 1.1.2022[822] existiert und zum anderen die meisten Rechtsanwälte oder Kanzleien die erforderliche Infrastruktur bereits heute vorweisen und daher der Gesamtinvestitionsbedarf als gering einzustufen sein wird. Darüber hinaus ergeben sich aus der Besonderheit des Rechtsanwalts als freier Beruf nach § 2 Abs. 1 BRAO i. V. m. § 1 Abs. 2 Satz 1 PartGG und der speziellen Stellung als Organ der Rechtspflege[823] besondere Vorgaben. Neben der Interessenvertretung des Mandanten nimmt der Rechtsanwalt mit der Rechtspflege eine öffentliche Aufgabe im gerichtlichen Prozess wahr[824]. Die Unabhängigkeit gemäß § 1 BRAO und der Grundsatz der freien Advokatur sind also nicht schrankenlos. Vielmehr tritt der Rechtsanwalt an die Seite der Gerichte und der Staatsanwaltschaft. Folge dieser Doppelstellung sind spezielle Vorgaben, die sich z. B. in dem nur langsam abbauenden Werbeverbot für Anwälte äußern[825]. Dem gegenüber stehen die gesetzgeberische Intention im Sinne einer staatlichen Zielbestimmung, die elektronische Kommunikation möglichst effektiv durchzusetzen, die Vereinfachung sowie die Beschleunigung des Rechtsverkehrs[826], von der letztlich auch der Bürger profitiert.

---

821 Vgl. statt Vieler *Ipsen*, Staatsrecht II, 16. Aufl. 2013, Rn. 653.

822 Art. 26 Abs. 7 FördElRV.

823 Sowohl Geeignetheit als auch Zeitgemäßheit der Beschreibung der Rechtsanwaltschaft als Organ der Rechtspflege sind umstritten, vgl. dazu *Westpfahl*, in: Blaurock/Bomkamm/Kirchberg (Hrsg.), FS Krämer, 2009, S. 149 (151 ff.).

824 Gem. BVerfG, NJW 1975, 103 ff. ist der Beruf des Rechtsanwalts »ein staatlich gebundener Vertrauensberuf«.

825 BVerfGE 94, 372 (392 f.) für Apotheker; zuvor bereits BVerfG, NJW 1988, 194 ff. zu einem vermeintlichen Verstoß gegen das Werbeverbot gemäß dem damaligen § 2 Abs. 2 der Grundsätze des anwaltlichen Standesrechts (§ 43 i. V. m. § 177 Abs. 2 Nr. 2 BRAO a. F.), welches durch das Gericht schon wegen mangelnder Rechtsgrundlage als ungerechtfertigter Eingriff in Art. 12 Abs. 1 GG gewertet wurde. Daraufhin wurde mit § 43 b BRAO eine Vorschrift etabliert, nach der Werbung dem Rechtsanwalt nur erlaubt ist, soweit sie über die berufliche Tätigkeit in Form und Inhalt sachlich unterrichtet und nicht auf die Erteilung eines Auftrags im Einzelfall gerichtet ist. Weitere Einschränkungen betreffen bspw. die Verpflichtung, vor Gericht die Amtstracht zu tragen, BVerfGE 28, 21 (31), oder das Verbot, mehrere Beschuldigte zu verteidigen, BVerfGE 39, 156 (164 f.).

826 Vgl. auch BT-Drucks 17/12634, S. 20 ff.

24. Unverletzlichkeit der Wohnung (Art. 13 GG)

Das Schutzgut des Art. 13 Abs. 1 GG in Form der Unverletzlichkeit der Wohnung ist die räumliche Sphäre, in der sich das Privatleben entfaltet[827]. Dabei erschöpft sich der Grundrechtsschutz nicht in der Abwehr eines körperlichen Eindringens in die Wohnung. Als Eingriff in den Schutzbereich sind auch Maßnahmen anzusehen, durch die sich staatliche Stellen mit besonderen Hilfsmitteln einen Einblick in Vorgänge innerhalb der Wohnung verschaffen, die der natürlichen Wahrnehmung von außerhalb des geschützten Bereichs entzogen sind. Dazu gehört nicht nur die akustische oder optische Wohnraumüberwachung[828], sondern z. B. auch die Messung elektromagnetischer Abstrahlungen, mit der die Nutzung eines informationstechnischen Systems in der Wohnung überwacht werden kann. Der Gewährleistungsgehalt ist selbstverständlich berührt, wenn zwecks Beschlagnahme oder Manipulation eines informationstechnischen Endgerätes physisch in die Wohnung eingedrungen wird oder ein solches Gerät so infiltriert wird, dass mit dessen Hilfe Vorgänge innerhalb der Wohnung, z. B. über eine installierte Kamera beobachtet oder abgehört werden können[829]. Art. 13 Abs. 1 GG vermittelt dem Einzelnen allerdings keinen generellen, von den Zugriffsmodalitäten unabhängigen Schutz gegen die Infiltration eines informationstechnischen Systems, auch wenn sich dieses System in einer Wohnung befindet[830].

a) Fehlende Online-Dimension des Art. 13 GG

Insofern ist – wie auch im Kontext des Art. 10 GG und beim Grundrecht auf Gewährleistung der Vertraulichkeit und Integrität informationstechnischer Systeme – zwischen den geschützten Inhalten (die immer dem Recht auf informationelle Selbstbestimmung unterliegen) und der geschützten Infrastruktur im Sinne eines Systemschutzes zu differenzieren. Dieser

---

827 Vgl. BVerfGE 89, 1 (12); 103, 142 (150 f.); BVerfG, ZUM 2008, 301 (312).
828 Vgl. BVerfGE 109, 279 (309, 327); BVerfG, ZUM 2008, 301 (312).
829 BVerfG, ZUM 2008, 301 (312).
830 BVerfG, ZUM 2008, 301 (312), unter Verweis auf *Beulke/Meininghaus*, StV 2007, 63 (64); *Gercke*, CR 2007, 245 (250); *Schlegel*, GA 2007, 648 (654 ff.); a. A. etwa *Buermeyer*, HRRS 2007, 392 (395 ff.); *Rux*, JZ 2007, 285 (292 ff.); *Schaar/Landwehr*, K&R 2007, 202 (204).

wird entweder von Art. 10 GG (im Falle des Kommunikationsbezugs), von Art. 2 Abs. 1 GG in Form des Rechts auf Gewährleistung der Vertraulichkeit und Integrität informationstechnischer Systeme oder Art. 13 GG in Form eines räumlichen Rückzugsbereichs vermittelt. Angesichts der Vorfeldwirkungen dieses Systemschutzes[831] müssen Eingriffe jeweils an beiden Grundrechten gemessen werden (da unterschiedliche Schutzobjekte erfasst werden). Der besondere Infrastruktur- bzw. Systemschutz lässt sich ausgehend von der Bedeutsamkeit für die Persönlichkeitsentfaltung begründen; dieser Zweck begrenzt aber wiederum auch den Schutzbereich. Diese Sichtweise steht zudem in Übereinstimmung mit der Rechtsprechung des BVerfG zum absolut geschützten Kernbereich, der sich unabhängig vom Systemschutz – sei er aus Art. 10, Art. 2 Abs. 1 oder auch Art. 13 GG ableitbar – mit den erhobenen Inhalten rechtfertigen lässt und daher seine Grundlage in Art. 2 Abs. 1 GG, ggf. in Verbindung mit Art. 1 Abs. 1 GG, findet.

	Daten / Inhalte	Infrastruktur
Räumliche Infrastruktur	**Art. 2 Abs. 1 GG** ggf. beim Menschenwürdegehalt i. V. m. Art. 1 Abs. 1 GG	Art. 13 Abs. 1 GG Begrenzung des Systemschutzes auf Wohnräume
Telekommunikations-infrastrukturen	**Art. 2 Abs. 1 GG** ggf. beim Menschenwürdegehalt i. V. m. Art. 1 Abs. 1 GG	Art. 10 Abs. 1 GG Begrenzung des Systemschutzes auf die Kommunikation zwischen zwei Personen
Computerinfrastruktur	**Art. 2 Abs. 1 GG** ggf. beim Menschenwürdegehalt i. V. m. Art. 1 Abs. 1 GG	Art. 2 Abs. 1 GG (Grundrecht auf Vertraulichkeit und Integrität informationstechnischer Systeme) Begrenzung des Systemschutzes auf komplexe Systeme, die auch personenbezogene Daten enthalten

Eingriffe in im Internet geschaffene virtuelle Privatbereiche aktivieren nicht den Gewährleistungsgehalt des Art. 13 Abs. 1 GG. Selbst wenn hier geschützte Bereiche angelegt werden, die z. B. wie ein zugangslimitierter Chatroom in kommunikativer Hinsicht den gleichen Zwecken dienen mögen wie das eigene Wohnzimmer, genießen diese virtuellen Rückzugsbereiche keinen Grundrechtsschutz über das spezielle Freiheitsrecht der Unverletzlichkeit der Wohnung. Über Art. 13 GG soll vielmehr der tatsächliche Rückzugsraum des Einzelnen gewährleistet werden, in den sich der

---

831 *Luch*, MMR 2011, 75 (75).

Betroffene begibt und auf dessen gegenständliche Unversehrtheit er vertrauen können muss. Das Internet als »virtuelle Welt ohne Mauern und Türen« kann keinesfalls die gleichen Funktionen erfüllen oder dieselben tatsächlich begründeten Schutzerwartungen erzeugen. Eine unmittelbare Online-Dimension des Grundrechts aus Art. 13 Abs. 1 GG scheidet infolgedessen aus.

b) Beispiel: Online-Durchsuchung

Die fehlende Online-Dimension lässt sich am Beispiel der Online-Durchsuchung zeigen. Als Online-Durchsuchung wird ein »heimlicher Zugriff auf informationstechnische Systeme unter Einsatz technischer Mittel« beschrieben[832]. In der Regel wird dabei das informationstechnische System des Betroffenen mittels einer speziellen Software infiltriert, die ein anschließendes Überwachen des Nutzungsverhaltens des Betroffenen ermöglicht[833].

Auch wenn es naheliegt, hier ebenso wie bei einer klassischen Wohnungsdurchsuchung, bei der die Ermittlungsbehörden die Wohnung betreten und das Endgerät des Betroffenen beschlagnahmen, einen Eingriff in Art. 13 GG anzunehmen[834], gibt es entscheidende Unterschiede. Zwar handelt es sich jeweils um das »ziel- und zweckgerichtete Suchen staatlicher Organe nach Personen oder Sachen oder zur Ermittlung eines Sachverhalts, um etwas aufzuspüren, was der Inhaber der Wohnung nicht von sich aus offenlegen oder herausgeben will«[835], und damit um eine Durch-

---

832 Gesetz über den Verfassungsschutz in Nordrhein-Westfalen v. 20.12.1994 in der Fassung vom 20.12.2006 (GVOBl NW, S. 620).

833 Vgl. zur Technik sowie den damit verbundenen Eingriff in das Grundrecht auf Gewährleistung der Vertraulichkeit und Integrität informationstechnischer Systeme bereits Gliederungspunkt III. 3. c) aa).

834 So vor der Entscheidung des BVerfG zur Online-Durchsuchung: *Buermeyer*, in: Sankol (Hrsg.), Persönlichkeit im Netz: Sicherheit – Kontrolle – Transparenz, S. 11 ff.; *Bizer*, DuD 2007, 640; *Buermeyer*, HRRS 2007, 329 (332 ff.); *Hornung*, DuD 2007, 575 (577 f.); *Kutscha*, NJW 2007, 1169 (1170 f.); *Roßnagel*, DRIZ 2007, 229 (230); *Valerius*, JR 2007, 275 (280); auch nach der Entscheidung des BVerfG an dieser Sichtweise festhaltend: *Hornung*, CR 2008, 299 (301); *Sachs/Krings*, JuS 2008, 481 (483).

835 BVerwGE 47, 31 (37); 121, 345 (349); auch BVerfGE 51, 97 (106 f.); sowie *Gentz*, Die Unverletzlichkeit der Wohnung, S. 52 ff., 129 ff.; *Hermes*, in: Dreier (Fn. 47), Art. 13, Rn. 44; *Wißmann*, JuS 2007, 324 (326).

suchung. Der Unterschied besteht jedoch darin, dass die Wohnung bei der Online-Durchsuchung nicht physisch betreten, sondern das informationstechnische System aus der Ferne »durchsucht« wird.

Art. 13 GG ist jedoch nicht in der Lage ist, die spezifische Gefährdung der Online-Durchsuchung für informationstechnische Systeme (bzw. für deren Nutzer) abzuwehren, da der Zugriff unabhängig vom Standort erfolgen kann. Ein raumbezogener Schutz hilft hier nicht weiter[836]. Zugriffe können schließlich nicht nur auf fest in der Wohnung stehende, sondern heutzutage vor allem auch auf mobile Endgeräte erfolgen.

Je nachdem, ob sich das überprüfte System im Moment der Überwachung innerhalb oder außerhalb der Wohnung befindet, würde sich entscheiden, ob Art. 13 Abs. 1 GG betroffen ist. Andere Maßstäbe anzusetzen, wenn sich die betroffene Person zum Zeitpunkt der Überprüfung nicht innerhalb der Wohnung befindet, ist jedoch nicht zielführend. Auch außerhalb vertraut man auf die Integrität seines Systems und auch die auf dem System gespeicherten Daten sind innerhalb wie außerhalb der Wohnung identisch. Die Unkenntnis über den Standort des Zielsystems führt zudem zu erheblichen Abgrenzungsschwierigkeiten in der Praxis, da die Ermittlungsbehörden nicht wissen können, welchen Schranken ihre Handlungen unterliegen. Gegen diese Abgrenzungsschwierigkeiten ist bisher kein schlagkräftiges Argument hervorgebracht worden. Weder der Vorschlag einer Analogie von Art. 13 Abs. 1 GG auf »virtuelle Räume«[837] noch die Aussage, dass sich der PC ohnehin meist innerhalb der Wohnung befinde[838], sind überzeugend.

25. Eigentumsrecht (Art. 14 GG)

Im Bereich des Art. 14 Abs. 1 GG besteht eine besondere Wechselwirkung zwischen Verfassung und einfachem Recht. Zu den schutzfähigen Rechtspositionen im Sinne des Art. 14 Abs. 1 GG gehören alle vermögenswerten

---

836 BVerfGE 120, 274 (310); zustimmend *Heckmann* (Fn. 239), S. 615 (624 ff.); *Böckenförde*, JZ 2008, 925 (926 f.); *Eifert*, NVwZ 2008, 521 (521); *Albers*, DVBl 2010, 1061 (1065); *Gurlit*, NJW 2010, 1035 (1037); in diesem Sinne auch *Lorenz*, in: Scholz (Hrsg.), Realitätsprägung durch Verfassungsrecht, S. 17 (22 f.).

837 *Rux*, JZ 2007, 285 (294); dazu kritisch *Heckmann* (Fn. 239), S. 615 (622); *Böckenförde*, JZ 2008, 925 (926).

838 *Buermeyer*, HRRS 2007, 329 (334).

Rechte, die das bürgerliche Recht einem privaten Rechtsträger als Eigentum zuordnet, die durch privatrechtliche Normen dem Einzelnen also so »zugeordnet sind, dass er die damit verbundenen Befugnisse nach eigenverantwortlicher Entscheidung zu seinem privaten Nutzen ausüben darf«[839]. Darunter fallen neben dem Eigentum im Sinne des Zivilrechts auch alle anderen dinglichen Rechte sowie Ansprüche und Forderungen des Privatrechts[840]. Auch die vermögenswerten Aspekte des geistigen Eigentums[841] und des Persönlichkeitsrechts sind erfasst. Die Rechtspositionen genießen – soweit sie nicht verkörpert sind – unabhängig davon Schutz, über welches Medium sie verbreitet oder, wie insbesondere im Internet im Bereich von Marken und Urheberrechten typisch, unberechtigt von dritter Seite beeinträchtigt werden. Es handelt sich dennoch nicht um ein besonderes »Online-Eigentum«. Ergänzende Bedeutung besitzt Art. 14 GG hinsichtlich des eingerichteten und ausgeübten Gewerbebetriebs, soweit die digitale Dimension des Art. 12 Abs. 1 GG keinen hinreichenden Schutz bietet[842].

a) Beispiel: Virtuelle Gegenstände

Eine originalgetreue Abbildung des realen Lebens, also einschließlich eigentumsähnlicher Positionen, stellt das Angebot *Second Life* dar, das seit seiner Gründung im Jahre 2003 mittlerweile an Bedeutung verloren hat. Es hat rund 28 Millionen registrierte Benutzerkonten, rund um die Uhr sind meist 35.000 bis 60.000 Nutzer gleichzeitig in das System eingeloggt[843]. Während dieser Dienst auf eine »Eins-zu-eins-Abbildung« der analogen Welt zielte, gewinnen zunehmend Online-Games an Bedeutung, die fiktive Charaktere und »Welten« beinhalten – allen voran der Dienst *World of Warcraft*. Dabei handelt es sich um ein Massen-Mehrspieler-Online-Rollenspiel, das mit mehr als einer Milliarde Dollar Umsatz jährlich[844] eines der lukrativsten Unterhaltungsmedien ist; zu Höchstzeiten

---

839 BVerfGE 112, 93 (107); 97, 350 (371); 123, 186 (258).
840 BVerfGE 68, 183 (222); 83, 201 (208 f.); 112, 93 (107); BGHZ 160, 197 (200).
841 BVerfGE 31, 229 (238 ff.).
842 In diese Richtung auch *v. Lewinski*, RW 2011, 70 (84).
843 http://de.wikipedia.org/wiki/Second_Life.
844 http://de.wikipedia.org/wiki/World_of_Warcraft.

hatte das Spiel zwölf Millionen Abonnenten[845], die ein monatliches Entgelt von ca. zehn Euro zahlen[846]. Unter dem Blickwinkel des Art. 14 GG ist von Interesse, dass in diesen Online-Spielen zunehmend Handel mit »virtuellen Gütern«[847] – Objekte, die allein in einer virtuellen Umgebung, etwa in einem Computerspiel, existieren und dort einer vom Spieler gesteuerten Figur zugeordnet sind[848] – betrieben wird. Auf Auktionsplattformen wie *eBay* und zahlreichen spezialisierten Webseiten wie *IGE* oder *gameusd* kaufen und verkaufen Spieler Ausrüstungsgegenstände aus Online-Spielwelten gegen Entgelt; einige Unternehmen beschäftigen gar Spieler, die rund um die Uhr derartige Gegenstände oder Münzen einer Spielwährung sammeln[849]. Der mit derartigen Gütern erzielte Umsatz lag im Jahr 2012 weltweit bei 14 Milliarden Dollar.

Für eine Einordnung in den Kontext des Eigentumsschutzes des Art. 14 GG ist weniger die schuldrechtliche Seite von Interesse als die Frage, ob auch absolute Rechtspositionen an derartigen virtuellen Gegenständen denkbar sind. Unbestritten können die Nutzer untereinander über mannigfaltige Leistungen Verträge abschließen: »So kann ein Avatar einem anderen Avatar sein Schwert leihweise zum Kampf überlassen. Es kann ein Avatar mit der Errichtung eines virtuellen Hauses auf einem virtuellen Grundstück beauftragt werden, Nutzer bieten anderen Nutzern das Hochspielen von Charakteren an, oder verkaufen virtuelle Kleidungsstücke für Avatare.«[850] Hier bietet es sich an, die Regeln entsprechend der im BGB geregelten Vertragstypen heranzuziehen[851]. Soweit der Nutzer einem anderen Nutzer einen virtuellen Gegenstand verkauft, greifen also die Regeln des Rechtskaufes analog. Der Veräußerer hat die Verpflichtung, dem Erwerber das Nutzungsrecht an dem veräußerten virtuellen Gegenstand tatsächlich einzuräumen, sei es durch Übergabe oder Besitzeinräumung im virtuellen Bereich oder durch Übertragung des Accounts und der zugehörigen Zugangsdaten, mittels derer auf den virtuellen Gegenstand Zugriff

---

845 http://de.statista.com/statistik/daten/studie/208146/umfrage/anzahl-der-abonnenten-von-world-of-warcraft.

846 Darüber hinaus bietet der Betreiber »Blizzard« kostenpflichtige Dienste an. So ist es möglich, gegen Bezahlung einen Charakter auf einen anderen Account zu transferieren.

847 Vgl. dazu *Lutzi*, NJW 2012, 2070 ff.; *Spindler*, ZGE/IPJ 3 (2011), 129 ff.

848 *Lutzi*, NJW 2012, 2070 (2070).

849 Vgl. *Lastowka*, Virtual Justice – The New Laws of Online Worlds, 2010, S. 22 ff.

850 *Rippert/Weimer*, ZUM 2007, 272 (278).

851 *Rippert/Weimer*, ZUM 2007, 272 (278).

genommen werden kann[852]. Ebenso sind diese Vorgänge in der realen Welt einzustufen, bei denen virtuelle Güter oder Leistungen verkauft oder angeboten werden[853].

Demgegenüber können virtuelle Gegenstände nicht als »Sachen« eingeordnet werden. Nach der Legaldefinition des § 90 BGB sind vom Sachbegriff nur körperliche Gegenstände erfasst. Körperliche Gegenstände müssen im Raum abgrenzbar sein, entweder durch die eigene körperliche Begrenzung oder durch sonstige künstliche Mittel[854]. »Diese Abgrenzbarkeit ist bei virtuellen Gegenständen nicht gegeben. Sie sind insoweit mit Computerdaten vergleichbar. Da die virtuellen Gegenstände nicht auf einem Datenträger verkörpert werden, ist aber die Rechtsprechung, die bei einer Verkörperung von Computerdaten Sachqualität bejaht, nicht heranziehbar.«[855] Im virtuellen Bereich kann der Nutzer, ausgehend von den jeweiligen Nutzungsbestimmungen, virtuelles Eigentum erlangen[856]. In der realen Welt setzt (zivilrechtliches) Eigentum aber begrifflich das umfassende Recht zu tatsächlichen und rechtlichen Herrschaftshandlungen, das die Rechtsordnung an einer beweglichen oder unbeweglichen Sache zulässt, voraus[857]. Es verlangt eine absolute Position im Sinne eines alle Personen ausschließenden Verfügungs- und Nutzungsrechts[858]. Typischerweise ist dies bei virtuellen Gütern nicht der Fall, da diese aufgrund der Nutzungsbestimmungen in der Regel einseitig vom Betreiber entzogen werden können[859]. Darüber hinaus können unkörperliche Gegenstände mangels Sachqualität nicht Gegenstand (zivilrechtlichen) Eigentums sein[860].

Als abgrenzbarer Bereich einer Software sind virtuelle Güter jedoch individualisierbar und ihr Nutzer kann andere Nutzer von der Nutzung ausschließen[861]. Es sind somit Rechte mit ihnen verbunden, was ihnen den Charakter von Gegenständen verleiht[862]. Virtuelle Gegenstände, insbeson-

---

852 *Rippert/Weimer*, ZUM 2007, 272 (279).
853 *Rippert/Weimer*, ZUM 2007, 272 (279).
854 *Mansel*, in: Jauernig (Hrsg.), BGB-Kommentar, 15. Aufl. 2014, Vorbem. zu § 90 Rn. 4.
855 *Rippert/Weimer*, ZUM 2007, 272 (274).
856 *Rippert/Weimer*, ZUM 2007, 272 (274).
857 Vgl. *Fritzsche*, in: Bamberger/Roth (Fn. 340), § 903 Rn. 17.
858 *Säcker*, in: MüKo-BGB (Fn. 701), § 903 Rn. 6.
859 *Rippert/Weimer*, ZUM 2007, 272 (275).
860 *Rippert/Weimer*, ZUM 2007, 272 (275).
861 *Rippert/Weimer*, ZUM 2007, 272 (275).
862 Vgl. *Fritzsche* (Fn. 857), § 90 Rn. 26.

dere Avatare, werden von den Nutzern individuell erstellt, sie können individuelle Fähigkeiten entwickeln, Gegenstand von Geschäften sein und unter Ausschluss anderer Nutzer benutzt werden[863]. Insoweit ist virtuellen Gegenständen immaterialgüterrechtsähnlicher Schutz zuzubilligen[864]. Dieser genießt dann auch entsprechenden Schutz über Art. 14 GG. Gleiches gilt in jedem Fall, wenn an virtuellen Gegenständen Urheberrechte bestehen, soweit diese als Werke im Sinne des § 2 UrhG zu definieren sind[865].

b) Beispiel: Digitale Bestandteile des Rechts auf Gewährleistung eines menschenwürdigen Existenzminimums

Neben Elementen der Online-Handlungsfreiheit beinhaltet die Garantie des Art. 14 Abs. 1 GG Teilaspekte des Rechts auf Internet in Form des Rechts auf Achtung und Gewährleistung eines menschenwürdigen Existenzminimums. Dieses umfasst nicht ausschließlich leistungsrechtliche Gehalte, sondern auch einen Schutz vor dem Entzug von essenziellen Einrichtungen[866]. So wird die Pfändbarkeit eines PCs unter Berufung auf § 811 Abs. 1 Nr. 1 oder 5 ZPO zum Teil abgelehnt[867]. Dies führt dazu, dass der Schutz desjenigen, der bereits »besitzt«, weitergehend ist als desjenigen, der auf staatliche Leistungen angewiesen ist[868]. Jedenfalls dürfte eine – 2004 schon zweifelhafte – Ansicht, nach der »ein Computer mit Monitor und Drucker auch dann pfändbar ist, wenn der Schuldner als Jura-Student geltend macht, diesen zur Erstellung von Hausarbeiten während seines Studiums zu benötigen, weil Hausarbeiten auch mit einer Schreibmaschine geschrieben werden können und in dieser Form auch ak-

---

863 *Rippert/Weimer*, ZUM 2007, 272 (275).
864 *Wemmer/Bodensiek*, K&R 2004, 432 (435); *Lutzi*, NJW 2012, 2070 (2071); *Rippert/Weimer*, ZUM 2007, 272 (275).
865 Ausf. zu den Urheberrechten der Betreiber und der Nutzer *Rippert/Weimer*, ZUM 2007, 272 (276 f.); vgl. auch LG Köln, MMR 2008, 556 ff.
866 Ausf. zur Abgrenzung von leistungs- und abwehrrechtlichen Gehalten des Grundrechts auf Achtung und Gewährung des menschenwürdigen Existenzminimums *Schulz* (Fn. 39), S. 17 ff.
867 *Gruber*, in: MüKO-ZPO, 4. Aufl. 2012, § 811 Rn. 61; *Kemper*, in: Saenger/Ullrich/Siebert (Hrsg.), ZPO, 2. Aufl. 2012, § 811 Rn. 11.
868 Auf diese Diskrepanz weist *v. Lewinski*, RW 2011, 70 (75), zutreffend hin.

zeptiert werden«[869], mittlerweile überholt sein. Ob insofern die Differenzierung zwischen Anspruch[870] und Abwehrrecht mit der Bedeutung des Internets, des Zugangs zu diesem und damit der Zugangsinfrastruktur vereinbar ist, erscheint zumindest zweifelhaft.

26. Erbrecht (Art. 14 GG)

Eine weitere digitale Dimension des Art. 14 GG, die erst seit kurzem in der juristischen Literatur diskutiert wird[871], ist die Frage nach dem Schicksal des digitalen Nachlasses eines Verstorbenen.

a) Zunehmende Bedeutung des digitalen Erbes

Die sichere Aufbewahrung und die dauerhafte Verwaltung von Daten und Zugangsdaten stellt heutzutage jeden Nutzer von Informationstechnologien vor besondere Herausforderungen. Soll bspw. gewährleistet sein, dass Dateien über Jahrzehnte verfügbar und vor allem lesbar sind, müssen nicht nur regelmäßige Sicherungskopien, sondern evtl. auch Migrationen vorgenommen werden. Schließlich fällt im Laufe eines Lebens unweigerlich ein beachtlicher Datenbestand an. Zu den lokal gespeicherten Daten kommen solche hinzu, die in elektronischen Daten- und Dokumentensafes[872] oder

---

869 So das AG Kiel, JurBüro 2004, 334 f.; geradezu fortschrittlich das AG Bersenbrück (DGVZ 1990, 78) bereits vor über 20 Jahren: »Betreibt der Schuldner als Versicherungskaufmann eine Versicherungsagentur, so ist eine bei seiner Arbeitstätigkeit eingesetzte Computeranlage nicht pfändbar. Zwar hat der Schuldner die Möglichkeit, sich die gespeicherten Daten ausdrucken zu lassen oder auf Diskette zu übertragen, und mit einer manuellen Kartei oder einer sog. Bestandsliste zu arbeiten, doch wäre dann eine rationelle Arbeitsweise nicht mehr möglich, da dadurch ein Zeit- und Kostenaufwand entstehen würde, der nicht mehr zumutbar wäre. Bei der Erforderlichkeit ist nämlich darauf abzustellen, ob der Schuldner unter Berücksichtigung der Brancheneigenart, der Konkurrenz und der technischen Entwicklung auf den Gegenstand angewiesen ist.«.
870 Ausf. oben Gliederungspunkt III. 4. a).
871 S. dazu *Martini*, JZ 2012, 1145 ff.; *Brinkert/Stolze/Heidrich*, ZD 2013, 153 ff.; *Brisch/Müller-ter Jung*, CR 2013, 446 ff.; *Deusch*, in: Taeger (Hrsg.), Law as a Service, Tagungsband DSRI-Herbstakademie, 2013, S. 429 ff.; *Herzog*, NJW 2013, 3745 ff.
872 Vgl. dazu *Hoffmann* (Fn. 81).

bei Anbietern von Cloud-Lösungen gespeichert sind. Des Weiteren existieren in der Regel unzählige Accounts bei verschiedenen Unternehmen, inklusive entsprechender Zugangsdaten. Während so mancher bereits zu Lebzeiten den Überblick über die bestehenden Zugänge und Vertragsverhältnisse verliert, stellt sich die Situation für die Erben ungleich schwieriger dar. Denn neben dem »analogen Erbe« gibt es heute immer auch eine digitale Komponente. Dabei muss oftmals überhaupt ermittelt werden, bei welchen Anbietern welche Vertragsverhältnisse bestehen. Hinzu kommen die rechtlichen Schwierigkeiten, die mit dem sog. digitalen Nachlass[873] verbunden sind. Wie immer ist es dabei selbstverständlich von Vorteil, wenn der Erblasser entsprechende Vorkehrungen für den Todesfall getroffen hat. Denkbar ist etwa die Aufnahme von (aktuellen) Zugangsdaten im Testament, wobei ein solches Vorgehen im Konflikt mit der Vorgabe steht, diese regelmäßig zu ändern[874]. Einfacher ist es dagegen, wenn der Erblasser bspw. ein Passwort-Management-Programm verwendete, für das er den Hinterbliebenen ausschließlich das sog. Masterkennwort hinterlegen muss.

Die Internetkonzerne gehen mit dieser Problematik höchst unterschiedlich um. In den AGB vieler Unternehmen finden sich mittlerweile vermehrt Klauseln, die regeln, was mit den Daten des Nutzers im Todesfall geschieht. Für breite Aufmerksamkeit in der Öffentlichkeit[875] sorgte etwa die Testamentsfunktion von *Google*. Mit dem sog. Kontoinaktivität-Manager können Nutzer bestimmen, ob ihre Daten nach drei, sechs oder zwölf Monaten ohne Aktivität auf dem Konto automatisch gelöscht werden. Alternativ können Personen festgelegt werden, die nach Ablauf dieser Zeit Zugriff auf den Account erhalten sollen. Auch andere Anbieter, wie etwa *Facebook*, bieten den Angehörigen die Möglichkeit, die Löschung des Profils zu beantragen oder es in einen sog. Gedenkzustand versetzen zu lassen[876].

---

873 Zum Begriff vgl. etwa *Herzog*, NJW 2013, 3745 (3745).
874 Auf diesen Widerspruch weisen *Herzog*, NJW 2013, 3745 (3745), und *Brinkert/ Stolze/Heidrich*, ZD 2013, 153 (156), zu Recht hin.
875 Vgl. etwa www.sueddeutsche.de/digital/digitaler-nachlass-google-startet-testament-funktion-1.1647063.
876 Speziell zu sozialen Netzwerken vgl. *Brinkert/Stolze/Heidrich*, ZD 2013, 153 ff.

b) Beispiel: Vererbbarkeit von E-Mails

Exemplarisch darstellen lässt sich die Problematik der Vererbbarkeit von Daten an E-Mails des Verstorbenen. Nach dem Grundsatz der Universalsukzession treten der oder die Erben in sämtliche Rechtspositionen des Erblassers ein (§ 1922 BGB). Nach dem Wortlaut des § 1922 BGB geht mit dem Tode einer Person jedoch nur deren »Vermögen« als Ganzes auf eine oder mehrere Erben über. Dies führte in der Literatur zu der Frage, ob Daten, die keinen vermögenswerten Charakter haben, nicht in das Erbe fallen und solche höchstpersönlichen Daten (etwa digitale Liebesbriefe oder Videosammlungen) stattdessen dem Erben entzogen und nur den nahen Angehörigen zuzubilligen seien.

Bei personenbezogenen Daten ohne Vermögenscharakter wird einer Ansicht zufolge danach differenziert, ob diese frei zugänglich sind, etwa im Rahmen eines Blogs, oder nicht, wie es bei zugangsgeschützten Online-Accounts der Fall ist[877]. Die Zugangsdaten zu Online-Accounts sollen aufgrund des postmortalen Persönlichkeitsrechts vom Provider nicht an die Erben des Nutzers herausgegeben werden dürfen, da dieser sich sonst zu Lebzeiten in seiner Persönlichkeitsentfaltung eingeschränkt fühlen könnte. Der Schutz des BDSG solle darum nach dem Tod des Datenbetroffenen fortwirken und eine Preisgabe seiner Daten an die Erben verhindern.

Dagegen spricht jedoch ein Vergleich mit der analogen Welt[878]: Auch hier kommt es vor, dass sich in der Erbmasse hochsensible Daten befinden. Diese fallen regelmäßig in die Hände der Erben. Niemand würde auf die Idee kommen, den Erben unter Hinweis auf das postmortale Persönlichkeitsrecht zu verbieten, einen Blick in das Tagebuch des Erblassers zu werfen. Zudem könnten die Erben möglicherweise ein (wirtschaftliches, soziales oder ideelles) Interesse an den in einem Online-Account hinterlegten Daten haben. E-Mails des Erblassers – gleichgültig ob lokal oder beim E-Mail-Provider gespeichert – werden daher gem. § 1922 BGB vererbt. Den Erben stehen daher dieselben Rechte zu wie vorher dem Erblasser. Inbesondere besteht eine Verpflichtung des Providers, die dort gespeicherten E-Mails herauszugeben[879]. Zudem wird der Anbieter durch den

---

877 Vgl. dazu *Martini*, JZ 2012, 1145 (1147 ff.); zuvor bereits *Hoeren*, NJW 2005, 2113 (2114).
878 *Herzog*, NJW 2013, 3745 ff.
879 *Herzog*, NJW 2013, 3745 (3749).

Providervertrag verpflichtet, Passwörter und sonstige Zugangs- und Vertragsdaten den Erben bekannt zu geben, ohne dass er sich dabei auf etwaige Verschwiegenheitsverpflichtungen berufen könnte[880].

Bei frei zugänglichen Internetdaten über den Erblasser haben dessen Erben zudem die Rechte auf Auskunft, Berichtigung, Löschung und Sperrung aus § 13 Abs. 7, § 12 Abs. 3 TMG i. V. m. §§ 19, 20, 35 BDSG[881]. Dies folgt aus der Tatsache, dass die Erben richtigerweise auch sonst die Verfügungsbefugnis über die personenbezogenen Daten des Erblassers erhalten müssen.

27. Vergesellschaftung (Art. 15 GG)

Art. 15 GG ermöglicht es, Grund und Boden, Naturschätze und Produktionsmittel zum Zwecke der Vergesellschaftung durch ein Gesetz, das Art und Ausmaß der Entschädigung regelt, in Gemeineigentum oder in andere Formen der Gemeinwirtschaft zu überführen. Dabei ist umstritten, ob die »Produktionsmittel« als Auffangtatbestand dienen und z. B. auch den Dienstleistungssektor umfassen[882]. Angesichts der essenziellen Bedeutung einiger Dienstleistungsbereiche erschiene dies sachgerecht, wenn auch nicht vom historischen Verfassungsgeber intendiert. Ohne dies an dieser Stelle vertiefen zu können, sei auf Bezüge zur Informationstechnikgesellschaft und deren Infrastrukturen hingewiesen.

Die Einordnung bestimmter Teileelemente der Telekommunikationsinfrastruktur als sog. kritische Infrastrukturen[883] zeigt die herausragende Funktion für die Gesamtgesellschaft, die Hintergrund von Sozialisierungen nach Art. 15 GG sein kann. Zumindest für den eigenen Bereich scheint der Staat, vor allem angesichts des erhöhten Schutzbedarfs, was Verfügbarkeit, Vertraulichkeit und Integrität betrifft, mittlerweile dazu übergehen zu wollen, eigene Infrastrukturen aufzubauen[884]. Der Einfluss privater Akteure soll minimiert werden, wie dies z. B. schon im Kontext

---

880 *Herzog*, NJW 2013, 3745 (3749).
881 *Martini*, JZ 2012, 1145 (1152 f.).
882 Statt Vieler *Schliesky*, in: Bonner Kommentar (Fn. 46), Art. 15 Rn. 29 ff., *Durner* (Fn. 724), Art. 15 Rn. 35 ff.; jeweils m. w. N.
883 *Schulz/Tischer*, ZG 2013, 339 (344 ff.).
884 http://www.behoerden-spiegel.de/icc/Internet/sub/9bd/9bd40ac4-b7fb-f641-0b25-c8c27b988f2 e,,,aaaaaaaa-aaaa-aaaa-bbbb-000000000003&uMen=1f75009d-e07d-f011-4e64-494f59a5fb42.htm.

der Kommunikationseinrichtungen der Behörden mit Sicherheitsaufgaben erfolgt ist, wo § 15 BDBOSG[885] zwar keine Vergesellschaftung im Sinne des Art. 15 GG, aber eine weitgehende Übernahme privater Unternehmensbestandteile und Infrastrukturen legitimiert (und wie Art. 15 GG an eine Entschädigung knüpft).

An anderer Stelle wurde bereits auf die Bedeutung öffentlicher Räume im Internet hingewiesen[886]. Aufgrund der primär privatrechtlich ausgestalteten Dienste ist es dem Staat nur bedingt möglich, solche Räume, z. B. für die Ausübung von Versammlungs- und Meinungsfreiheit, zur Verfügung zu stellen. Es bliebe der Aufbau eigener Dienste, ggf. aber auch der Rückgriff auf das Institut der Vergesellschaftung vorhandener öffentlicher Räume – ohne dass dies eine reale Variante darstellt, zumal Art. 15 GG ohnehin praktische Bedeutungslosigkeit bescheinigt wird[887].

28. Petitionsrecht (Art. 17 GG)

Gemäß Art. 17 GG hat jedermann das Recht, sich einzeln oder in Gemeinschaft mit anderen schriftlich mit Bitten oder Beschwerden an die zuständigen Stellen und an die Volksvertretung zu wenden. Das Petitionsrecht eröffnet dem Bürger damit zum einen ein individuelles, auch dem kollektiven Gebrauch offenstehendes »Notrufrecht«. Zum anderen bietet es den Bürgern die Möglichkeit der Einflussnahme auf die politische Willensbildung unter gleichzeitiger Verstärkung der Rückkopplung zu den Entscheidungsträgern der Politik und Verwaltung[888].

a) Zeitgemäßheit des Schriftformerfordernisses

Die Frage nach dem Inhalt der verfassungsrechtlich postulierten Schriftform ist bislang nicht abschließend beantwortet. Zum Teil wird der Kontext der gesamten Rechtsordnung zur Auslegung des Verfassungsbegriffs herangezogen und eine eigenhändige Unterschrift im Sinne von § 126

---

885 Gesetz über die Errichtung einer Bundesanstalt für den Digitalfunk der Behörden und Organisationen mit Sicherheitsaufgaben vom 28.8.2006 (BGBl I, S. 2039).
886 Dazu oben die Gliederungspunkte III. 7. a) und III. 18.
887 *Durner* (Fn. 724), Art. 15 Rn. 1.
888 *Guckelberger/Geber/Zott*, LKRZ 2012, 125 (126) m. w. N.

BGB gefordert[889]. Seit 2005 ist jedoch in den Verfahrensgrundsätzen des Petitionsausschusses des Deutschen Bundestages die elektronische Übermittlung von Petitionen vorgesehen. Danach ist die von der Verfassung geforderte »Schriftlichkeit gewahrt […], wenn der Urheber und dessen Postanschrift ersichtlich sind und das im Internet für elektronische Petitionen zur Verfügung gestellte Formular verwendet wird (elektronischer Ersatz der Unterschrift)«.

Die Bedeutung des Internets als Zugangskanal zur Verwaltung nimmt weiterhin stetig zu. Diese Entwicklung geht auch nicht am Petitionswesen vorbei. Selbst wenn man davon ausgehen möchte, dass § 126 BGB einst eine einfachgesetzliche Konkretisierung auch des verfassungsrechtlichen Verständnisses der Schriftform darstellte, machte bereits die Einführung der elektronischen Signatur in § 126 a BGB, § 3 a VwVfG die Weiterentwicklung des Formerfordernisses deutlich. Darüberhinaus ist seit jeher anzuerkennen, dass die zivilrechtliche Schriftform nicht mit den Schriftformerfordernissen im öffentlichen Recht gleichzusetzen ist, weil hier zumindest im Kommunikationsverhältnis zwischen Staat und Bürger ein großzügigeres Verständnis angemessen ist[890]. So werden seit geraumer Zeit auch das Tele- und das Computerfax als Schriftformäquivalente angesehen[891].

Maßgeblich für die Auslegung des Rechtsbegriffs sind Sinn und Zweck und damit die hinter dem (konkreten) Schriftformerfordernis stehenden Funktionen:

- Abschlussfunktion, d. h. sie bringt das Ende der Erklärung zum Ausdruck,
- Perpetuierungsfunktion, d. h. sie gewährleistet die fortdauernde Wiedergabe der Erklärung in einer Urkunde mit der Möglichkeit zur Überprüfung,

---

889 So früher *Rauball*, in: v. Münch/Kunig (Hrsg.), Grundgesetz-Kommentar, Bd. 1, 5. Aufl. 2000, Art. 17 Rn. 11; vgl. nunmehr aber *Uerpmann-Wittzack*, in v. Münch/Kunig (Fn. 330), Art. 17 Rn. 13 f., der u. a. Computer-Fax, E-Mails ohne Signatur und Online-Formulare als zulässig erachtet; a. A. (hinsichtlich der Unterschrift) auch bereits *Stein*, in: Denninger u. a. (Hrsg.), Kommentar zum Grundgesetz für die Bundesrepublik Deutschland, Loseblattsammlung (Stand: 2001), Art. 17 Rn. 20. Einhellig wird von der Zulässigkeit einer Petition per Telefax oder Telegramm ausgegangen, weil dies auch für die formstrengeren Klagen und Rechtsmittel anerkannt sei.
890 Vgl. *Schmitz*, NVwZ 2003, 1437 (1438); *Luch/Tischer*, DÖV 2011, 598 (601 f.); dazu auch *Hoffmann u. a.* (Fn. 727), S. 113 ff., 141 ff.
891 GmS-OGB, NJW 2000, 2340 f.

– Identitätsfunktion, d. h. sie ermöglicht es, den Erklärenden zu erkennen,

– Echtheitsfunktion, d. h. sie gewährleistet die inhaltliche Zuordnung der Erklärung zum Erklärenden,

– Verifikationsfunktion, d. h. sie dient der Überprüfbarkeit der Echtheit der Erklärung,

– Beweisfunktion, d. h. sie ist zum Nachweis der Erklärung geeignet,

– Warnfunktion, d. h. der Erklärende wird auf die rechtliche Verbindlichkeit der Erklärung hingewiesen und vor Übereilung geschützt[892].

Da Verfahrensvorschriften nicht Selbstzweck sein dürfen, schließt das Erfordernis der Schriftlichkeit die eigenhändige Unterzeichnung nicht um ihrer selbst willen, sondern vor allem deshalb ein, weil sie in der Regel die Verlässlichkeit der Eingabe sicherstellt. Folglich ist eine Ausnahme vom Unterschriftserfordernis zuzulassen, wenn die verwendete Technik dies bedingt und sich die Gewähr für die Urheberschaft und den Erklärungswillen anderweitig hinreichend sicher ergibt[893].

b) Online-Petitionen bzw. E-Petitionen

Für das Erfordernis der Unterschrift wird im Zusammenhang mit Petitionen vor allem auf die Echtheitsfunktion – inhaltliche Zuordnung der Erklärung zum Erklärenden – abgestellt. Selbst ein wirksamer Verfahrensantrag kann trotz fehlender Unterschrift vorliegen, wenn sich ohne Rückfragen und Beweiserhebung sicherstellen lässt, dass die Erklärung vom Antragsteller stammt und mit seinem Willen in den Rechtsverkehr gebracht worden ist[894]. Entsprechendes kann für das Petitionsverfahren gelten: Hier ist eigenhändige Unterschrift nicht zwingend erforderlich, wenn bei einer elektronischen bzw. Online-Übermittlung die mit den Formen des schriftlichen Verkehrs verknüpften Zwecke gleichfalls erreicht werden (sog.

---

892 Statt anderer *Schmitz*, NVwZ 2003, 1437 (1438); *Luch/Tischer*, DÖV 2011, 598 (601).

893 BVerwG, NJW 1995, 2121 (2122).

894 *Stelkens/Schmitz*, in: Stelkens/Bonk/Sachs (Hrsg.), VwVfG, 8. Aufl. 2014, § 22 Rn. 31 m. w. N.

Funktionsäquivalenz)[895]. Der vom Bundestag und mittlerweile auch von einigen Landesparlamenten gewählte Weg, Online-Formulare für die Eingabe von Petitionen vorzuhalten, die als Schriftformäquivalent in jedem Fall anerkannt werden, zeigt, dass die Funktionsäquivalenz als erfüllt angesehen wird. Über das zu nutzende Online-Formular wird durch die zwingend erforderliche Eingabe von Name und Adresse die Identitätsfunktion gewahrt. Falsche Angaben lassen sich dabei ebenso wenig vermeiden wie bei postalisch zugestellten Eingaben. Die Erkennbarkeit der Ernsthaftigkeit des Anliegens und der Entäußerungswille werden durch das Aufrufen der offiziellen Internetseite der jeweiligen Volksvertretung unterstützt. Zudem ist zu beachten, dass – Sinn und Zweck des Petitionsverfahrens entsprechend – weder eine Frist gesetzt wird noch ein Kostenrisiko besteht; nicht einmal eine individuelle Beschwer des Betroffenen wird verlangt. Insofern steht die Identifizierungsfunktion der Schriftlichkeit absolut im Vordergrund[896] – eine Unterschrift ist zur Ermittlung des Absenders häufig gerade nicht geeignet[897].

Angesichts der Verifizierbarkeit des Absenders auch bei anderen Kommunikationsmedien erscheint die Begrenzung auf Webformulare aber nicht angebracht; auch einfache E-Mails können die genannten Anforderungen gewährleisten[898]. Einer qualifizierten elektronischen Signatur bedarf es nicht; § 3 a VwVfG kommt nicht zur Anwendung[899]. In jedem Fall müssen perspektivisch die De-Mail, auf dem neuen Personalausweis aufbauende Lösungen sowie vergleichbar sichere Systeme (wie der E-Postbrief) zugelassen werden.

---

895 *Hoffmann-Riem*, in: ders./Schmidt-Aßmann (Hrsg.), Verwaltunsgrecht in der Informationsgesellschaft, 2000, S. 9 (46 ff.); *Schmitz/Schlatmann*, NVwZ 2002, 1281 (1283). Zum Ganzen *Schmitz*, NVwZ 2003, 1437 (1438).

896 S. auch *Guckelberger/Geber/Zott*, LKRZ 2012, 125 (127) m. w. N.

897 Der saarländische Petitionsausschuss und der rheinland-pfälzische Bürgerbeauftragte legen einen sehr großzügigen Formmaßstab an und akzeptieren Online-Petitionen auch in Form von einfachen E-Mails (ohne qualifizierte elektronische Signatur). Dazu *Guckelberger/Geber/Zott*, LKRZ 2012, 125 (128, 130).

898 Exemplarisch die Argumentation des FG Düsseldorf (MMR 2010, 144); dazu *Schulz*, CR 2010, 402 f.

899 Tendenziell anders *Klein*, in: Maunz/Dürig (Fn. 2), Art. 17 Rn. 63.

c) Öffentliche Petition

Neben der Online-Petition bildet das Institut der »öffentlichen Petition« ebenfalls seit 2005 eine verfahrenstechnische Neuerung im Petitionswesen. Hier können Petenten ihre Eingaben über ein Internetformular des Bundestages für jeden Dritten zugänglich ins Netz stellen. Es entsteht dadurch ein öffentliches Diskussionsforum, in dem sich Nutzer der eingestellten Petition per elektronischer Post als Mitunterzeichner anschließen können[900]. Kritische Stimmen geben zu bedenken, dass ein in dieser Weise elektronisch potenziertes Verfahren das Wesen einer ursprünglich rein individuellen Petition zu sehr in Richtung auf eine allgemein politische Bekundung verändert. Es werde ein mehr oder weniger unverbindliches Bekundungsverfahren eingeführt, das mit dem Schutzbereich des Petitionsrechts kaum noch etwas zu tun habe[901]. Insoweit überzeugt aber bereits ein Blick in den Wortlaut des Art. 17 GG vom Gegenteil. Das Jedermann-Grundrecht kann ausdrücklich »einzeln oder in Gemeinschaft« ausgeübt werden. Das Petitionswesen soll gerade nicht den Einzelnen aufgrund von überhöhten Anforderungen abschrecken, seine Rechte zu verfolgen. Die Niederschwelligkeit von Online-Verfahren entspricht insofern dieser Intention. Die Bündelung von gleich gerichteten Anliegen über öffentliche Petitionen ist daher vielmehr geeignet, die Bedeutung der Eingabe zu unterstreichen, anstatt die Ernsthaftigkeit derselben zu nivellieren. Diese Form der Petitionen – unterstellt man sie dem Schutzbereich des Art. 17 GG – ist aber ohne digitale Dimension nicht denkbar, erscheint es doch ausgeschlossen, unter Rückgriff auf herkömmliche Medien ein derartiges »Zustimmungssystem« zu fremden Petitionen zu ermöglichen.

Insgesamt zeigt sich, dass auch Art. 17 GG eine Online-Dimension innewohnt, die sich ebenso wie bei den anderen Freiheitsrechten erst durch vermehrte tatsächliche Inanspruchnahme[902] realisiert und nach und nach

---

900 *Pagenkopf* (Fn. 726), Art. 17 Rn. 9; zur öffentlichen Petition umfassend *Guckelberger*, Aktuelle Entwicklungen des parlamentarischen Petitionswesens: Online-Petitionen, öffentliche Petitionen, Landesrecht, 2011, S. 44 ff.

901 *Pagenkopf* (Fn. 726), Art. 17 Rn. 9.

902 Als aktuelle Beispiele von Online-Petitionen können diejenigen gegen eine obligatorische Altersvorsorge für Selbstständige zum einen, vgl. dazu *Leopold*, WzS 2013, 248 f., sowie http://www.finanzen.de/news/13362/rentenreformpaket-wie-ursula-von-der-leyen-gegen-altersarmut-kaempft, sowie gegen den Plan der Deutschen Telekom zur Datendrosselung zum anderen genannt werden, vgl. http://www.zeit.de/digital/internet/2013-05/epetition-drosselkom-erfolgreich.

Anerkennung in Recht und Verfahren findet. Angesichts der Entwicklungen der Informations- und Kommunikationstechnik sollten den Petenten durch entsprechende Ausgestaltung der Regelungen jeweils zeitgemäße Einreichungswege eröffnet werden. In anderen europäischen Ländern können Eingaben zum Teil per SMS unterstützt oder Blogs eingesetzt werden[903]. Beschränkende einfachgesetzliche oder bloß verfahrensrechtliche Ausgestaltungen stehen daher im Widerspruch zu Art. 17 GG in Form der Online-Petitionsfreiheit – diese stellt alle elektronischen Kommunikationsformen, die die Funktionen der verfassungsrechtlichen Schriftform hinreichend verwirklichen, unter grundrechtlichen Schutz.

IV. Fazit/Ausblick

Wirft man nur einen kurzen Blick auf die im Rahmen dieser Studie behandelten Themen und Grundrechte wird rasch deutlich, *dass* eine digitale Dimension der Grundrechte existiert. Die Etablierung einer eigenen Kategorie ist nicht dem Vorwurf ausgesetzt, man habe dies auch in der Vergangenheit für vergleichbare Entwicklungen nicht getan. Mit dem Internet steht nämlich erstmals eine Technologie bzw. gesellschaftliche Errungenschaft bereit, die in der Lage ist, nahezu das gesamte menschliche – und damit auch grundrechtlich erfasste – Verhalten abzubilden. Die digitale Dimension der Grundrechte mag derzeit noch eine untergeordnete Rolle spielen (wobei selbst diese Annahme fraglich erscheint und die genannten Beispiele eigentlich das Gegenteil belegen). Es ist aber denkbar und realistisch, dass sich dieses Verhältnis in den kommenden Jahren umkehren wird.

Neben *aktiven Handlungsweisen,* von denen exemplarisch nur Online-Predigt und Online-Seelsorge im Rahmen von Art. 4 Abs. 1 GG, reine Online-Versammlungen und -Vereinigungen sowie die Nutzung des Internets im Kontext klassischer Demonstrationen oder Vereine und ihr Schutz über Art. 8 und Art. 9 GG genannt werden sollen, bietet der Grundrechtskatalog vor allem den erforderlichen *Infrastrukturschutz.* Digitale Grundrechte sind zwangsläufig auf digitale Infrastrukturen angewiesen – das entwicklungsoffene Fernmeldegeheimnis sowie das Grundrecht auf Integrität und Vertraulichkeit informationstechnischer Systeme stellen die zur Nutzung

---

903 *Guckelberger/Geber/Zott,* LKRZ 2012, 125 (132) m. w. N.

erforderliche Vertraulichkeit und Sicherheit her. Die Verfügbarkeit für jedermann zu sichern, ist im Rahmen einer E-Daseinsvorsorge ebenfalls staatliche Aufgabe. Digitale Infrastrukturen übernehmen zunehmend die Rolle klassischer Infrastrukturen, sodass die Erweiterung des Grundrechtsschutzes insofern konsequent ist. So wie in der Vergangenheit Art. 13 GG eine räumliche, private Rückzugsmöglichkeit sicherte, bedarf es ggf. digitaler Rückzugsräume, die vor staatlichen und nicht zugelassenen privaten Zugriffen geschützt sind. Ob die vom BVerfG angestoßene Weiterentwicklung bereits ausreichend ist, bleibt abzuwarten. Hinzu kommt ein weiterer Aspekt, nämlich dass viele analoge wie digitale Grundrechte eine räumliche Dimension aufweisen, die ebenfalls gesichert sein muss. Für analoge Handlungsweisen steht – trotz Privatisierungstendenzen – offensichtlich hinreichend öffentlicher Raum zur Verfügung. Im Internet bewegen sich die Grundrechtsträger, bspw. auch bei der Ausübung einer Online-Versammlungs- oder Online-Vereinigungsfreiheit, immer auf »privatem Grund«. Solange es ausreichend (nicht-kommerzialisierte) Ausweichmöglichkeiten gibt, dürften staatliche Maßnahmen nicht gefordert sein. Komplettiert wird der Grundrechtsschutz im Internet – neben Aktiv- und Infrastrukturschutz – schließlich durch die Absicherung passiver Komponenten, nämlich ein *Online-Persönlichkeitsrecht*. Je mehr sich persönlichkeitsrelevantes Handeln im Internet manifestiert, entsteht damit eine Kategorie der Online-Persönlichkeit, die zwar aufs Engste mit der analogen Persönlichkeit verbunden ist, aufgrund der anderweitigen Entstehungsvoraussetzungen und Bedrohungen aber eines eigenständigen Grundrechtsschutzes bedarf. Die Entwicklung steht hier erst am Anfang: die Bewertung der Rolle von Suchmaschinen, die digitale Persönlichkeiten erst für Dritte sichtbar werden lassen, ist bereits Gegenstand der Rechtsprechung geworden. Dies gilt es ggf. weiterzuentwickeln.

Gibt es eine digitale Dimension der Grundrechte und »ist das Grundgesetz tauglich für das digitale Zeitalter«?

Die Analyse konnte zeigen, dass sich nicht nur zahlreiche persönlichkeitsrelevante und banale Handlungsweisen zunehmend in das Internet verlagern und unter Rückgriff auf informationstechnische Systeme vollziehen, sondern auch, dass diese Aktivitäten den gleichen Schutz beanspruchen wie analoge Verhaltensweisen – wie der klassische Grundrechtsgebrauch.

Gleichwohl ist der zweite Teil der Frage nicht zwingend ebenfalls positiv zu beantworten. Das Grundgesetz ist als Antwort auf eine bestimmte historische Situation konzipiert worden – daher steht die klassische Abwehrdimension der Grundrechte im Vordergrund. Diese ist es aber nicht, die Antworten auf die Fehlentwicklungen im Internet geben kann. Es sind vielmehr – und dies konnten die zahlreichen Beispiele zeigen – staatliche Schutzpflichten und die (mittelbare) Drittwirkung der Grundrechte, die es zu aktivieren gilt. Die Beeinträchtigung durch private Dritte (oder andere Staaten) wird bei den digitalen Grundrechten zur Regel, obwohl – und dies zeigt der Umstand, dass Schutzpflicht und Drittwirkung dogmatisch weniger weit entwickelt sind als das Abwehrrecht – diese Konstellationen als Ausnahmefall gehandhabt und dem Gesetzgeber ein weiter Ermessenspielraum zuerkannt wird.

Welchen Mehrwert bietet vor diesem Hintergrund die Rückführung digitaler Handlungsweisen auf die grundrechtlichen Schutzbereiche – und sei es durch eine extensive, Schutzlücken vermeidende Auslegung (im Rahmen der Wortlautgrenze)? Es dürfte weniger die unmittelbare Wirkung sein, die gegenüber staatlichen Maßnahmen (wie Internet-Sperren, Online-Streifen, der Nichtanerkennung digitaler Vereinigungen oder Versammlungen) geltend gemacht werden kann und einen rechtfertigenden Grund verlangt. Stattdessen hilft die Vergewisserung darüber, dass digitale Handlungsweisen grundrechtlichen Schutz (und dies nicht »nur« über das Auffanggrundrecht der allgemeinen Handlungsfreiheit, sondern auch über die speziellen Freiheitsrechte) genießen, vielen derzeit aktuellen Debatten neue Impulse zu geben. Die grundgesetzliche Ordnung, zu der die digitalen Grundrechte gehören, prägt den bundesdeutschen Wertekanon. Dessen Wirksamkeit und Geltungsanspruch müssen sich in der Globalität und Ubiquität des Internets aber aufs Neue beweisen.

Technische wie gesellschaftliche Innovationen, von denen es wohl wenige dem Internet vergleichbare gegeben hat, gibt und zukünftig geben wird, stellen sich immer auch als Herausforderung für eine Rechtsordnung dar. Insoweit sind in der grundgesetzlichen Ordnung vor allem Gesetzgebung und Verwaltung zur Bewältigung berufen – auch wenn die Rechtsprechung mangels konkreter gesetzlicher Vorgaben derzeit eine Vorreiterrolle einnimmt und durch zur Entscheidung gebrachte Sachverhalte gezwungen ist, sachgerechte Lösungen unter Rückgriff auf eine Auslegung eines nicht für das Internet gemachten Rechts zu entwickeln. Ein solcher Zwang besteht für die Gesetzgebung nicht – gleichwohl dürfte es kaum mehr möglich sein, sich dieser gesellschaftlichen Herausforderung nicht anzunehmen. Gerade weil die unmittelbare abwehrrechtliche Komponente der Grundrechte keine zeitgemäße Antwort auf die drohende Beeinträchtigung auch elementarer Grundrechte im digitalen Raum gibt, ist es Verpflichtung der Gesetzgebung, eine grundrechtsadäquate Ordnung unter Privaten herzustellen.

Und genau hier setzt die digitale Dimension der Grundrechte an und kann »Leitplanken« definieren. Einfachgesetzliche Regelungen im Kontext des Internets haben nämlich – und dies kann der vorstehenden Analyse entnommen werden – in der Regel eine grundrechtliche Komponente. Der Gesetzgeber ist berufen, durch Recht einen schonenden Ausgleich zwischen kollidierenden Rechtspositionen zu formulieren. Auch die (mittelbare) Drittwirkung, konstruiert über Einbruchstellen im einfachen Recht, stellt sich in diesem Sinne als eine Form des Ausgleichs dar. In einem tripolaren Verhältnis kommt dem Staat oft die Rolle eines »Moderators« zu, der im Sinne praktischer Konkordanz allen Rechten zu optimaler Durchsetzung verhelfen muss. Der Blick auf die grundrechtlichen Schutzbereiche und konkrete Konfliktfälle – sowie deren Bewältigung durch die Rechtsprechung – hilft dabei, tatsächlich einen solchen Ausgleich anzustreben, während in der öffentlichen Debatte oder auf Grundlage geltenden Rechts ohne Rückbesinnung auf die grundrechtlichen Positionen oft eine Überbetonung der einen oder anderen Position droht. Dies zeigen exemplarisch die Debatten zum Datenschutz, wo zum Teil vernachlässigt wird, dass neben dem Recht auf informationelle Selbstbestimmung auch Unternehmen (selbst »amerikanische Großkonzerne«) Träger von Grundrechten sind. Die Einräumung eines grundsätzlichen Vorrangs durch Gesetzgebung oder Rechtsprechung ist im Verhältnis von Grundrechtsträgern und ihren Rechtspositionen untereinander kritisch zu bewerten. Bei aller Zuversicht, dass der Gesetzgeber den Schutz der Grundrechte vor privaten Beeinträchtigungen sichert, bleibt gleichwohl die – im ersten Band dieser Schriftenreihe ausführlich behandelte – begrenzte Steuerungskraft eines Nationalstaats im Hinblick auf globale Sachverhalte das wohl dringlichste Problem in diesem Zusammenhang.

Abschließend sei darauf hingewiesen, dass unter der grundrechtlichen Perspektive – trotz eines fast lückenlosen Schutzes digitaler Handlungsweisen – gleichwohl Anpassungsbedarf auszumachen ist. Exemplarisch ist insofern die Einordnung der verschiedenen Kommunikationsvorgänge im Internet. Die Erfassung – sowohl der Individual- als auch der Massenkommunikation – lediglich über die »Auffanggrundrechte« der Rundfunkfreiheit und des Fernmeldegeheimnisses erscheint der Bedeutung des Internets nicht angemessen und dogmatisch fragwürdig. Grundrechte und grundrechtlicher Schutz sollen allgemein verständlich sein – warum die reine Online-Zeitung nicht »Presse«, sondern Rundfunk ist und wieso eine

E-Mail oder ein Online-Speicher dem Fernmeldegeheimnis unterliegen sollen, ist nicht auf den ersten Blick überzeugend. Klärungsbedürftig erscheinen neben der Abgrenzung zwischen Massen- und Individualkommunikation hinsichtlich der sich ständig weiter entwickelnden Angebote im Internet die Abgrenzung von laufender Kommunikation und abgeschlossenen Kommunikationsvorgängen sowie zwischen dem Schutz des Gegenstands der Kommunikation (bspw. personenbezogenen Daten) und dem Schutz des Kommunikationsvorgangs und von Kommunikationsinfrastrukturen.